国学句典

四书五经中的智慧名言

葛晨蕾 著

中国华侨出版社

北京

图书在版编目（CIP）数据

国学句典：四书五经中的智慧名言 / 葛晨蕾著 . —北京：
中国华侨出版社，2019.12
ISBN 978-7-5113-8031-9

Ⅰ.①国… Ⅱ.①葛… Ⅲ.①儒家②四书—通俗读物③五经—通俗读物
Ⅳ.① B222.1-49 ② Z126.1-49

中国版本图书馆 CIP 数据核字（2019）第 283318 号

国学句典：四书五经中的智慧名言

著　　者：葛晨蕾

责任编辑：黄　威

经　　销：新华书店

开　　本：670 毫米 ×960 毫米　1/16 开　印张：16　字数：245 千字

印　　刷：河北省三河市天润建兴印务有限公司

版　　次：2020 年 8 月第 1 版

印　　次：2024 年 2 月第 2 次印刷

书　　号：ISBN 978-7-5113-8031-9

定　　价：44.00 元

中国华侨出版社　北京市朝阳区西坝河东里 77 号楼底商 5 号　邮编：100028
发 行 部：（010）64443051　　　传　　真：（010）64439708
网　　址：www.oveaschin.com　　E－m a i l：oveaschin@sina.com

如果发现印装质量问题影响阅读，请与印刷厂联系调换。

前言

　　"四书五经"之名始见于南宋光宗绍熙元年，即 1190 年，一代大儒朱熹将儒家经典《论语》《孟子》和《礼记》中的《大学》《中庸》两篇汇集到一起，合称"四书"。再加上先秦的《诗经》《尚书》《礼记》《易经》《春秋》五部经书，合称"五经"。朱熹和他的弟子对这九部儒学经典进行删减编辑并一起刊刻。至此，后人耳熟能详的"四书五经"正式成书。

　　四书五经自成书以来，便是儒家思想文化的核心体现和重要载体，是中华民族最为珍贵的精神财富。在封建时代，对知识分子来说，四书五经被视作修身之法则，终生为之追求；对统治者来说，四书五经则被奉为治国之圭臬，从上到下极力推行。政治家们从中可以找寻从政的灵感，平民百姓可以从中找寻行为的准绳。甚至后来几百年的科举选士中，试卷命题也必出自"四书五经"。

　　中国传统文化博大精深，历史典籍浩如烟海。而"四书五经"在这样的背景之下，还能够获得如此至高无上的地位，其根本在于它从各个方面提出了人们安身立命、齐家治国、人际交往的相关法则。如《论语》宣扬"忠恕"，倡导仁者爱人；《孟子》宣扬"仁义"，告诫人们无论走得多远，都不要忘记初心。谈君与民之关系，提出"得道多助，失道寡助"。谈及处世法则，则提出"穷则独善其身，达则兼济天下"，这些理念流传至今，对后人影响深远。《易经》提倡坚韧，提出"天行健，君子以自强不息"，告诫人们应效法天道，自立自强，不停地奋斗下去；《诗经》提倡"真"，倡导人们要常怀赤子之心，要赤诚为人，教会人们去感受和抒发；《尚书》提出"圣王政治"，教会人们开拓与创新；《礼记》是人际关系的准绳，提出"教养应显露于外，修养蕴含于内"；《春秋》微言大义，提出"大一统"的概念，是历代政治家治理国家的法宝……

然而，"四书五经"虽然是儒学经典，是中国历史上重要的精神财富，但基于创作时的历史局限性，其内容也不乏一些封建的、落后的、甚至迷信的东西。当今文化呈现多元化，当我们以客观的态度和从容的目光重新审视这些经典时，便会发现，尽管有种种时代上的局限性，它们依然体现了中华民族思想文化发展史上最活跃时期的文学、史学、政治、经济、哲学、教育、天文地理等各个领域的精髓。对于这样一部延续中华文化的鸿篇巨制，我们没有仿照市面上通行的版本：要么是原文照搬，配之以译文；要么原文照搬，配之以作者几乎是翻译性质的解读。四书五经博学浩瀚，文字晦涩深奥，这些做法并不适合当代人的阅读习惯。为此，我们特地编写此书，从每本经典里面精心挑选出最具代表性的内容，再配以一些经典故事，加上作者深入浅出的解读，在追求通俗易懂和趣味性的同时，也力求原汁原味地再现当时的历史背景、社会生活和人物的精神风貌、情感，尽量全面客观地诠释圣贤的思想和言论。

相信通过本书，我们既可以将古老的国学经典读出新意，也可以了解中华民族的历史、现状，以及将来，还可以通晓古今智慧，丰富美好情感，改进我们的生活态度和思维方式，成就不一样的人生。

目录 /

| 第六章 |

《尚书》之政治法则：百姓昭明，协和万帮，黎民与变时雍

第七章

《礼记》之教养法则：毋不敬，俨若思，安定辞

第八章

《易经》之人生法则：天行健，君子以自强不息

| 第九章 |

《春秋》之历史法则：辅车相依，唇亡齿寒

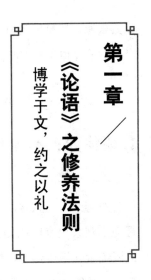

第一章

《论语》之修养法则

博学于文，约之以礼

　　《论语》开篇第一句为"学而时习之，不亦说乎？有朋自远方来，不亦乐乎？人不知而不愠，不亦君子乎？"

　　这句话是本书的精华，朱熹予以极高评价，说它是"入道之门，积德之基"。这几句话看似平实，实则承载着千百年来中国人所追求的真正修养。

　　"学而时习之，不亦说乎？"说的是学习之道，常常温习、时时琢磨、吃透嚼烂，方能学有所得。延伸到修养的层面，则是敦促人们常常内省、时时反思，这是修养的不二法门。

　　"有朋自远方来，不亦乐乎？"说的正是君子之交的本质是以心相交，友谊在岁月里历久弥坚。延伸开来，这其实是一种与人为善的处世态度，人与人之间应当追求一种和谐、友爱的关系。

　　"人不知而不愠，不亦君子乎？"此句的重点落在"不知"二字上。所谓"不知"，有两层含义：其一，是无心。对于他人的冒犯，倘若是无心之举，就不必挂怀，这是真正的宽容；其二，是无知。世间之所以有种种不堪，究其根源，皆是因为有的人不明大道，深受其苦。如若挂怀、生气，说明自己的境界也不过如此，而真正的君子则会抱有一颗悲悯之心。

1. 谈休养：不知而不愠，不亦君子乎

修养是一个人素质的体现。一个人素质的高低，可以从其日常的生活行为上观察出来。比如待人接物，学习知识，对待长辈与晚辈的态度上，或者细微到是否随手把垃圾放进垃圾桶这种小习惯。同时，也从这个小习惯、小动作当中，能看到一个人的修养如何。

儒学注重"克己复礼"，注重修身，所以在儒家中，"修身"与"仁"算是两大命题。无论是《大学》里的"修身、齐家、治国、平天下"还是《周易》里的"天行健，君子以自强不息"，体现的都是个人的"修身"以及素质上的要求，而作为集孔子及其弟子思想的大成之作，《论语》的思想主要可以分成两类。一个是从大方面说，《论语》教人如何在社会立足，如何出仕以及该抱着怎么样的思想去治国；一个是从小方面说，《论语》教人如何善待老人，经营家庭关系，处理朋友关系，与人相处需要注意什么，学习知识时该抱有怎样的谦虚态度。当然，《论语》作为一门儒家经典书籍，其关于修养的论述有很多。

譬如"其为人也孝弟，而好犯上者，鲜矣；不好犯上，而好作乱者，未之有也。"《论语》是谈儿女对父母的孝顺，以及为人之道。"巧言令色，鲜矣仁。"《论语》是谈花言巧语装作和颜悦色的虚伪之人。"道千乘之国，敬事而信，节用而爱人，使民以时。"是谈在一个"千乘之国"中，该如何实施仁政，如何治理国家。而这些都被收录在《论语十则》之中，《论语十则》可以说是中小学生必备教材。

《学而》是《论语》第一篇，主要阐述人对知识的学习，以及对知识该

怀有怎样的态度，从对待知识的态度再延伸到为人之道，治国之道。我们都知道四书五经里的开篇都具有重要的地位，《诗经》《春秋》如此，《论语》也是如此。而《学而》作为《论语》第一篇，也是极为重要的。那么《学而》第一章说的是什么呢？

《学而》第一章，开篇便道："学而时习之，不亦说乎？有朋自远方来，不亦乐乎？人不知，而不愠，不亦君子乎？"意思是说，学过的内容再温习一遍，不是一件很愉快的事情吗？有远方的朋友到访，不是一件很愉快的事情吗？人家不了解我，我不生气，我不也是品德上有素养的人吗？三句话可以看作两段话，"学而时习之"学习后温习，"有朋自远方来"远方朋友的到访，这都是"不亦说乎"。而这些高兴之事的举例，都是为了铺垫下面的"人不知，而不愠"人家不知道我，我不生气的伏笔，并以此提出"不亦君子乎？"的问话。这一下子就从简单的快乐与不快乐说到人的修养问题。

"人不知，而不愠，不亦君子乎？"有修养的意味。知是"知道""知晓"的意思。愠有"生气""恼怒"之意。合起来，也就是我们所知晓的，别人不知道自己，自己还不生气，这难道不是有素养的体现吗？这种素养，是极高水平的素养。它不同于别人夸赞你，你要谦虚回答的礼貌；也不是别人指责你，你沉默寡言的退让。"不知而不愠"更像是一种"如玉"的君子品行。

别人不知道你，或者说自己的才能不被了解，自己的做法不被理解。那也没关系，不必大动肝火，要心平气和面对。这就是君子素养的体现，也是孔子所提倡的品行。

但这种品行，在现代社会却很少见到。浮躁、复杂的社会，让人觉得无法适应，或者感觉没有知己，没人能理解自己的行为。这种想法能纾解自然是好，最怕的是这种抑郁的想法不能排解，久而久之，就会压在心底，成为心病。有的会因此得抑郁症，而有的则会因为这种不被理解，不被社会认同的感觉，走向歧路。

"人不知，而不愠"要求我们有这种心平气和的素养，我们要注意在与别人的相处中，学会理解对方。理解的最高境界莫过于"高山流水"的伯牙和子期，自然的，我们做不了所有人的解语花，也没有伯乐识马的眼光，但可以慢慢学会理解别人，并且以"不知而不愠"来要求自己。

2. 何谓君子：先行其言，而后从之

君子，指品德高尚的人，旧时也是对男子的称呼。不过，多数指前者。"君子"一词从《诗经》"窈窕淑女，君子好逑"之后，便开始广泛使用。之后，孔子对"君子"之意进行解释，把德给予其身上，君子也就有了品德高尚的意义。

君子因《诗经》而起，所以在《诗经》里也有描述君子的词句，比如《国风·淇奥》全章描述的都是一位君子。从他的学问"如切如磋"，品德"如琢如磨"，神态"瑟兮僩兮"，地位"赫兮咺兮"。更不吝字词来描述这位君子的外貌打扮："充耳琇莹，会弁如星"，以及最后的德行"善戏谑兮，不为虐兮"来说其谈吐幽默，但却不以文采欺人的品德操守。《卫风·君子于役》也写君子。写其"君子于役，不知其期"，但这里的君子仅是指对男子的称呼，是男子的意思。

君子，可以是地位显赫不以才华欺人的"如琢如磨"的卫武公；也可以是"虽遭三黜，不去故国；虽荣三公，不易其介"的柳下惠。也可以是"无所不用其极"追求完美人格的君子。它代表的意义众多，孔子在《论语》中也多次提到过关于君子的词语。

孔子说："君子不器。"他首先把君子的定位阐述出来，认为君子不是某种器物。《周易》提道："形而上者谓之道，形而下者谓之器。"这就有点涉及哲学之中的形而上学的思想。"形而上"指的是事物的本性以及规律，而"形而下"则是指世间万物。器物，是可以装东西的容器，它是不流通、静止的，甚至是只能接受别人所给，只能被动而不能主动。孔子说"君子不器"，实际上也就说君子不能一成不变，不知道变通，不能被动，而要采取主动。

君子在孔子心中，也占有不小的地位，而与君子相对的，便是小人。在孔子的思想著作中，几乎提君子必提小人，小人与君子同时出现的概率很大。比如《论语》有记："君子合群而不与人勾结，小人与人勾结而不合群。"是说君子与人和谐相处，但不勾结他人。而小人则不同，他与人勾结，不能与人和谐相处。孔子通过"君子"与"小人"两者之间的比较，来衬托君子的品行高尚，以及胸怀坦荡。又记："君子坦荡荡，小人长戚戚。""坦荡荡"是说胸怀宽广。"戚戚"则是指拿斧头去攻击别人，因此君子与小人的对比又出来了。而关于小人，孔子比较出名的一句话就是"唯女子与小人为难养也，近之则不逊，远之则怨。"说小人和女人一样，离得近，看你不舒服；离得远，又埋怨你。这句话普遍认为是孔子鄙视女性的意思，但其实不然，这里的女子应当是指宫廷姬妾、宠妾等。毕竟在春秋战国那个乱世时代，出现不少类似夏姬、文姜等一些品行不太端庄甚至有作风问题的女子，文姜与兄私通，夏姬则是在其夫死后，便与其他人私通，不管稚子的感受，甚至与君臣关系混乱。

此外，《论语》还记载了子贡问君子的故事。说有一天，子贡问孔子什么是君子。子曰："先行其言，而后从之。"就是先把事情做了，然后再说。把实践放在言谈之前，不说空话大话，等做到了之后才说。这就相当于我们做某件事之前，尤其是追求梦想的时候，不能只说不做，这样就是空谈，空谈就相当于放大话一样，你把这件事公之于众了，别人都知道了，所以别人都在时刻关注你，你自己到底能不能做好呢。而别人对你的关注，无形之间又是一种压力，这更让你自己觉得做起来难，完成更难，这也就是为什么要"先行其言，而后从之"的原因。

"先行其言，而后从之"中，也有人解释为说话而不做事，是空谈。而做事之后，自己都不用说，别人都会跟从你一起做，也就是"后从"。这点是从君子的领导才能去解读的，理解为君子的带头作用会让人跟着一起做。所以无论是从领导才能还是从自我修身来说，"先行其言，而后从之"都是很重要的。

做事不能只说大话，空谈而不做实事，还不如不说。

3. 关于学习：好古，敏而求之

荀子说："学不可以已。"意为学习不能停止。

此句出自《劝学》，为《荀子》一书的首篇。古代人讲究把重要篇章放在首篇，让人第一眼就能看到，可见《劝学》于《荀子》的重要性，劝学，就是鼓励人学习。《劝学》还比较系统地阐述了学习方法，从"君子生非异也，善假于物也"来劝导人们学习，并提出学习的系统方法，即"锲而舍之，朽木不折。锲而不舍，金石可镂"，强调坚持学习的好处。在《劝学》篇中，我们可以看出荀子对学习的态度是不可以"已"，并提出自己关于认识的观点，即反对孔子的"生而知之者"人生下来就知道知识的观点。

关于学习知识，孔子自然是有他的一套思想。孔子认为学习应该是自发性的。"知之者不如好之者，好之者不如乐知者"，知道道理的，不如喜欢这个道理的人；喜欢这个道理的，不如乐在其中的人。《论语》中说："学而不思则罔，思而不学则殆。"不能只学习而不思考，也不能只思考而不学习，提倡"学思合一"。而对于学习，尤其是学习先贤思想时，孔子提出："我非生而知之者，好古，敏以求之者也。"我并不是天生就懂道理的一等人，喜欢先贤思想，就勤勉钻研来获得知识。对于学习先贤知识，《论语》又记孔子对学"古"的看法："述而不作，信而好古，窃比于我老彭。"只转述先贤的道理而不创立自己的思想，我称呼为"老彭"。这里的"老彭"指的是殷商初期帮助商朝灭亡夏朝的贤大夫彭祖。

而在此基础上，孔子把学习分出等级："生而知之者上也；学而知之者次也；因而学之，又其次也；因而不学，民斯为下矣。"孔子把"生而知之"划分为上等，认为天生就懂道理的人最聪明。通过学习而获得知识是第二等，遇到困难去学习，是第三等，遇到困难还不去学习，就是最下等的。

　　当然，我们都知道，世界上没有人是天生就懂得道理的。大家都是通过学习和社会实践来获得知识，由于个人或家庭外界因素不同，最后获得的知识也不同，进而导致每个人的知识水平有所差异。

　　学习是历代学者都在讨论的问题，自然也留下许多关于学习的论述。韩愈《进学解》是说学习的，他认为"业精于勤，荒于嬉；行成于思，毁于随。"顾炎武《与友人书》中关于学习的名句"人之为学，不日进则日退。"也是今日所说的"学习如逆水行舟，不进则退。"朱熹专门为学习的感受写了一首诗，里面的"问渠哪得清如许，为有源头活水来"亦被传颂至今。

　　高尔基曾说"书籍是人类进步的阶梯。"书，是人类获得知识的途径，学习则是人类获得知识的手段。古来今往，很多"大家"都说过学习的重要性，我们现在人人都知道的"好好学习，天天向上。"爱因斯坦所说的"学习知识要善于思考，思考，再思考。"阐述思考对学习知识的重要性，列宁也多次说过"我们一定要给自己提出这样的任务：第一，学习，第二是学习，第三还是学习。"

　　学习是学习知识，最基础的学习形式就是上学，但学习并不仅限于在学校学习知识，我们在日常生活中，通过观察成功的人如何去待人接物，自己就会慢慢学会该如何与人相处。而当我们踏入社会，离开学校了，社会就像一个学校，也会教给我们很多知识。

　　正如萧楚女所说："人永远是要学习的。死的时候，才是毕业的时候。"学习是长期性的，我们的一生都要在学习中度过，以有限的生命去探讨无限的知识，未尝不是一种学习精神。

4. 谈过错：过而不改，是谓过矣

　　公元前 621 年，晋国襄公去世，太子夷皋年幼，又恰逢晋国内乱丛生，晋国需要一位成熟稳重的国君继位。晋国卿大夫赵盾想立公子雍为君主，贾季却想立公子乐为君主，赵盾先下手为强，派人杀害公子乐之后，打算把公子雍从秦国迎接回国，但晋襄公的缪嬴夫人听后，整日就朝赵盾哭诉，史载："太子母缪嬴日夜抱太子以号泣於朝。"天天抱着太子夷皋去朝廷上哭，然后问其曰："先君何罪？其嗣亦何罪？舍适而外求君，将安置此？"等下朝后，又跑到赵盾住处去哭诉，顿首曰："先君奉此子而属之子，曰'此子材，吾受其赐；不材，吾怨子'。今君卒，言犹在耳，而弃之，若何？"缪嬴施加压力，让赵盾与诸大夫有所顾忌，最后受不了缪嬴这种轰炸式的骚扰，于是"乃背所迎而立太子夷皋，是为灵公。"

　　君王是当上了，但晋灵公并没有如赵盾所想的温厚行事，他不体恤百姓，反而劳师动众耗费人力物力。《左传·宣公二年》记载其"厚敛以雕墙；従台上弹人，而观其辟丸也；宰夫胹熊蹯不熟，杀之，置诸畚，使妇人载以过朝。"是为晋灵公"不君"，即没有为君之德。而赵盾见此就很忧患了，士季去劝，晋灵公说的话很好听，他说"吾知所过矣，将改之。"我知道错了，以后会改正。然后赵盾见此，就知趣地说了："人孰无过？过而能改，善莫大焉。"每个人都会犯错，犯错能改，这就是最好的事情。就像人不善始，很少会善终，由此推来，道理也是一样，人犯错的很多，但能知错就改的确实很少。而对于君王之过来说，则是："君能有终，则社稷之固也，岂惟群臣赖之。君能补过，衮不废矣。"赵盾觉得，晋灵公能改错，这社稷还能救，但可惜的是，晋灵公"犹不改"，最后被赵穿所杀。

后来这句话，就逐渐演变成"人非圣贤孰能无过？过而改之善莫大焉。"这句哲话。

孔子也说过："过而不改，是谓过矣。"孔子认为，犯错不改才是真正的错误，而那些"闻义不能徙，不善不能改"知道错误还坚持不改正的，更是"吾所忧也。"就此"过错"，朱熹也曾讨论过，他认为："过而能改，则复于无过。惟不改则其过遂成，而将不及改矣。"犯错能改，那就是没有过错。有过不改，过错就是错过，再为了过错而找借口，则就是过上加过。我们时常听得"人非圣贤，孰能无过？"也就在于，我们对于过错到底改不改。

这种"过而不改，是谓过矣。"的思想，往上可追溯到西周时期。

鬻子生活在商末夏初时期，相传是玄帝姬颛顼的后裔，商末帝辛暴虐，鬻子就归驸于周文王，受封于楚地，所以他是楚国的先祖，是楚国开国君主熊丽之父。他在夏初就提出"欲刚必以柔守之，欲强必以弱保之。积于柔必刚，积于弱必强。观其所积，以知祸福之乡。""物损于彼者盈于此，成于此者亏于彼。损盈成亏，随生随死。"这种祸福论的辩证思想，可以说是道家早期的启蒙思想。其相传著有《鬻子》一书，在此书中，记录这么一件事。

说是文王问政。政曰："昔者文王问于鬻子，敢问人有大忘乎？"对曰："有。"文王曰："敢问大忘奈何。"鬻子曰："知其身之恶而不改也，以贼其身乃丧其躯。其行如此，是谓之大忘。"

文王问鬻子："人最大的忌讳是什么？"鬻子说："知其身之恶而不改也，以贼其身乃丧其躯。其行如此，是谓之大忘。"人最大的忌讳，就是明知道自己有过错，做过恶却不端正态度改正，这就会伤害自己的身体，甚至会因此丧失生命，这就是人最大的忌讳。

正如那句话所说"人非圣贤，孰能无错"，人是凡人，不是圣人，每个人都多多少少的会犯下错误。但君子和小人的区别就在于，君子行己有耻，错而知耻，然后改之。小人知错不改，即便是过错也会坚持不改正。

国学大师钱穆曾为这句话做过注解，其为"人道日新，过而能改，即是无过。惟有过不改，其过遂成。若又加之以文饰，则过上添过矣。"世界都在一天天变化，社会日新月异，犯下过错能改，就是无过。知过而不改，过上加过，也是错上加错啊。

5. 谈安贫乐道：君子固穷，小人穷斯滥矣

人生很短，也很长。因为要生活，所以大部分人会为了生活而选择自己不喜欢的职业，这与内心的希冀不符，所以就产生矛盾。矛盾出来后就觉得自己特没用，特窝囊，感觉自己活得一塌糊涂，可以说是在快节奏的社会里苟且地活着。苟且一词，出自晋陆机的"为上无苟且之心，群下知胶固之义。"这种"苟且"，是得过且过，置身到现代社会来，更是一种无可奈何的屈服。孔子曾说过："爱之，能勿劳乎？忠焉，能勿诲乎？"就拿工作来说，如果你喜欢它，能不为它操劳吗？还会抱怨吗？不，肯定不会。如果是自己喜欢的工作，就是历经千辛万苦，也会克服重重困难。但因现实的种种差异，很多人不得不"苟且"地活着。

佛家认为，人生有其中苦难。分别是："生老病死，怨憎会，爱别离，求不得。"即是生难，老去，病疾，死亡，相互怨恨的人见面，爱却别离，求之不得的七苦。具体佛经说有二十难，即："生值佛世难，忍色忍欲难；见好不求难，被辱不瞋难；有势不临难，触事无心难；广学博究难，除灭我慢难；不轻未学难，心行平等难；不说是非难，会善知识难；见性学道难，随化度人难；睹境不动难，善解方便难。"总之就是人生多苦难。

纵是孔子这般人物，在其一生，也遭受过苦难。战国早期的《列子》一书，就曾将对孔子的生平概括为四点，即："穷于商周，围于陈蔡，受屈于季氏，见辱于阳虎。"少年穷，而在鲁国时，又备受阳虎戏弄，所以"受

屈于季氏，见辱于阳虎。"而"围于陈蔡"相传是孔子与阳虎容貌相似，而被陈国人认为是阳虎，被围困在魏国与陈国的边境断绝粮食多日，孔子与阳虎到底像不像，不去研究，我们把目光放到"围于陈蔡"上。

孔子"围于陈蔡"的背景，是孔子周游列国时，在魏国与陈国之间来往，均不受重用。孔子到两国边境时，由于猜忌，两国都不让孔子进到自己的国家。《庄子·让王》有记载："孔子穷于陈蔡之间，七日不火食，藜羹不糁，颜色甚惫，而弦歌于室。"孔子被围困到陈蔡之后，七天都不能开火做饭，吃的野菜汤都没有米，大家的脸色都很疲惫。颜回摘菜时，弟子子路、子贡就谈论说："夫子再逐于鲁国，削迹于卫，伐树于宋，穷于商周，围于陈蔡。杀夫子者无罪，藉夫子者无禁。弦歌鼓琴，未尝绝音，君子之无耻也若此乎？"孔子被再次驱逐出鲁国，到宋国却遭到宋国贵族的敌视，现在又被围困在魏蔡两国。不觉得羞耻吗？

这话被颜回听到告诉了孔子，孔子喊两位弟子进房。《论语·卫灵公》记载这段故事，子路问道："君子亦有穷乎？"君子也有穷困的时候吗？孔子说："君子固穷，小人穷斯滥矣。"君子接受穷困安贫乐道，而小人则是胡作非为。接着孔子解释道："君子通于道之谓通，穷于道之谓穷。今丘抱仁义之道以遭乱世之患，其何穷之为？故内省而不穷于道，临难而不失其德。"君子通达于道叫贯通，不能通达于道就是"穷"走投无路，我信守仁义而遭外界带来的祸患，怎么说是"穷"？善于反省就会通达于道。"天寒既至，霜雪既降，吾是以知松柏之茂也。陈蔡之隘，于丘其幸乎。"冬天来临，霜雪降临，正因此我才看到松柏的郁郁青青，这怎么说是"穷"，而是"幸"。

说完之后，孔子抚琴，子路"执干而舞"，而子贡也进行了深刻反省。

"吾不知天之高也，地之下也。"

子贡自嘲自己不知天高地厚。

6. 所谓忠恕：吾道一以贯之

春秋战国是个矛盾的时代。一方面，礼乐崩坏周王朝岌岌可危，诸侯国之间争夺不断，整个中华大地都是动荡不安。另一方面，由于诸侯争霸，寒门士子开始逐步走到统治者眼前，在历史舞台上开始书写重要的篇章。国与国之间的冲突，人与人之间的矛盾，让本来互不相通的文化思想逐渐靠拢、融合与碰撞。这种文化的碰撞，去短存长，思想的火花就此而来，也就形成不同学派思想，史称"百家争鸣"，人们把那些思想学派总称为"诸子百家"，但春秋时期的学派，远远不止"百家"。

据《汉书·艺文志》的记载，在春秋时期活跃的学术派别里，数的上名字的就有 189 家，留传下来的文字作品约有 4324 篇，我们现在所知道的儒、道、佛三家只是在诸子百家里因为名气大而被流传下来的学派。顺带说一下，佛教并非中国本土而生。大约在汉朝时期，佛教才从古印度传到中国，经过长期发展才形成了极具中国民族特色的佛教。有句成语叫"三教九流"，之前"三教九流"其实是古代对人职业的划分，《汉书·艺文志》对九流进行解释过，即指法家、道家、墨家、儒家、阴阳家、名家、杂家、农家、小说家九家学派，这九家学派在春秋时期极为活跃，但当秦始皇建立秦朝之后，尤其是封建制度的逐渐建立，像那些阴阳家、名家、杂家等都逐渐从政治舞台退出，后来也就只有佛、儒、道三家还在政治舞台上。

西汉初期实行过道家思想的无为而治，魏晋南北朝时期梁武帝当政时，因崇尚佛教，以佛教思想治国，甚至大兴佛寺。唐朝诗人杜牧去南京鸡鸣寺时，写过一篇著名诗作《江南春》，其中这诗句里写的"南朝四百八十寺，多少楼台烟雨中。"就是说南朝梁武帝时佛寺众多的现象。佛道在政治舞台上虽起到过一定作用，但长期占据重要作用的还是儒派。可以说，从西汉董仲舒提出"罢黜百家，独尊儒术"之后，儒派思想在中国封建社会中便处于统治地位，历经数千年而不衰。之所以具有如此活跃的生命力，最主要的还是儒家学派的内涵在不断变化。生物学上有句话叫"物竞天择，适者生存"，同样也能解释儒家能生，而其他派都处于式微之地的原因。

孔子创办的儒学是基于血缘关系亲疏之上，在先秦时期的儒学思想中，"仁"是核心，孝则是最基础的东西。想要达贤，就必须先孝顺父母。由孝顺父母延伸为敬长辈，忠诚于天子，即是"移孝为忠"以孝治天下，这点我们可以从孔子几个弟子问孝，以及孝在《论语》中所占篇幅可以看出来。而在"仁"这个话题中，不仅有君子思想，还有孔子对天地万物的"生生"思想，忠恕也在其中。

"忠恕"是"仁"思想体系里的旁支，也是研究儒学不可忽视的方面。忠，就是忠诚。恕，有宽恕之意。这二字合起来就是忠恕之道，这个概念出自《论语·里仁》。《论语》记载孔子对其弟子说道："参乎！吾道一以贯之。"这里的参就是孔子的弟子曾子。孔子对曾子说"我讲的所有道理都是有个基本思想贯穿其中的"，等孔子走后，曾子刚出门就被其他弟子请教，"何谓也？"曾子便说道："夫子之道，忠恕而已矣。"孔子说的话其实就是忠恕之道。

忠，诚也，恭也。而恕，便是仁的其他具体表达。在《论语·卫灵公》篇里，子贡曾问道："有一言而可以终身行之者乎？"有一句话可以终身奉行吗？孔子回答道："其恕乎！己所不欲，勿施于人。"恕就是"己欲立而立人，己欲达而达人"，而《学而》里说的："吾日三省吾身，为人谋而不忠乎？与朋友交而不信乎？传不习乎？"便是忠的解释。在《中庸》里，也曾记载这句话："忠恕违道不远，施诸己而不愿，亦勿施于人。"讲的也是忠恕。

"忠恕"在现在也有其现实意义，一是能提高自身素养，践行其提倡的"己欲立而立人，己欲达而达人"，学会如何与人相处。二是由己推人，学会如何和社会和谐相处，如何与自然和谐相处，到最后，如何和世界万物相处。如果能做到这三步，那忠恕之道不远也。

7. 关于交友：以文会友，以友辅仁

民间有句俗谣，叫："二月二，龙抬头，三月三，生轩辕。"二月二又称为龙头节、青龙节，是民间传统节日。为何称"二月二"为"龙抬头"日呢？是因为民间相传农历二月初二，是龙抬头的日子，有部分地区会有给男童理发的习俗。而三月三，俗称上巳节，相传是皇帝的诞辰，也是祓禊日。其源于除恶之源，是古代为消灾求福举行的仪式。禊，则是在暮春早秋时在水边举行的祭祀，以消除不祥，是古代为除灾求福而举行的一种仪式。在这天，人们会有"祓除畔浴"的习俗，后来，慢慢发展为水边饮宴、郊外游春的活动，《诗经·溱洧》篇里描写的"方涣涣兮""洧之外，洵訏于且乐"就是描写三月三的游春之景。论语曾记载的："暮春者，春服既成，冠者五六人，童子六七人，浴乎沂，风乎舞雩，咏而归。"写的也是这种场景。

《西京杂记》也记："三月上巳，九月重阳，使女游戏，就此祓禊登高。"

但后来理学盛行，礼教森严，游春畔浴的习俗渐渐废除。畔浴的习俗虽然没有再出现很大规模，但这种文化习俗被文人士子承袭之后，便形成一种新的文化，即是"曲水流觞"。

"曲水流觞"是由上巳节衍生出来的习俗。前面也说了，民间到这个日子，都会郊外游春。在举行完祓禊之礼后，大家会坐到水边，酒杯从上流而下，这里的酒杯并不是青铜或铁制，而是木质的，体轻能浮水，因形状而得名于"羽觞"。"羽觞"到谁那里，谁就要饮酒，这与另一习俗"击鼓传花"有异曲同工之妙。这"曲水流觞"本就是一种民间游戏，由于文人雅士的加入，多了些风雅之气。说起"曲水流觞"，最为出名的就是王羲之举办的兰亭集会，邀请朋友饮酒作乐，乐完之后，王羲之也是喝多了，就写下那篇著名的《兰亭集序》。

"永和九年，岁在癸丑，暮春之初，会于会稽山阴之兰亭，修禊事也。群贤毕至，少长咸集。……又有清流激湍，映带左右，引以为流觞曲水，列坐其次。虽无丝竹管弦之盛，一觞一咏，亦足以畅叙幽情。"

这里就说了王羲之邀请朋友会于会稽山阴之兰亭，是为"修禊事也"。而提到的"流觞曲水""一觞一咏，亦足以畅叙幽情。"都是上巳节的"曲水流觞"文化的体现，而王羲之的这首《兰亭集序》也让兰亭出名，这种饮酒作诗又赏景的作风，对后世影响颇大。而因为有"曲水流觞"，唱酬文化也应运而生。

唱酬，称唱狩，又为唱和。谓作诗与别人唱和，形式多种。经常在"曲水流觞"中出现，是文人雅士比试的手段。而除了在曲水流觞上，唱和还表现在离别唱和之中。文人之间更是如此，比如你出游我要写首诗表达一下感情，出游的人也会回首诗，表示一下。唐伯虎就说过："此日伤离别，还家足唱酬。"有个最出名的段子"李白为什么不给杜甫回信"，杜甫的《春日忆李白》："白也诗无敌，飘然思不群。"《冬日有怀李白》里的"寂寞书斋里，终朝独尔思。"就是这种唱和文化的体现。叶圣陶先生也曾说过吟诗填词，所谓唱酬，也算了不起。

古代的娱乐活动并不多，可无论是曲水流觞抑或是唱酬，其本质来说，都是一种交流手段，也就是我们所谓的交朋友。当然除了这两种外，士子之间最常见的就是"以文会友"。儒家经典《论语》有记"以文会友，以友辅仁。"这句话是曾子所说，表面的意思是以文交友，以友人而辅助自己修身，有耳濡目染修心的味道。这未免有些相轻"白丁"的意思，不如我们这样看，文人重视修身，所以以志同道合者为友，这里的"文"其实是种文化思想。

文人以文会友，并非轻视那些不识字的人，这里的文，可以理解为道义。

孔子说："道不同，不相为谋。"

文人有道，武人也有道。只要拿本身遵从的道义去交朋友，努力"以友辅仁"，那朋友之间无论是识字不识字，都会结为良友，都会互相扶持而得大道。

这时，便没什么文不文，友不友的了。

8. 谈礼：不学礼，无以立

西周灭商，武王向箕子问政，箕子在商朝原本制度上，给了武王许多建议，但仍然不肯入朝。武王问政后，在太公的帮助下，西周慢慢兴盛，逐渐建立起一套嫡长子与分封制相结合的制度。后武王去世，成王继位，周公在辅佐成王时，在夏商之礼的基础之上又吸收新的法度，制定了礼制，俗称"周公制礼"。

礼，是维护周朝等级制度稳定的统治手段，它是道德规范与法律典例的总称。而乐，则是为了配合周朝贵族进行礼仪活动而制作的礼乐，因为周朝等级森严，所以礼乐的规模要与等级相符合，便有天子九鼎，诸侯六鼎的说法。周礼以"亲亲""尊尊"为主要思想，以人伦与天道来自我约束。西周礼乐不仅仅是娱乐，还体现出社会的时代文明。"礼制"社会也由此传袭，到了春秋战国时期，礼乐崩坏，孔子主张的"克己复礼"的礼主要为周礼。

孔子思想历经千年而不衰，影响着中国古代王朝的发展，也时刻影响着儒士的思想。这种影响是深远性的，若问中国最伟大的思想家是谁？大家可能都会回答是孔子，孔子也是最为公认的思想家，他不仅是儒学创始人，是思想家，还是政治家、教育家。他一直秉持着仁的思想，而无论是当时君王问政，还是弟子问仁，孔子都将这种思想贯彻其中，当然也并不是空谈，言说的过程中，孔子也时刻在实践着，并时刻督促着周围的人遵守礼法。

《论语·季氏》就曾记载一件事。说有一天，孔子的弟子陈亢问伯鱼，说："子亦有异闻乎？"伯鱼是对别人儿子的称呼，这里的伯鱼是孔子的儿子孔鲤，陈亢问伯鱼在孔子那里可曾听到别的教诲，伯鱼就说了一件事。说孔子站在庭院里，孔鲤就"趋而过庭""趋"是一种礼数，是晚辈对长辈的恭敬动作。孔鲤见孔子在那里，所以就趋而过庭要走，孔子喊住了他，问他："学诗乎？"学《诗经》了吗？对曰："未也"孔鲤说没有。而后，孔子就说"不学《诗》，无以言。"，所以孔鲤就又回去读《诗经》了。后面还有一段，说："日，又独立，鲤趋而过庭。曰：'学礼乎？'对曰：'未也。''不学礼，无以立。'鲤退而学礼。"又是一天，孔鲤又趋而过庭，孔子就又问学礼了吗？孔鲤也是老实，就说没有，孔子就说："不学礼，无以立"，孔鲤又老老实实地跑去学礼。因此陈亢退而喜曰："问一得三。闻诗，闻礼，又闻君子之远其子也。"陈亢很高兴，觉得自己有了收获，一是要学诗，二是要学礼，三是要不偏袒自己的孩子。而说到礼时，孔子提到"不学礼，无以立。"他也在教习自己的子孙学习礼，是在时刻贯彻这种思想。孔子出名之后，鲁国三桓的孟孙氏，就曾把自己的儿子孟孙无忌送到孔子那里学习礼。

孔子的"不学礼，无以立。"是将礼当作为人的必修课，以此强调学习礼法的重要性。虽说礼法是等级制度的产物，有一定的局限性，但它对现代生活仍有积极作用。我们当今的时代，经济发展急速，随之而来的是我国文化跟不上经济发展，这就容易出乱子，所以我们更是要学习礼，礼仪一直是中华民族的传统美德，我国也有"礼仪之邦"的称呼。

"不学礼，无以立"还表现在我们的日常生活中，如果不学会礼貌，则难有立身之所。礼让的例子很多，"孔融让梨""六尺巷"都是礼让的表现，一个人不可能独自存在，来到世界上必然会有各种各样的人，人与人之间，必然会有相处。如何正确地相处，做个让别人感到舒服的人，那就要先学会礼让，学会礼貌。礼貌是人际交往中的文明规范，它体现一个人的文化素养，礼是个人性格的组成部分，是不可或缺的。

　　而不单单是个人，礼对国家来说，也极为重要。在全球化的今天，一个国家也不可能独自存在，它必然要与其他国家交往，而国与国之间的交往也会讲"礼"。

　　《左传·隐公十一年》就曾道："天而既厌周德矣，吾其能与许争乎，君子谓郑庄公，於是乎有礼。礼，经国家、定社稷、序民人、利后嗣者也，许无刑而伐之，服而舍之。"这里就认为礼是治理国家的规则，是维护江山社稷平稳的手段，更有利于以后的千秋万世。

　　荀子曾在《修身》说道："礼者，所以正身也；师者，所以正礼也。无礼何以正身？无师，吾安知礼之为是也？礼然而然，则是情安礼也；师云而云，则是知若师也。情安礼，知若师，则是圣人也。故非礼，是无法也。"礼是正身之法，老师可以正礼。那么没有礼怎么正身，荀子强调的是礼法与老师在修身方面的重要作用，并提出："故非礼，是无法也。"

　　其实这样的礼，也就是现在的"法"。

9. 谈真理：朝闻道，夕死可矣

　　远古之初，是谁在传道？白日光明夜晚黑暗，这究竟是如何安排的？阴阳参合而生万物，何为其根本又何为其变化？传说天有九重，那又是谁去度量的？天的中央与四面八方，究竟是哪里相倚相靠？八方天柱撑在哪里？大地为何深陷东南？天与地会在哪里交会？十二地支又是如何划分的？日月如何交替，群星又陈列在何方？

　　如果看到这等奇葩问题，不要讶异，因为这文章本身就是文学史上的奇葩。

　　"遂古之初，谁传道之？明明暗暗，惟时何为？阴阳三合，何本何化？

九天之际，安放安属？隅隈多有，谁知其数？天何所沓？十二焉分？日月安属？列星安陈？"这一连串的奇葩问题出自一朵奇葩文章《天问》。它问世于战国时期，是屈原在被流放出楚国时所写。

屈原是楚国人，也是政治家。是战国时期楚武王之子屈瑕的后代，少年以博闻强识而出名，读书多而杂，在楚怀王初期时提出"美政"的想法，但因其改革触碰到公子子兰等贵族利益，多次被旧贵族上书弹劾，遂与楚怀王出了间隙，屈原主张诛秦，而楚怀王则不敢妄为，与秦国符合，秦楚复合，主张诛秦的屈原位置有些尴尬，再加上他与当时秦相张仪过往有过矛盾，遂被奸人进献谗言，被流放出楚国。都说，文人越艰难，诗越写得好。这点不仅在后来的李煜身上体现，在屈原被流放时，他写出的《九章》瑰丽嶙峋，自成风格。而这首《天问》也是屈原在流放时期所写，他问天问地问世间万物，问题千奇百怪，却又有惊人的艺术感。

他问天地阴阳，问存亡兴废，问世间善恶，甚至还问鬼神之说。他问得关切，好像所有的问题都要找出一个答案，一个规律。善恶之说早被儒家问个通，天地阴阳也被道家似懂非懂的参悟，只有屈原，他并不是单独问哪个规律，他是问全部，问一切。

天问的问题，并没人能回答他。屈原却不放弃，他始终相信一切都有答案，世间不会无缘无故出现，就像他不会无缘无故问出这些问题。所以《离骚》中写道："路漫漫其修远兮，吾将上下而求索。"即便长路漫漫，我也要探索真理。屈原可以做到哪种地步呢？"亦余心之所向兮，虽九死其犹未悔。"只要是我内心想要知道的，就是我死也不后悔。这种舍身探索的思想，一直被写在教科书上，而这种精神入世化，便是士子卿大夫所信仰的"殉道"。

士子的殉道，是最为绝烈的士文化。它是一种大无畏精神，同时也是士子不折的自尊心。可以说，以身殉道是士子最为光荣的死法，遍观中国历史上，这种殉道色彩最为浓厚的便是明朝。明朝朱棣篡位，第一谋士姚广孝提到方孝孺，说其是天下读书种子，所以不能杀。这里方孝孺其实就代表士子们的气，这是种奇怪的现象，虽然士子大多酸腐，但面对家国大事时，总是有种随时献身的态度，这种态度也出现在明中后期，虽然明中后期的皇帝大多都是睁眼瞎，但因为内阁的存在，皇权下放，内阁争斗，各方士子之间的争斗不断，但他们身上总是有股气，这种气，是士气，是国运，不过可惜的是，这种气没用到抵御外敌，而是在内斗上消耗许多。而因中国受儒家思想影响严重，关于真理的讨论也仅限于道、性、教三者的关系讨论。在理学之后，这种思维更是禁锢中国士子的思考，使中国在不知不觉中落后于其他国家，明末出现的资本主义萌芽也被清朝入关给绝杀干净。

反观西方的文化，在十四五世纪，可谓是发展迅速。

一开始西方与中国一样，都有控制国家的旧势力，中国有封建王朝，西方有宗教势力。这些宗教势力为了维护自身统治，同样对人们的思想进行约束，但与中国不同，西方的科学家们勇于站出来，在那个信奉地心说的西欧，哥白尼提出日心说，布鲁诺为了宣扬科学，大力宣传日心说，最后被宗教审判为"异端"，在罗马鲜花广场被处以极刑而死。

星星之火，可以燎原啊。

布鲁诺虽死，可他的科学精神却影响了不少人，这些人后来成为了文艺复兴的重要人物。

孔子说："朝闻道，夕死可矣。"

道，是世间万物的规律，它包含一切运作法则与规律。如果能掌握到真正的道，全身心达到宇宙的大和谐，于那些追求真理的人来说，夕死可矣不是没可能。

10. 何谓善恶：见善如不及，见不善如探汤

　　道家崇尚顺其自然，墨家讲究"兼爱非攻"，儒家则讲"仁"。三派虽不相同，但都谈论过"修身"。道家本心是"抱朴守真""柔弱不争"崇尚节俭而寡欲修身，倡导守朴的修身之道，是顺其自然。而墨家在论述治国时提出："是故先王之治天下也，必察迩来远。君子察迩而迩修者也。见不修行，见毁，而反之身者也，此以怨省而行修矣。"大致意思是，先王治理天下，必定要明察左右而厚待贤人。君子能明察左右，左右之人也就能修养自己的品行了。君子不能修养自己的品行而受人诋毁，那就应当自我反省，因此怨恨减少，就可修身。这种"怨省而行修"以达"治天下也"的修身思想，类似于儒家"古之欲明明德于天下者，先治其国；欲治其国者，先齐其家；欲齐其家者，先修其身；欲修其身者，先正其心；欲正其心者，先诚其意"的修身思想，不过墨家在探讨自我内心的修身时，也强调外求诸法。

　　修身始于孔子之说，但春秋的修身说并不仅限于孔子。后来的荀子，曾写有修身文章。

　　《荀子·修身》一篇，宗旨就是修身。修身之前也说了，它就是养性感悟人生，从自我修养来不断完善自己的品行。因为人有善恶，而不论是"性善"还是"性恶"，抑或是后天养成的"善""恶"，当察觉到善恶时，要学会分清楚。关于善恶，《荀子·修身》也记："见善，修然必以自存也；见不善，愀然必以自省也。"见到善良的行为，要端正地反问自己审视自己；遇到恶行，要心怀恐惧的自我反省。随后荀子又写道："善在身，介然必以自好也；不善在身，菑然必以自恶也。"当自己有善行时，要因此而坚定地喜欢自

己；当自己身上有不良行为，要因不良行为而痛恨自己。所以荀子认为"故非我而当者，吾师也；是我而当者，吾友也；谄谀我者，吾贼也。"及时指出我的错过，是我的老师；与我意见相同的，是我的朋友；阿谀奉承我的，则是想害我的敌人。所以是"故君子隆师而亲友，以致恶其贼"，君子要尊敬老师亲近朋友，这样才能远离那些想害我的人。

这种对待善与不善的看法，孔子也说过类似的话。当时子贡问伯夷叔齐，孔子回答是"古之贤人也"。之前的"国让"阐述里，我们也说了伯夷叔齐的经历，因不想食周米，就隐居在首阳山采野菜吃，最后饿死在首阳山。所以子贡对此就又问道："怨乎？"他们会后悔吗？孔子却大赞伯夷叔齐的做法，然后"无怨"，而后又道："齐景公有马千驷，死之日，民无德而称焉。伯夷叔齐饿于首阳之下，民到如今称之，其斯之谓与。"齐景公养马有千匹，死的时候，人民不称呼他有德行。伯夷叔齐饿死在首阳山，现在人民还称呼他有德行。

孔子对齐景公与伯夷叔齐的评价也有另外的话，在《论语·季书》中，孔子说道："见善如不及，见不善如探汤。"有的人见到善，好像追赶不到一样；见到不善，就像以手探汤般。这里的"汤"并非现在的汤，在古代特指热水。孔子又说："吾见其人矣，吾闻其语矣。隐居以求其志，行义以达其道，吾闻其语矣，未见其人也。"我见过心善的人，也听过类似的话。有的人"隐居以求其志，行义以达其道"隐居来求志，仗义行事，这里说的就是伯夷叔齐，因为伯夷叔齐是商周人，所以"吾闻其语矣，未见其人也"。

为何孔子拿齐景公与伯夷叔齐做比较，这里有个背景。就是当时鲁昭公在被阳虎驱逐出齐，孔子也在齐国。齐景公听说孔子的学问，接见孔子并问政。《论语》也有记："齐景公问政于孔子。孔子对曰：'君君，臣臣，父父，子子。'公曰：'善哉！信如君不君，臣不臣，父不父，子不子，虽有粟，吾得而食诸？'"齐景公问政，孔子说君要有君道，臣有臣道，父有父道，子有子道。但是齐景公也仅是问政，并没有用孔子。所以孔子所说的：

"见善如不及，见不善如探汤"就是指齐景公，这也是讽刺。

善是自内而出，并非一夕一朝形成的，这是个过程。

11. 谈换位思考：己所不欲，勿施于人

有句谚语叫"一方水土养一方人"，说是不同地域的人，由于环境不同，生活习俗不同，导致文化思想也不同，以此来比喻不同的环境造就不同的人。遍观中华历史五千年，也就是这么个道理。孔子生在齐鲁，其创造的儒家学派影响着齐鲁之地，所以齐鲁多士子。而偏东南的浙江一带，地理位置优越，是著名的鱼米之乡，所以这一带出的状元特别多，而在比较靠内陆的晋皖一带，因为其商品交易来往较多，就自然而然地出现了晋商、徽商。从饮食习惯来看，成都湖南一带喜辣，而广东一带则大多嗜甜。

一方山水养一方人，一方山水，就有一段风情。在清朝闭关锁国实施八股文时，中国思想也并非毫无活力，其始于康熙雍正时期，乾隆到鸦片战争之间都是其巅峰状态，鸦片战争后便走上了末流之路。桐城地杰人灵，蕴含丰富的文化底蕴，其形成的桐城派，以康熙时期的方苞、戴名世、刘大櫆，鸦片战争之前的姚鼐为代表人物，桐城派也是清朝年间最大的散文学派，许多士子结社讲学，更有"天下文章在桐城"之说。

提到桐城，便要提一则故事。

相传在康熙年间，桐城有两户人家相邻，一家姓张，一家姓吴，两家都是名门望族。后来吴家想盖新房子，就想把两家共同的巷子占为己有，但巷子是张家便利通行的地方，暂不说给张家带来多大不便，就是这地也不能让啊，自古以来土地都属于财产。两家调解不下，就闹到当地县衙了，争执不下。县衙见两家都是大户，谁都不好得罪，就不敢轻易了断，一直拖着，急性子的张家人受不了了，就立马写家书给当时正在做官的张英，

让他出面解决。张英是谁呢？他是康熙年间著名文臣，曾官至文华殿大学士兼礼部尚书。

礼部尚书，在清代是从一品的官职，负责文化外交、教育工作。不仅如此，张英还担任文华殿大学士之职，为人清廉，康熙对他评价很高，说他"勤慎可嘉"，不仅勤奋为官，还很小心谨慎。所以，如果张英出面，吴家人是怎么也不能强占巷子了。

出人意料，张英回家信时，写了四句话："千里来书只为墙，让他三尺又何妨？万里长城今犹在，不见当年秦始皇。"千里迢迢写书信给他，就是为了墙头的事情。张英认为自家应该礼让，虽让他三尺又何妨呢？张家人看了，便让出三尺，邻居吴家也不好意思，更是为张英的气度所感动，也自让了三尺，便是如今桐城东南角的六尺巷。

孔子说："己所不欲，勿施于人。"意思是自己不喜欢的事情，不要强加给别人。孔子强调"其恕也。"人应该宽恕待人，不应该为了小事而生气，这才是仁，才是仁道。在佛家思想里，"己所不欲，勿施于人"这种文化思想是被当作菩萨摩诃萨守护的法度。对于张英来说，这就是一件小事。但从这件小事能看出张英为人礼让，也充分体现出他的谦和与宽让。

"己所不欲，勿施于人"这也是儒家一直倡导的思想，其已然植根于中华民族文化之中。但令人惋惜的是，随着时代的发展，追求物欲的渴望，让很多人都忘了这条信仰，更别说做到己所不欲勿施于人了。为自己谋利益并没有错，但不妥当就在一切以自我为中心，以个人利益为利益，忘了最起码的交友准则，忽视他人感受。无论是人与人之间，还是国与国之间的关系，都应该要遵守"己所不欲，勿施于人"的文化内涵，唯有此，才能正确与人交往。

而"己所不欲，勿施于人"不仅是与人交流的重要方式，也是处理人际关系的准则。就如《论语》所道："己欲立而立人，己欲达而达人。"你对别人仁爱，别人才会对你仁爱，你对别人好，别人才会对你好，这是相辅相成的。在生活中，我们要学会换位思考，在与人发生矛盾时，不妨停下来，想想假如自己是对方，该是如何的感受？否则矛盾一再加深，彼此都不换位思考，那误会便会丛生，问题更不会被解决，甚至会更糟糕。

有句俗话也说："退一步，海阔天空。"或许有时，退一步而主动礼让，眼前会豁然开朗。

12. 谈国让：伯夷顺乎亲，叔齐恭乎兄

孔子喜欢夸人，在《论语》中，他多次夸赞自己的弟子。他夸赞闵损孝，夸冉雍"雍也可使南面"，夸得最多的还是颜回，夸他安贫乐道"一箪食，一瓢饮，在陋巷，人不堪其忧，回也不改其乐"；夸他好学"回也好学，不迁怒，不贰过"；并认为他是贤者。"贤哉回也！"最后颜回死的时候，孔子十分伤心。当然孔子夸赞最多，给予赞誉最多的还是古代先贤，从《论语》中可以看到，孔子对尧舜二帝甚是推崇，多次提到尧舜的德政。除了尧舜外，孔子还曾多次夸赞另外两位古代先贤。这两位先贤不比尧舜，既没当过官，也没做过君主。他们之所以被铭记于世，是因为他们在西周初期做了一件事，这件事至今都被流传下来，或许他们自己都不知道，自己被铭记于世，是因为自己的死因。

夏商西周都是奴隶制国家，虽说西周建立了比较完善的嫡长子继承制与分封制结合的制度，但在夏商时期，分封制还没有那么健全，所以商天子与诸侯国之间的联系并不紧密。牧野之战后，周武王进到朝歌，商纣帝辛自焚，周取得胜利。但这时，准确来说，商纣并没有完全灭亡，周武王所灭的是商周最为核心的力量，其他残余力量并没有完全歼灭，这部分的残余势力，在周公镇压三监之乱时，才真正被铲除，商朝残余部落归顺于周，这才是真正的商朝覆灭。

王朝政权交替之间，必然会有一些人反对新王朝的建立。就比如明朝，

明末年间的天下动荡不安，但清军攻打时，还会出现一些像史可法、李定国这样的抗清名将誓死为明朝战斗。就是到了清康熙年间，民间还有反清复明的志士为兴明而奔走，金庸小说《鹿鼎记》里的天地会就是这样的。这些志士一定要恢复旧朝的原因，说起来还是"护短"的想法。一个国家忽然灭了，搁谁谁都受不了，这就和父母与孩子的关系差不多，我家孩子调皮我知道，但我可以打你外人不能打，而且"清"这个外人还颁发许多不人道的条令，比如剃发辫，所以有人聚集起来，当然这些志士之人也不乏真正的爱国者。所以，商朝突然灭了，或许朝歌人民还能容易接受，毕竟商周统治暴虐。但稍微离商朝远点的人民，就不理解了。怎么就突然灭了？昨天吃的还是商米，自己还是商民，怎么一夜之间，眨眼间的功夫就成了周民？

肯定有人不能接受，而这些不接受的人之间，就有两位国君公子。

伯夷名允，字公信，谥号为伯夷；叔齐名致，字公达，死后谥为齐。两个人都是商末孤竹君之子，孤竹君就是孤竹国的君主。《辽史·地理志》记载平州时说过："商为孤竹国，春秋为山戎国"平州这个地方，在商朝时是孤竹国，在春秋时是山戎国，也就是现在的辽东地区，辖地相当现在河北省区域的长城以南地区，包括现在的唐山市区东部以及秦皇岛市区。而朝歌属于现今河南地域，两者相隔有点远。而伯夷叔齐在商灭亡时并不在孤竹国，当时因为孤竹君想要立次子叔齐为继承人，但是还没确立下来，孤竹君就死了。按照当时的继承制度，是伯夷为国君，但伯夷想着自己父亲是想立叔齐为国君的，所以就"逃之"，那叔齐觉得自己做国君更不合适，不符合长而立的制度，所以他"亦逃之"。两位国君继承人跑了怎么办？只好让另外的儿子继承王位。

可两人都出了孤竹国，去哪儿比较好呢？史书上说他们"听西伯昌善养老人，尽往归焉。"听说西伯昌也就是周文王治理得不错，就去西伯昌领地，当他们到达的时候，周文王死了，周武王继位，建立西周。这就让伯夷、叔齐很生气，他们质问周武王，"父死不葬，爱及干戈，可谓孝乎？以臣弑君，可谓仁乎？"父亲死了不去下葬，反倒是兴起战乱，这是孝吗？身为臣子，却以下犯上杀害国君，这是仁吗？后来周武王也没杀他们，伯夷、叔齐不想吃周朝粮食，所以逃到首阳山隐居，以采集野菜为生，最后就饿死了，在饿死之前，他们写下一首诗歌："登彼西山兮，采其薇矣。以暴易暴兮，不知其非矣。神农、虞、夏忽焉没兮，我安适归矣？于嗟徂兮，命之衰矣！"

伯夷叔齐这种以身殉道的行为，对儒家思想影响很大，孔子就曾评价其："能以国让，仁孰大焉，伯夷顺乎亲，叔齐恭乎兄。"孔子还夸赞二人是"古之贤人也"。

到了近现代，由于国家政治因素的影响，伯夷叔齐的故事也有了不同见解。鲁迅就曾写过一篇以伯夷叔齐为主角的小说《采薇》，这里的伯夷叔齐不通变故，鲁迅写此就是讽刺当时旧时代人的迂腐思想。

13. 何谓仁：爱人，知人

孔子被称为至圣先师，不仅是影响后世的大思想家，同时也是位教育家。相传其弟子三千，其中七十二位贤人。作为教育家，孔子将他的思想实践到具体教学之中。他的教学理念与教学方法，我们可以从他与弟子的日常对话中看出来，子夏问孝，子游问孝，孟懿子问孝，孔子都给出不同答复，其自创的"因材施教"对后世影响极大。不仅在孝方面，对于孔子一直推崇的仁，不同弟子问，孔子都会给予不同答复。

据不完全统计，单只是在《论语》之中，弟子们共问了十三次的"仁"。其中子贡与樊迟最多，各问了三次。子张次之，问了两次。其他的弟子如颜回，仲弓，司马牛，宰我，原宪都只问了一次。尽管问了十三次，每个人问的次数也不相同，可孔子依旧给了不同的答案。

先从子贡开始。子贡他第一次问仁，是问"如有博施于民而能济众，何如？可谓仁乎？"如果能把博爱施惠于民而救济他人，这是仁吗？孔子回道："何事于仁，必也圣乎！"这哪是仁，这分明是圣人！就连唐尧虞舜都不一定做到，然后又道："仁者，己欲立而立人，己欲达而达人。能近取譬，可谓仁之方也已。"仁者，自己对人有仁爱之心，别人对你也会有仁爱，对别人豁达，那么别人也会对你豁达，这也有之前说到的"己所不欲勿施于人"的思想；子贡第二次问仁，是以管仲在公子纠后为曾经的仇敌公子小白做事，并问"管仲非仁者与？"

孔子回："管仲相桓公，霸诸侯，一匡天下，民到于今受其赐。"管仲帮助齐桓公称霸天下，是百姓之福，为天下造福的人，这也是仁；子贡第三次问仁，孔子这次回答："工欲善其事，必先利其器。居是邦也，事其大夫之贤者，友其士之仁者。"工匠想干好活，必定先磨快工具，想要天下太平，就要温厚对待卿大夫的贤者，与士人交朋友。以又辅仁，为仁之道也。

再者是子张。子张第一次问仁，孔子说："能行五者于天下，为仁矣。请问之。曰：恭、宽、信、敏、惠。恭则不侮，宽则得众，信则人任焉，敏则有功，惠则足以使人。"能把"恭""宽""信""敏""惠"做到，这就是仁；子张第二次问仁，就是以子文第三次当令尹时，不喜不愠，所以子张问令尹子文是否是仁，孔子因为不了解令尹子文，所以说"未知。"

颜回问仁，孔子答："克己复礼"为仁，在那个礼乐崩坏的春秋，其具体表现为"非礼勿视，非礼勿听，非礼勿言，非礼勿动"；仲弓问仁。子曰："出门如见大宾，使民如承大祭。己所不欲，勿施于人。在邦无怨，在家无怨。"出门如见尊贵宾客，自己不想做的事情不要强加于别人，要换位思考；司马牛问仁。子曰："仁者其言也讱。"仁需要去从实践中领悟。

宰我问仁，孔子说："君子可逝也，不可陷也；可欺也，不可罔也。"君子可以救人，但不能自己陷进去，可以被欺骗，但不能被愚弄；原宪仁，说："克、伐、怨、欲不行焉，可以为仁矣？"子曰："可以为难矣，仁则吾不知也。"拥有不克、不伐、不怨、不欲这四种品质，是难能可贵的，但要做到仁，实在是困难重重。

最后是樊迟问仁。孔子说："仁者先难而后获，可谓仁矣。"仁者都是先受苦难而后来得到收获；樊迟再问仁。孔子说："居处恭，执事敬，与人忠。虽之夷狄，不可弃也。"平时在家里遵守规矩，办事认真，待人忠诚，即使到了别国，也不可背弃这三件事。等到最后了，樊迟再问仁，这时孔子只说了两字"爱人。"

其实到这里，仁的概念，已然能看出来了。无论是子贡问仁，还是子张问仁，孔子一直以"仁"的具体概念来讲仁，仁不是静止的，它包含的意思太多，并不能用片面言语去概括，所以孔子在面对诸多弟子问仁时，才会有不同答案，但就算是不同答案，都有一个核心思想，那就是樊迟问仁时，孔子说的话，"爱人"。

虽才两字，可做起来并不容易。有的人，连爱自己都不能做到，如何去谈爱别人呢？更不要说达到那种"己欲立而立人，己欲达而达人"的境界。

第二章

《孟子》之处世法则

穷则独善其身，达则兼济天下

　　孟子见梁惠王，梁惠王开口便问："你千里迢迢赶来，于我国家而言，有何利处？"孟子回答的就是《孟子》开篇这第一句："王何必曰利？亦有仁义而已矣。"

　　这一句看似简单，却提出了儒家的重大命题，甚至是中华文化数千年来的重大命题，那就是，你是要仁义，还是要利益？

　　这道选择题难度很大，因此，数千年来鲜有人能真正选好。正所谓"天下熙熙，皆为利来；天下攘攘，皆为利往"，在前进的征途上走得太远，甚至都忘了最开始的初心。当局者迷，而沦陷得再久，也难逃"价值"二字的逼问。面对这个进退两难的问题，我们只能回过头，去先哲立下的起点处寻找最初的答案。

1. 谈仁义：亦有仁义而已

《孟子》共有大篇十四卷，细分开来，约有二百多章，总字数共三万五千多字。由孟子及其弟子万章、公孙丑编著，原来是不分上中下篇，后世为了好编订目录，便把篇数分为上中下篇，《孟子》中比较出名的便是《梁惠王篇》《公孙丑篇》。《梁惠王上》是《孟子》首章。

魏国出现于春秋末期，战国初期，其前身是晋国。晋国在经历曲沃代翼等内乱后，由于历代晋国国君的努力，国力日益昌盛起来。但因晋国太注重宗族势力，以至于韩赵魏三家宗族势力强大，最后造成了这三家瓜分了晋国。魏国是其中最受益的一家，也因此日益强大起来，但后继乏力，尤其是到了梁惠王。

梁惠王，又称魏惠王。他是魏武侯之子，在与公子缓的王储之争中获胜，于公元前365年继位，成为魏国第三任国君，共在位五十年。梁惠王即位时，恰是魏国鼎盛时期，国力可与齐秦争霸天下，可以说，当时能与齐秦争天下的唯有魏国，但可惜的是，魏国在群雄争霸中丧失太多机会，当时商鞅曾为魏国宰相家臣，宰相公叔痤推荐商鞅，魏惠王不理会，公叔痤便道："王既不用公孙鞅，必杀之，勿令出境。"但很可惜，魏惠王并没有在意，也没听进去。而商鞅听说这个消息后，生怕自己多待在魏国一天就会丧命，所以"夜奔出魏"。辗转之间，到了秦国。商鞅在秦国，受到秦王重用，商鞅的才能在秦国得到发挥，进而辅佐秦国行霸道成为战国霸主。

除了商鞅，魏惠王还相继错过张仪、孙膑。张仪是魏国人，师从鬼谷子善纵横之术，是不可多得的人才，可在当时的魏国却因出身低微未被重用，后入秦国，以雄辩之才著称，官拜相国。同理，还有军事奇才孙膑。

相传，孙膑与魏国大将庞涓师从鬼谷子，但因庞涓的妒忌，孙膑被请去魏国，后被设局断去双足，后来被齐国救走被拜为齐国军师，著名的围魏救赵，田忌赛马等都能体现其智慧，可见其军事才能，但却被魏国放弃，再加上庞涓作用，在最后的桂陵之战、马陵之战中，魏国落败，太子被俘，庞涓阵亡，魏国一下子"东败于齐，西丧秦地七百余里，南辱于楚。"魏国战败于齐国，魏国西边的领土割给秦国七百余里，在南边被楚国侮辱。之后魏惠王不得不尊称齐威王为王，并立下盟约。史称"徐州相王"，这场战争里，魏国没有得到一点好处，反倒是割地，"低首"。这样就注定了此后魏国的落局。

魏惠王是在魏国鼎盛时期继位，那时的魏国国力昌盛。这就好比有座快要盖好的房子，这个时候，先前的木匠跳槽了，你接手了这个建筑项目。就算是手艺平庸，最起码也能保住原来木匠打下的基础。而魏惠王并不，他为政五十年，非但没有把魏国治理妥当，反倒做了许多糊涂事，而记录在《孟子·魏惠王上》的对话，就发生在马陵之战后。

当时，魏国逐渐走下坡路，孟子去见梁惠王，才有了以下对话。

梁惠王问："叟不远千里而来，亦有将有利吾国乎？"

孟子答："王何必曰利，亦有仁义而已矣。王曰'何以利吾国'？大夫曰'何以利吾家'？士庶人曰'何以利吾身'？上下交征利而国危矣。万乘之国弑其君者，必千乘之家；千乘之国弑其君者，必百乘之家。万取千焉，千取百焉，不为不多矣。苟为后义而先利，不夺不餍。未有仁而遗其亲者也，未有义而后其君者也。王亦曰仁义而已矣，何必曰利？"

魏惠王的意思是，先生您不远万里来我魏国，是有什么有利于魏国发展的计策呢？

面对如此急切，开口便想到利益的梁惠王，孟子反驳说，皇上何必说利，君王只要有仁义就行了。后面孟子以士大夫，庶人举例，最后点明道"苟为后义而先利，不夺不餍。"意让梁惠王多往民生考虑，《孟子·梁惠王》篇也多次点明，"得道者多助，失道者寡助。""杀人以梃与刃，又以异乎？""仁者无敌"说明仁义的重要性。

梁惠王未听从孟子的建议，也没去实施孟子所说的仁政，而到最后人民没了，国也亡了，可谓凄惨。倘若梁惠王听取孟子建议，实行仁政，或许魏国也不会亡得那么快。

公元前 225 年，魏国亡。

2. 谈精英：当今之世，舍我其谁

《孟子·公孙丑下》提道："如欲平治天下，当今之世，舍我其谁也？"意思是，如果要使天下太平，面临今天这样的形势，除了我之外，还会有谁？

这句话是孟子回答徒弟充虞的问话，当时的背景是孟子到齐国后，齐王十分高兴并且任用了他，但孟子对所任职务不太满意，便决意离开齐国，但他的离开并不是想真正的离开，他想让齐王能亲自出面挽留他，所以从京城临淄到齐国西南的昼地时，孟子足足住了三天才离开，而孟子与充虞的对话就发生在此期间，充虞问道："夫子若有不豫色然，君子不怨天，不尤人。"孟子答道："此一时彼一时……如欲平治天下，当今之世，舍我其谁也？吾何为不豫哉？"大致意思是，当时是当时，现在是现在……如果要使天下太平，面临今天这样的形势也只有我能治理天下。

当然，最通俗地来解释此句意义，便是我天下第一，除了我没别人了。往好的来看，说明这个人勇敢果决，而从坏处想，这个人是自负自傲的。

孟子说这句话，是对自己的认知清楚，知晓自己该干什么、能干什么，所以才说了这句传为后世的话，但这句话并不仅限用于治理天下，在后朝许多英才面临生死存亡与民族大义时，都有这般高风亮节。

例如夏完淳。

夏完淳，乳名端哥，别名复，字存古，号小隐，又号灵首，生于明末乱世之际，其父乃是复社有名的夏允彝，师从陈子龙，夏允彝生活的年代是东林党乱政的年代，东林党遍布朝野，夏允彝参加复社、几社，并著有《夏文忠公集》《幸存录》，与陈子龙合称"陈夏"。

夏允彝虽官职不高，可仍关注朝野之事，当初清朝占领北方，夏允彝曾求见史可法，但没实现，遂产生以身殉国的想法，夏家文化底蕴深厚，再加上夏允彝的教导，夏完淳从小就耳濡目染知晓儒家道理，并有神童之称，"五岁知五经，七岁能诗文"腹内自有书华，是个知晓"何为民，何为国"的战斗者。为何说是战斗者？夏完淳十四岁时便随父抗清，跟随夏允彝北上南下，联络各地反清复明之人，在目睹南明政权灭亡后，亲身经历父亲的自杀殉国后，夏完淳仍为了曾经的国家而战斗，并和老师陈子龙继续抗清，没想到却兵败被俘虏，被清朝逮捕后押往南京受审，夏完淳当时还是有声誉的，所以清当局请了位明朝故人对夏完淳进行劝降。

此人不是别人，正是洪承畴。

洪承畴原为明朝将军后归顺于清朝。

清当局让洪承畴来劝降夏完淳，说明对夏完淳还是挺看重的，而面对洪承畴的劝降以及诱导，夏完淳的态度很是明确，当时的场景到底如何，已无法看到，我们只有从史册遗字中了解个大概。

"童子何知，岂能成兵叛逆？误堕贼中耳！"大概意思是你年纪轻轻怎么能起兵造反呢？别被乱贼欺骗这样之类的话，接下来洪承畴的话更是间接暗示他投降的好处："归顺当不失官。"你归顺的话，就还让你做原来的官职。

可夏完淳是如何回答的呢？他佯装不知眼前的将军是洪承畴，反倒是答："我闻亨九（洪承畴字）先生本朝人杰、松山、杏山之战，血溅章渠，先皇帝震悼褒恤，感动华夷。吾常慕其忠烈，年虽少，杀身报国，岂可以让之！"

先是夸赞洪承畴的过往，再表示自己以身殉国的想法，而差役则告诉他。"大人"便是洪承畴，完淳又道："亨九先生死王事已久，天下莫不闻之，曾经御祭七坛，天子亲临，泪满龙颜，群臣呜咽。汝何等逆徒，敢伪托其名，以污忠魄！"

大概意思是，洪承畴洪将军死了很久了，天下人都知道，皇上都难过许久，你竟然敢假装是洪承畴，不是侮辱洪将军吗？

洪承畴无言。

夏完淳以怒斥洪承畴称名于世，并著有《狱中上母书》等，书信中交代钱氏照顾家庭，当时，夏完淳已是两个孩子的父亲，九月十九日，夏完淳死于南京西市，身后由朋友安葬。

南明在历史上只存在两年，可在这两年里像夏完淳这样的人并不在少数，很多人为了南明的政权而奔走着，因为他们知道，在那个亡国之日，任何人都可以低头，而他们是士子，是明朝的颜面，再怎么，也不能离开自我放弃。反而更应该有舍我其谁的精神。

3.关于进退：其进锐者，其退速

《孟子·尽心章句上》载："于不可已而已者，无所不已。于所厚者薄，无所不薄也。其进锐者，其退速。"意思是，不该停止却停止，那就没什么不该停止。本该好好对待却寡薄待之，那就没什么不可以薄待，同理，进步的势头过猛，退步也很快。

其进锐者，其退速。朱熹对《尽心章句上》的进锐者有这样的解释："进锐者，用气太过，其气易衰，故退速。"进锐者并不贬低进步之人，它是指冒进之人用气太过，衰败也很快，所以会退步。

古来今往，遍观历史，因"进锐"而气衰者，实在太多。曹操在拿下荆州后便顺江东下想一举拿下孙刘政权，谁知刘孙联手，诸葛亮的火烧赤壁之计，使其败走华容道。除了以少胜多的赤壁之战，在一百多年后，又一场以少胜多的战役打响了。

公元三百八十四年，八月。

淝水。

两军对垒。

前秦统帅苻坚有兵一百一十二万。

东晋统帅谢玄有兵八万。

时前秦国力强盛，曾先后攻占东晋的梁益二州，又有百万大军。东晋分流而治，桓谢执政。谁能胜，谁能败，似已然落定，可世事总是无常，本该是赢者的前秦苻坚却成了败者，东晋凭借八万北府军胜利，这场淝水之战最后成为中国历史上以少胜多的战役之一。

问题来了，为何拥兵百万的前秦挥师南下时却兵败如山倒，甚至在淝水之战不久后，苻坚被逼自缢而亡，要知道，那时的东晋是文人当政，士族垄断政治，桓谢两大家族又是内斗不断，更是比在战争里成长起来的前秦少了很多领兵经验，当时的前秦，先后灭了前燕、代、前凉，甚至吞并了东晋的荆益二州，国力自是不可同日而语。

为何？

其"进锐"也！就是太快了。苻坚的动作太快了。

让我们先梳理下前秦的时间线，先是我们了解的三国，三国曹丕当帝，死后曹叡称帝，曹叡死后，司马懿及其两子掌握曹魏政权，最后是司马懿的孙子司马炎代魏称帝，史称西晋。

西晋灭孙吴后，朝政日益腐败，再加上贾南风后宫干政，外戚掌权，引发社会大动乱，后世称为"五胡乱华"，在动乱中，前秦先后灭掉前燕、代、前凉等割据国，后苻坚杀掉前秦主苻生，自立为王，在苻坚称帝期间，北吞鲜卑拓跋氏，西并前朝，夺东晋之荆益二州，终于，于东晋太元元年统一北方，用时不过三年。

三年的时间，让前秦能一统北方，足以见苻坚的军事能力。被统一的北方原本就是少数民族大杂烩，若苻坚听从汉臣王猛的话"晋不可伐"，好好在北方休养生息，与东晋分江而治几年，待根基稳固后再一举南下，说不定历史就会改写。

但苻坚偏不。

王猛死后，他仅仅等了七年，便认为时机成熟，率百万大军挥师南下，但那时恒谢两大士族已被谢安调和矛盾，两族共同御敌，苻坚在淝水之战的先行战——淮南之战中早已落败，可他仍是不听劝解，偏偏要渡江南下，结果不行，后退时，又因晋师之计扰的军心大乱，落荒而逃，而跟着他的一百一十二万大军，死伤无数。

淝水之战后，苻坚回都，却不料前燕慕容冲卷土重来，围杀长安。

旧时，苻坚灭前燕时，曾俘虏前燕皇室清河公主与冲，冲年长些，苻坚放虎归山，现在苻坚有难，冲遂围住前秦都城长安，苻坚以衣袍望冲念及旧情，冲不应。

苻坚留太子苻弘守城，弃城而逃，却在新平被杀。

《晋书·苻坚传》记载："坚既不许苌以禅代，骂而求死，苌乃缢坚于新平佛寺中，时年四十八。中山公诜及张夫人并自杀。是岁太元十年也。"大概意思是苻坚不想让别人取代自己的帝王之位，又骂苻苌。苻苌很生气，所以在新平一座佛寺中，逼苻坚自杀。苻坚死的时候才四十八岁，跟随在他身边的张夫人等，见苻坚已死，也就跟着自杀了。

苻坚死，离他一统北方仅过了九年。

他死于进锐。

正如开头所说："其进锐者，其退速。"

4. 何谓孝：莫大乎尊亲

《孟子·万章篇上》载："孝子之至，莫大于尊亲。"意思是，子女孝顺做到极点，莫过于孝顺父母。并在《孟子·离娄下》提出世俗所谓不孝者五："惰其四支，不顾父母之养，一不孝也；博养好饮酒，不顾父母之养，二不孝也；好货财，私妻子，不顾父母之养，三不孝也；从耳目之欲，以为父母戮，四不孝也；好勇斗很，以危父母，五不孝也"。大意是世俗间不孝者可分为五类：懒惰而不赡养父母；酗酒赌博而不养父母；自私而不养父母；纵情声色而不养父母，逞勇好斗而连累父母。

《孟子》一书是孟子与其弟子万章、公孙丑所编订，显然见之，这篇关于"孝子之至"的文章便是出自与万章所答中，《万章篇》分上下两卷，共十八章，十八章里关于万章就有十四章，都是万章问，孟子答。万章也问过孟子孝道，但这篇"孝子之至，莫大于尊亲"却是孟子答咸丘蒙所说之话。

咸丘蒙借尧舜禅让，问舜为帝后该如何对待自己的父亲瞽瞍？孟子除了答"孝子之至，莫大于尊亲。"孝子行孝道，没有比奉孝他双亲更好的了。还回答："尊亲之至，莫大乎以天下养。"因为舜为皇帝，所以孟子说尊亲要以天下养。说到尊亲，诗经《大雅·下武》也曾记载："永言孝思，孝思维刚。"即永远遵从孝道。

这里的孝道并不是愚孝，而是对父母最平常不过的孝顺，只有孝顺父母，才是天下最大的孝。我们说孝子，肯定是儿女对父母的孝。倘若儿女对别人孝顺，却不对自己的父母孝顺，这是孝吗？并不是。所以孟子才会说，对父母的孝顺，就是最大的孝。

孝，是中华传统美德之一，它几乎贯穿中华历史。两汉期间的察举制考察人才标准之一就是孝顺，孝是晚辈对长辈的尊重，更明显的是儿女对父母的孝顺。元代的《二十四孝》全书记载的都是儿女孝顺之事，比如我们耳熟能详的卧冰求鲤、卖身葬父、哭竹生笋故事，均出自《二十四孝》，然而提及孝，却不得不提一篇可以与诸葛亮《出师表》相提并论的文章，有"读之不流泪者不孝之"之称的《陈情表》。

上章提到后三国时代历史，在司马家族掌握曹魏政权后，司马懿长子司马师废曹叡立曹芳为帝，后司马师死，其弟司马昭掌握掌权，司马昭之子司马炎代魏称帝，建立晋朝，史称西晋，写下《陈情表》的李密正是后蜀汉主刘禅的汉臣，在蜀灭亡后在家侍奉祖母，司马炎邀请其入仕，李密一再拒绝。"诏书切峻，责臣逋慢；郡县逼迫，催臣上道；州司临门，急于星火。"诏书下的又急又切，责备我怠慢不敬。郡州县令多次来我家里，催我赶快去任职。而州官也多次催我赶快去当官。但是，李密说了："臣无祖母，无以至今日，祖母无臣，无以终余年。"如果没有祖母，就没有我的存在。如今祖母多病，如果我去当官，那祖母没了我的照顾，就不能安享天年。

我们暂且不知，当时晋武帝是否真心实意想要李密入朝为官，但从李密的《陈情表》里，看到的却是位着实担心祖母之病的男儿，信里真情实意，要不然也不会和《出师表》齐名。

在古代人眼里，孝是"天之经也，地之义也，人之行也。"行孝道是天经地义的事情。而不仅孟子提到孝的问题，同为儒学经典的《孝经》也对孝分类，有天子之孝，有诸侯之孝，有百姓之孝。君主以孝治理国家，臣民以孝修身立家，有句话不就是说"百善孝为先"吗？所有的善行里，孝顺是第一位的。而《孝经·开宗明义》就直接表明，孝，就是"德之本也"。

而无论是天子之孝，诸侯之孝，百姓之孝，当我们真正落实这个孝字时，最能体现的便是儿女对父母的孝顺。孝的字词结构，就是上为老，下为子。上面是父母，下面是儿女。

也就是做子女的，要奉孝于父母。

5. 关于恭俭：恭者不悔人，俭者不夺人

《孟子·离娄上》记："恭者不悔人，俭者不夺人。悔夺人之君，惟恐不顺焉，恶得为恭俭！恭俭岂可以声音笑貌为哉！"意为谦逊之人不会出言侮辱，节俭之人不会出手抢夺。欺辱而掠夺他人的君王，生怕别人不顺从自己，怎么能做到谦逊节俭？难道恭敬节俭可以用声音和笑脸去做到吗？也就是说，恭敬节俭不能靠嘴上去说，要实际去做到。这里孟子讽刺的是那些天天念叨着要恭敬人，要自身节俭而实际不去做的假君子。

言简意赅来说，谦逊与简朴必须表现在行动中，而不是表面一套背后一套。结合当时孟子周游列国，这句话恐怕是说给那些表面一套背面一套的君王所听。恭者，敬也。恭俭一词，最早出现在《论语·学而》篇。

子禽问于子贡曰："夫子至于是邦也，必闻其政，求之与，抑与之与？"子禽问子贡说孔子每到一个国家，总是知晓这个国家的政事，这种是老师自己求得，还是君王给予的呢？子贡曰："夫子温、良、恭、俭、让以得之。夫子之求之也，其诸异乎人之求之与？"子贡回答说，孔子有"温良恭俭让"之德，所以才会有这样的待遇。在这里，子贡认为孔子具备"温良恭俭让"这五德，而这五德与仁义礼智信并名，后被归到儒家五常之中。

恭俭也有恭敬、节俭之意。而古代关于恭敬的例子数不胜数，如宋代理学家游酢与杨时，四十岁去洛阳找宋代著名理学家程颢程颐论道，当时程颐正在睡觉，游酢与杨时便在门外等着，等到程颐醒了，外面的雪都下了将近一尺。这是"程门立雪"典故的由来，在宋史上有所记载。《宋史·杨时传》："至是，游酢、杨时见程颐于洛（今洛阳），时盖年四十矣。一日见颐，颐偶瞑坐，游酢与时侍立不去。颐既觉，则门外雪深一尺矣。"游酢杨时去

洛阳去问道，这里特别说明俩人"时盖年四十矣。"年纪很大了，但就算是年纪大，两人对知识是渴求的，所以才去洛阳问道。为了问道，游酢与杨时自愿在程门等待多时，等待程颐醒后才进去，说明他们尊师重道，是把恭敬二字付诸行动的。

而节俭的话，便不得不提春秋时期的季孙行父，史称季文子。他是春秋鲁国的官，在鲁庄公死后，辅佐鲁僖公，当时鲁国做到季文子这个地位的人，私心都很重，但季孙行父不同，他很节俭，在鲁国朝堂上是一股清流的存在。《史记》曾记载他："家无衣帛之妾，厩无食粟之马，府无金玉。"家里没有穿绸缎的妻女，养的马匹只吃青草，府邸里也没有金银珠玉。十分简朴。孔子在《论语·公冶长》中评价其"再，斯可矣。"并在周游列国中，拿了季文子做榜样，教导学生努力成为像季文子那样的人。

恭俭之道，一直是中国儒学教育的思想，帝王也习恭俭之道，譬如农民出身的朱元璋，他在建立明朝后，还是以身作则，日常食物都很简朴，以此来教育皇子懂得节俭之道。再比如唐太宗李世民，因为得江山难，所以更加珍惜打来的江山，又有长孙皇后的作用，他生活也不敢忘本，有俭朴之风，为群臣的生活作风做了表率。因为患有气喘病，大臣想修个暖阁，唐太宗却拒绝，说修葺暖阁动用国库，又举西汉文帝的例子，修葺暖阁之事也就作罢。

很多诗词也都写过节俭，唐代李绅的"谁知盘中餐，粒粒皆辛苦。"李商隐的"历览前贤国与家，成由勤俭败由奢。"

和仁义礼智信一样，温良恭俭让也是中华传统美德之一，在当今时代更不能丢弃。

6. 何为爱: 爱人者, 人恒爱之

《诗经》有记: "有匪君子, 如切如磋。"

《周易·乾》载: "九三, 君子终日乾乾, 夕惕若, 厉无咎。"

《尚书》曰: "君子谦谦。"

在先秦书籍中, 虽然"君子"一词第一次是在《诗经》中出现, 但其在《尚书》《周易》等经典中也都有不同的解释, 《周易》解释君子应当自强不息, 心存警惕, 这样才能免除灾难。《尚书》记君子应当"谦谦"。后来谦谦君子大多指品格高洁之人。

而在《孟子》中也记载过君子, 《孟子·离娄》记载: "君子所以异于人者, 以其存心也。君子以仁存心, 以礼存心。仁者爱人, 有礼者敬人。爱人者, 人恒爱之; 敬人者, 人恒敬之。"这篇里, 孟子谈君子之所以为君子, 是因为他内心怀有的心念不同, 心念是仁, 是礼。仁爱的人爱别人, 有礼的人以礼待人, 爱别人的人, 别人也会爱他, 尊敬别人的人, 别人也会尊敬他。又曰"非仁无为也, 非礼无行也。如有一朝之患, 则君子不患矣。"不去做不仁之事, 不去做违反礼法之事。就算有一天, 天灾降临, 也不会祸害到君子身上。

其中孟子在解释君子时所说"爱人者, 人恒爱之; 敬人者, 人恒敬之。"一直流传至今。只是句里所说的"爱人者"的爱, 并非《西厢记》里张生与崔莺莺的男女之爱, 也不是《二十四孝》记载哭竹生笋的父子母女亲戚之间的"爱", 它是一种博爱, 是一种对天下苍生的爱, 往大了说, 是自我牺牲与奉献的爱。在中外神话中, 关于博爱与人间之爱都有记载, 西方有普罗米修斯为人间偷火种, 中国也有精卫填海等神话传说。

有人认为，科学是西方的关键词，这与我们接受的教育有关。西方的科学起源于第二次文艺复兴，从文艺复兴以及第一次工业革命后，西方的科学才逐渐发展起来，而那时我国正处于明清时期，一直受儒家思想束缚而没有朝科学发展。而西方在文艺复兴之前，也是有封建社会的，也有帝制。既然封建，那就会有迷信色彩的神话出现。

　　西方世界认为，世界一开始是没有火的，是普罗米修斯把天火带到了人间。普罗米修斯是泰坦十二神伊阿佩托斯与名望女神克吕墨涅的儿子，外国神话认为他是造人始祖，被誉为先见之神，在宙斯推翻神族统治后，普罗米修斯偷窃天火带到人间，人成为万物之灵，这让宙斯十分生气，于是把他吊在悬崖上，终日不能入睡，还派神鹰去啄食普罗米修斯的肝脏，普罗米修斯形象虽然出自古希腊神话，也未尝不是体现他的大爱。

　　在中国神话中，类似普罗米修斯这种大爱精神的还有女娲，她以泥巴造人，让人类在华夏大地上生存，并在天破了之后以一己之力用七彩石头补天。后羿为了天下不再受炎热炙烤，举起手中的弓箭射日。除了这两个神话形象，《山海经》也曾记载过精卫填海的故事。

　　精卫是炎帝之女，去东海游玩时溺死水中，她被无情的东海所淹没，想到别人也有可能被夺走生命，精卫死后的精魂常衔着石子，要去填东海。石子之小，东海之大，虽然差别悬殊，但因为精卫对人间有爱，遂"乃衔木石，以填攸害。"

　　如果要从真人事迹举例的话，能符合这种爱，又能完全符合"爱人者，人恒爱之"这句话的当属孔子。孔子是儒学创始人，其学术思想在封建王朝两千多年历史中有着不可替代的作用，就是到现在也使人受益匪浅，孔子推崇礼法，有弟子数百人，编订《诗经》等儒学典籍，孔子传道，和普罗米修斯偷取天火有相似之处，孔子对弟子平等对待，所以弟子们都很爱戴他。

　　孔子的一生，可以说是君子的一生，也可以说他就是体现"爱人者，人恒爱之"的完美典例，爱分很多种，有兄弟之爱，男欢女爱，但那种对天下苍生的大爱、博爱，才是要不断去践行的爱。

7. 关于规矩：不以规矩，不能成方圆

《孟子·离娄上》有记："离娄之明、公输子之巧，不以规矩，不能成方圆。"规，有法度也。离娄，相传是黄帝时期人，视力极好。公输子即公输班，善机关弄巧之技。此句大致意思为，像离娄那么好的视力，公输班的技巧，如果不用圆规与尺，也不能画出方形与圆形。

孟子又曰："规矩，方圆之至也。圣人，人伦之至也。欲为君，尽君道。欲为臣，尽臣道。二者皆法尧舜而已矣。不以舜之所以事尧事君，不敬其君者也。不以尧之所以治民，贼其民者也。"这是孟子以"不以规矩，不能成方圆"的例子，来说明为人处事不能少了规矩，在什么位置，就要做该做的事。治理国家也不能少了规矩，即法律。

规矩，是法度。圆规和尺是标准，圣人是做人的标准，想要成为君王，就要尽君王之道；想要成为臣子，就要尽臣子之道，两者皆效法尧舜便可，不以舜对待尧的态度来对待君王，就是对君王的不尊敬；不以尧对待百姓的态度和方法来治理百姓，就是对百姓的残害。

尧舜是古代贤者，孟子以尧舜比喻，其实是阐明自己的仁政之道，在《孟子·离娄上》孟子又说道："遵先王之法而过者，未之有也。圣人既竭目力焉，继之以规矩准绳，以为方圆平直，不可胜用也；既竭耳力焉，继之以六律正五音，不可胜用也；既竭心思焉，继之以不忍人之政，而仁覆天下矣。故曰，为高必因丘陵，为下必因川泽。"因为遵守先祖法规而出现过错的，没有听说过。是圣人先用肉眼衡量，然后造出规尺，用规尺来衡量方圆平直以作图，之后又用六律来正五音。最后竭尽心思去制定仁政，仁政就施行于天下了。所以高必然是因为丘陵；低必然是因为川泽。这其

实是说，规矩是圣人立下的，因为"遵先王之法而过者，未之有也。"所以倡导我们遵守规矩。

孟子还提出："不仁而在高位，是播其恶于众。"不仁德而居高位，是散播罪恶。"上无道揆也，下无法守也。"高位者没有道德规范，为百姓者也没法律遵守，这会导致"朝不信道，工不信度，君子犯义，小人犯刑"。身在下位，却不以法律约束自己的行为，朝廷不信仰道义，官吏不信法律，高官不守义，小人犯下罪行。以致"国之所存者幸也"。国无法度，能够存在都是一种幸运。

再者道："城郭不完，兵甲不多，非国之灾也；田野不辟，货财不聚，非国之害也。上无礼，下无学，贼民兴，丧无日矣。"孟子认为，城墙与士兵多少不是国家灾难之所在，田野不垦荒，财货不聚，并不是国之危难。真正的危难在于上面无礼法约束，下面没有法规教育，违法乱纪者就会很多，那么离这个国家灭亡就很近了。

就比如历史有名的"烽火戏诸侯"，褒姒是周幽王的后妃，不善言笑，周幽王为了让褒姒开心以博得美人一笑，便玩了一把小浪漫。《史记·周本纪》载："褒姒不好笑，幽王欲其笑万方，故不笑。幽王为烽燧大鼓，有寇至则举烽火。诸侯悉至，至而无寇，褒姒乃大笑。幽王说之，为数举烽火。其后不信，诸侯益亦不至。"

褒姒为妃，周幽王十分喜爱她。为了封她做后，废去原来的申后，又废去太子。太子在古代可算是第二把座椅，被称为"国本"，是国家重中之重。古代废除太子是要经过很多程序的，但周幽王说废就废，废完太子后，便立马封自己与褒姒的儿子为太子，这样"废旧天子"与"立新太子"，都不给朝臣留下喘息的时间，就这么更换了。这种轻率的废立是有违法度的，更使作为原配的申后颜面无存。而申后背后的家族势力，更是觉得周幽王是在侮辱自己，申后之父发怒，便联合异族攻打幽王。

历史记载："幽王举烽火徵兵，兵莫至。遂杀幽王骊山下，虏褒姒，尽取周赂而去。"最后，国亡了，周幽王最爱的褒姒也不知其下落。归根结底，这场战争的失败，是周天子对诸侯国的"任性"，对朝廷法度的无视。这才导致申后之父联合异族攻打周朝，而原本是周朝外援的诸侯国，却因之前周天子的"任性"，而没有采取行动。

倘若周幽王能遵守法度，遵守君主该遵守的规矩，或许也不会变成这样的下场吧。

8. 谈时机：虽有智慧，不如乘势

《孟子·公孙丑上》载："虽有智慧，不如乘势；虽有镃基，不如待时。"孟子这句话说的是，虽然你有智慧，也不如乘势而行；虽然有锄头农具，也要等待农时再耕耘。这句话旨在强调外界对人的影响，就像人再努力，也需要一个时机去展示自己的才能。

此话是孟子去往齐国，公孙丑问他："夫子当路于齐，管仲、晏子之功，可复许乎？"倘若你当政齐国，是否能取得像管仲、晏子的成就？孟子答："以齐王由反手也。"意思是凭齐王的条件称王简直是易如反掌，并提出："虽有智慧，不如乘势；虽有镃基，不如待时。今时则易然也。"

这句话更能来形容项羽的发迹史，项羽虽然是楚国名将项燕之孙，但楚国灭亡后，他也不是富贵之人。《史记·项羽本纪》载："然羽非有尺寸，乘势起陇庙之中。"项羽起兵时未有尺寸之地，但却能乘着反秦的势头揭竿而起，成为之后的西楚霸王。《史记》载项羽不好读书，刚愎自用，若不是恰逢秦末动荡之势，若是他早生几年，晚生几年，说不定就没有当时那么高的历史地位，而比项羽早的孟子，就已经明白此中道理。

有句话说得很有道理，时势造就英雄，英雄成就历史。在中国历史上，有许多人感叹生不逢时，有沉迷诗词歌赋不能自拔的李煜；也有人在乱世中乘势而为，比如擅纵横术的张仪。

张仪生于魏国，相传与苏秦拜于鬼谷子门下，习权谋学政治，两人各自出师后，张仪周游列国，游说诸侯却全都以失败而告终，而苏秦则进到赵国，张仪去赵国想借苏秦之力共谋发展。《史记·卷七十·张仪列传第十》记载："张仪之来也，自以为故人，求益，反见辱，怒，念诸侯莫可事，独秦能苦赵，乃遂入秦。"张仪是觉得，自己和苏秦好，苏秦会帮自己进入赵国政权，但苏秦却对其不理不睬，甚至侮辱张仪，张仪很恨苏秦，认为苏秦欺人太甚，所以就跑去秦国，想用秦国的力量来对抗赵国。

而在张仪走后，苏秦才说自己把张仪赶走的原因。其为："张仪，天下贤士，吾殆弗如也。今吾幸先用，而能用秦柄者，独张仪可耳。然贫，无因以进。吾恐其乐小利而不遂，故召辱之，以激其意。子为我阴奉之。"苏秦认为自己不如张仪，张仪是天下的贤士，能去秦国的只有他可以。但是因为张仪比较穷，如果待在赵国，苏秦怕张仪会消磨斗志，所以就用激将法，把张仪"逼"到了秦国。

张仪之所以能去秦国，也是因为苏秦暗中相助。苏秦的手下帮助张仪去往秦国后就要走，面对恩人，张仪礼貌性地问恩人去哪儿。苏秦的手下说明自己的来意，自己的所为是苏秦暗地里的指使，这下张仪听了，不禁感叹道："嗟乎，此在吾术中而不悟，吾不及苏君明矣！吾又新用，安能谋赵乎？为吾谢苏君，苏君之时，仪何敢言。且苏君在，仪宁渠能乎！"张仪觉得自己不如苏秦，虽然学的是谋略，却没发觉自己中了激将法，而这激将法则是故友对他的支持。

张仪官至秦国相位后，果然使秦国变得更加昌盛，替秦国游说楚、韩、齐、赵、燕五国，以己之力为秦国以后一统天下奠定了基础，当时被称为"天下第一利口"。

诸葛亮有评："苏、张长于驰辞，不可以结盟誓。"说苏秦张仪太会说话，不可以与这等人结盟，当时魏，蜀，吴三足鼎立，诸葛亮说这句话间接说明张仪的厉害之处，张仪能游说周国可见其智慧不同寻常，但最重要的还是当时的战国大环境所致，战国时代，群雄并起，哪个国家都想称霸，都需要人才，而那时，儒学、法学、道学人才辈出，造就中华历史上"百家争鸣"的思想盛世。

张仪能成功，也在于当时的大环境，同理，诸葛亮亦是顺势而为之人。

三国鼎立，魏蜀吴分权而治，颇有点战国群雄的感觉，刘备三顾茅庐，请得诸葛亮。诸葛亮出山，为蜀谋划，三国最出名的赤壁之战，就是诸葛亮所为，草船借箭，那一句"万事俱备，只欠东风"更是能佐证时势的例子。

诸葛亮借东风，诸葛亮的出山又何尝不是借势而为？因为三国鼎立，需要有人出来。时势造就英雄，英雄也成就历史。当然，并不是说智慧不重要，而是让我们更好地利用大环境，发挥自身的智慧去更好的"因势利导"，倘若张仪无智慧，就算再有大环境也无济于事；诸葛亮无智慧，就算东风适合又如何？所以，我们应该更好地利用自身的智慧和所处的环境来乘势而为。

9. 关于典范：老吾老，以及人之老

《孟子·梁惠王上》载："老吾老，以及人之老。"意思是：在赡养自己长辈时，不应忘记和自己没有血缘关系的老人。下句的"幼吾幼，以及人之幼"意为在养育自己的孩子时，不应忘记与自己没有血缘关系的孩子。此句出自孟子劝诫齐宣王的仁政之道。这种思想，归根结底是种"大同社会"思想，这种"大同"也是孔子提倡的。

齐宣王问孟子可否说说齐桓王、晋文王称霸的故事，孟子借故说孔子未记载便不说，齐宣王再问"德何如，则可以为王矣？"要具备什么样的德，才能称王呢？孟子再提自己的仁政之道，并为齐宣王勾勒一幅社会盛世图："老吾老，以及人之老；幼吾幼，以及人之幼。天下可运于掌。"人们对待孩子，就像对待自己的孩子一样；人们对待老人，就像对待自己的父母一样，这时候，天下就在手心里了。

这种赡养老人爱护孩子的想法，其实在《礼记·礼运篇》也有所提及：
"故人不独亲其，不独子其子，使老有所终，壮有所用，幼有所长，鳏寡孤
独废疾者，皆有所养。"人们不单赡养自己的父母，也不只爱护自己的孩子，
人们要让社会上的老人得以安享晚年，青年壮丁有机会贡献财力，小孩子
能顺利成长，失去妻子的丈夫，死了丈夫的寡妇，死了父母的孤儿，失去
孩子的独老，有残疾的人都能够有所供养。当然，在战国那个群雄割据以
武力取胜的时代，孟子提出的"老吾老，以及人之老的"的概念不受欢迎
几乎是必然，但也不能否认这一理念提出的先进性。

孝顺自己的父母容易做到，中国古代有很多因孝而出名的孝子，流传
下子路负米，哭竹生笋，黄香温席等感天动地的孝子故事，《二十四孝》开
篇就以舜为例，讲述舜的孝顺，记载："虞舜，瞽瞍之子。性至孝。父顽，
母嚚，弟象傲。舜耕于历山，有象为之耕，鸟为之耘。其孝感如此。帝尧
闻之，事以九男，妻以二女，遂以天下让焉。"故事说，舜是瞽瞍的儿子，
十分孝顺，父亲与继母及弟弟都想害死他，但舜都以德抱怨，舜去耕地时，
大象帮他耕地，小鸟替他除草，孝感天地。当时皇帝尧听到人们的传颂，
把自己的两个女儿赐婚给了舜，还把天下禅让给了舜。《孟子》章也多用舜
与瞽瞍当例子，就比如《孟子·尽心章句上》记载，有人问："舜为天子，
皋陶为士，瞽瞍杀人，则如之何？"如果瞽瞍杀了人，皋陶为士，作为瞽
瞍儿子的舜该如何办？瞽瞍是舜的父亲，而皋陶则是与尧、舜、大禹齐名
的"上古四圣"之一，主掌刑罚，被公认为司法界始祖，行五刑五教。

孟子曰："执之而已矣。"孟子说该如何处罚就如何处罚，不能因为瞽
瞍是舜的父亲就不处罚。那人又问"然则舜不禁与？"舜不制止吗？孟子道：
"夫舜恶得而禁之？夫有所受之也。"瞽瞍做的是恶事，皋陶依法处罚瞽瞍，
舜为什么要制止呢？古代讲究孝顺，但瞽瞍受刑，舜没有制止，这对当时
来说，对有孝名的舜来说，这是不孝的。那人又问："然则舜如之何？"舜
该怎么办？孟子道："舜视弃天下犹弃敝蹝也。窃负而逃，遵海滨而处，终

身诉然，乐而忘天下。"舜应该抛弃天下，带着瞽瞍逃到没人的海滨处去居住，然后"终身诉然，乐而忘天下。"虽然后世一直对孟子的"窃负而逃"持有批判色彩，但也间接说明了舜的孝顺，只是这种孝顺，有违法律，并不值得提倡。

一个人做到孝顺父母很容易，但做到"老吾老，以及人之老"是有些困难的。只要我们从自己做起，先孝顺自己的父母，希冀在不久的将来，我们的社会真的会出现"大同"现象，"鳏寡孤独废疾者"能够皆有所养。

10. 谈思虑：思则得之，不思则不得之

《孟子·告子上》曰："心之官则思，思则得之，不思则不得之。"意为心有思考的能力，一思考就会得到，不思考就会得不到。这其实是在说，一个人的心是有思考能力的，当心运作，大脑思考，而思考时就会产生一些想法，因为有想法，所以人才会依据这些想法去行动，去获得。但如果不思考，就不会产生一些想法，一个人连想法都没有，就不会有自身对事物的认知，而没了认知，自己也不会行动，更不能获得。

孟子这句话，是答公都子所问"钧是人也，或为大人，或为小人，何也？"都是人，有的人成为君子，有的人成为小人，这是为什么？孟子又曰："从其大体为大人，从其小体为小人。"公都子又问："钧是人也，或从其大体，或从其小体，何也？"都是人，有的人注重身体的关键器官，有的却注重次要器官，这又是为什么？

孟子又答："耳目之官不思，而蔽于物。物交物，则引之而已矣。心之官则思，思则得之，不思则不得也。此天之所与我者。先拉乎其大者，则其小者弗能夺也。此为大人而已矣。"

耳朵眼睛不会思考，所以被外界所蒙蔽，一旦接触到外面，便会很容

易被牵引着，心是思考的器官，由思考得到对事物的认知，就会去获得，而不思考，就无法得到对事物的认知，就不能去获得。《笑林》中曾记载一位楚人，读到《淮南子》章时，看到"螳螂伺蝉自障叶可以隐形。"于是仰望取叶，以叶障目，回到家之后还问他的妻子"汝见我不？"妻子当然答"见。"有次妻子被问烦了，就说"不见。"哪知这楚人就去偷别人的东西，被当场捉住，这也是一叶障目的由来，比喻人见识浅薄，没思考就相信自己看到的、听到的，也恰是能体现孟子所说"耳目之官不思，而蔽于物。"因为耳朵眼睛没有思考能力，一旦接触到外界，就会被牵着走。

就比如说考试，假如我们自身没有"考试"这个概念，那会有考试的存在吗？而这种思想，其实就属于哲学范畴了。中国古代医学还未发达的时候，人把思维能力归结于心，认为万物皆于心，在哲学观上，这是古代朴素唯物主义的学说内容。

抛却哲学意义，从其社会意义上而言，"思则得之，不思则不得之。"这句话其实是让我们学会思考。思，是思考的意思。只有思考了，我们对事物的认知才会存在，才会深刻。而认知深刻了，就会看到隐藏在事物之内的好处，这样就会主动去获取好处。而如果不思考，不认知事物，就永远得不到。

《白话智囊·远犹》曾载道："谋之不远，是用大简；人我迭居，吉凶环转；老成借筹，宁深毋浅。集'远犹'。"意思是：谋略不够深远，是因为轻率肤浅，人生本就跌宕起伏，借鉴别人的智慧，宁愿思考深远，而不愿只停留在表面。

唐朝李泌历任玄宗、肃宗、代宗、德宗四朝，在玄宗时未使出多少力气，后来安禄山叛乱，其随行期间，肃宗的第三个儿子李倓"性英果，有才略。"在马嵬北上时拼死保护唐肃宗，见肃宗吃不下饭，还"悲泣不自胜"，皇上想要封李倓为元帅，听此，李泌却道："建宁诚元帅才，然广平，兄也；若建宁功成，岂使广平为吴太伯乎？"就是说，建宁王李倓确实是元帅之才，但广平王才是长兄啊，如果建宁王战功赫赫，难道要让广平王步吴太伯的后路吗？吴太伯，传说是周太王长子，因明白父亲喜欢弟弟，所以就逃出自建吴国。

听到李泌这么说，肃宗很是奇怪，他道："广平，冢嗣也，何必以元帅为重？"广平王是太子，为什么要看重元帅一职呢？李泌又动之以情晓之以理分析："广平未正位东宫，今天下艰难，众心所属，在于元帅，若建宁大功既成，陛下虽欲不以为储副，同立功者其肯已乎？"李泌说广平王还未正式位居东宫，现在天下又乱，众心是跟着元帅走的，如果建宁王建立战功，就算皇帝不想立李俶为东宫，那些跟着建宁王打仗的人怎会罢休呢？为了让肃宗更明白，李泌道："太宗、太上皇即其事也。"唐太宗李世民当初和他兄弟打仗，因作战骁勇，旗下有很多将士，这些将士在李渊立李建成为太子后，甚是不满，才有了后面的玄武门之变。李泌提此，是想让肃宗知道，倘若李俶率领军队后得到军心，但肃宗仍是立广平王为太子，那跟随在李俶身边的人就会有非议，就会有二心。以此是想提醒唐肃宗不要重蹈覆辙。

肃宗听了，这才打消让李俶担任大元帅之职的想法。李泌在这里，完全是从肃宗未能思考到的方面出发，他知道唐太宗与李建成反目成仇的原因，而李俶与广平王的处境与唐朝初期唐太宗与李建成的处境又极为相似，所以才会这么建议。我们说一个人有深谋远虑，并非只是说一个人读很多书，而是他对事物的见解上，能看到别人所看不到的东西。思考得多，对事物的发展规律也就烂熟于心了。

11. 何谓取舍：鱼与熊掌不可得兼

"鱼与熊掌不可得兼。"这句话，每个人都不陌生，它出自孟子的《鱼我所欲也》篇，此篇主要论述鱼与熊掌的关系，以及从"鱼与熊掌"延伸到生与义的关系，而《鱼我所欲也》所出自的章节，就是《告子上》,《告子上》是《孟子》里必不可少的内容，其主要阐述性善论，意为人的天性为善，与荀子提出的性恶论恰好相反。

在《鱼我所欲也》篇章中，孟子是拿"鱼与熊掌不可得兼"的例子，来讲述生与义的关系，原文这样写道："鱼，我所欲也，熊掌亦我所欲也；二者不可得兼，舍鱼而取熊掌者也。生亦我所欲也，义亦我所欲也；二者不可得兼，舍生而取义者也。"大致意为，鱼，是我喜欢吃的，熊掌也是我喜欢吃的，倘若两者不能同时得到，我便舍弃鱼选择熊掌。生命，是我追求的，大义亦是我所追求的，若是两者不能同时得到，我便会舍弃生命而选择大义。

鱼与熊掌，尚能取舍。我们可以依据个人爱好选择，喜欢吃鱼，就选择鱼；喜欢吃熊掌，就选择熊掌。因为这两样都是物品，但当鱼与熊掌的抉择，变成生与大义的抉择，这就很难了。生是生命，义是大义。鱼与熊掌，取舍之后尚可反悔，而生与大义，一旦选择，就难以重来，因为生命只有一次。孟子生活的战国时代，是个诸侯争霸的时代。但在更久远的春秋时代，在孟子的"鱼与熊掌不可得兼"言论还未出世时，有一个人早已对生与义作出抉择。

他，就是程婴。

或许提到程婴，大家会感到陌生，但若提赵氏孤儿，大家想必就不会陌生了。《赵氏孤儿案》最早被记载到《左传》，后来的《史记》也将其收录进去，元代元杂剧发展迅速，出现许多流传至今的剧目，比如著名的《窦娥冤》《长生殿》《桃花扇》等等，而赵氏孤儿案发展到元代则是被纪君祥写成《冤报冤赵氏孤儿》，又称《赵氏孤儿》。

《赵氏孤儿》讲的是春秋战国时期，晋国贵族赵氏因功绩引来屠岸贾妒忌，遂使用离间之计，来离间晋国君主与赵氏的关系，使得君主猜忌赵氏，并最终使得赵氏惨遭灭门。赵氏遗子赵武被民间医生程婴带出赵府，屠岸贾知赵子未死，便下令屠杀全城一月以上、半岁以下的婴儿，为保赵氏血脉，程婴献出自己的儿子，程子死而赵子活，赵武长大后为家族复仇。

元杂剧《赵氏孤儿》毕竟是戏剧，《左传》对赵氏孤儿案也是概略，在春秋时代，是否真的有程婴救孤发生，是否有程婴此人，我们未可知，可从元杂剧记载的《赵氏孤儿》案中，我们不难看出，程婴与公孙杵臼面对生与义，均是选择了义，就连韩厥也是。他知道是程婴带走的孤儿，也知道程婴与公孙杵臼的谋划。他一方面受命追杀赵孤，一方面有感于赵氏忠良一夕之间被灭门，在此徘徊之中，他最终选择大义，未将程婴抱婴的事情上报，也隐瞒真正的赵氏孤儿身份，甚至在后来帮助赵氏孤儿报仇。

在赵氏孤儿之案中，每个人都知晓生为何意，也知义为何意。每个人在生与大义之中，也作出了自己的抉择，程婴如此，韩厥如此，公孙杵臼亦如此。

12. 谈处世：不怨天，不尤人

《孟子·公孙丑下》载："君子不怨天，不尤人。"意为君子不怨天地，不责怪人。

这句话是孟子周游列国行至齐国时，弟子充虞见孟子脸色不自然，所以问道:"夫子若有不豫色然。前日虞闻诸夫子曰:君子不怨天,不尤人。"同为儒学经典的《论语》中,孔子感叹世间无知己,弟子子贡不理解,孔子道:"不怨天,不尤人。下学而上达,知我者其天乎!"不埋怨上天给的命运,遇到挫折不怨恨他人,通过学习来理解高深的道理,能理解我的只有上天了。这两句话,在后世逐渐演变为怨天尤人的成语。比喻人遇到挫折,一味把责任推给别人,责怪上天。

就比如说项羽。

在秦朝末年,民生疾苦,陈胜吴广泽中起义,同年项梁杀会稽郡守殷通,项羽在其中也出力不少。《史记·项羽本纪》曾载其"然羽非有尺寸乘埶,起陇亩之中,三年,遂将五诸侯灭秦,分裂天下,而封王侯,政由羽出,号为'霸王'",项羽一开始并没有寸尺之地,但是他仅用三年时间便灭了秦王朝,足以见其领兵才能。在秦王朝还没灭亡时,项羽曾与秦国大将章邯有过一战,章邯四十万兵马,项羽以两万对阵,当时军心不齐,项羽当机立断杀了贪恋酒色的宋义,振奋军心,并依靠军事谋略,使士兵破釜沉舟,取得战役的胜利,史称为"巨鹿之战"。

巨鹿之战后,项羽被封为诸侯上将军,诸侯都归附他,一时风光。

但之后,刘邦先攻下咸阳,鸿门宴之上,项羽优柔寡断未杀刘邦,在入驻咸阳后,项羽未安抚民心,反倒是以无师之名杀了秦王子婴,纵火烧了阿房宫,并且大肆掠夺秦国珍宝,为后来的失败埋下祸患,垓下之战,张良出计,项羽四面楚歌,兵败垓下,虞姬自刎。

项王到了乌江边,乌江亭长接待,"江东虽小,地方千里,众数十万人,亦足王也。愿大王急渡。今独臣有船,汉军至,无以渡。"乌江亭长想送项羽离开,可项羽却道:"天之亡我,我何渡为!"天都要亡我,我还渡河干吗?事到如今,项羽仍认为自己的失败是老天不公平,这句话连司马迁都看不下去,他在《项羽本纪》后载道:"及羽背关怀楚,放逐义帝而自立,怨王侯叛己,难矣。自矜功伐,奋其私智而不师古,谓霸王之业,欲以力征经营天下,五年卒亡其国,身死东城,尚不觉寤而不自责,过矣。乃引'天亡我，非用兵之罪也'，岂不谬哉！"

大致意思是，项羽自己先放逐义帝自立为西楚霸王，却怨诸侯背叛他，自己又骄傲自满，想用武力治理天下，五年的楚汉相争使他从强大走向衰亡，还不觉悟，也不自责，反倒是说天要亡他，这是多么让人发笑的话。

项羽就是典型的怨天尤人的例子，就算他真的听从乌江亭长去江东为王，他也不一定就会打败刘邦，是他的性格使然，注定的结局就是乌江自刎。

项羽是怨天，那班婕妤、甄宓便是尤人，而且她们"尤"的还不是别人，都是为帝王遮。班婕妤是汉成帝刘骜的妃子，贤良淑德，班姬辞辇的主角就是她，她知女德，所以在汉成帝邀请她上辇时，她拒绝。但之后，赵飞燕赵合德姐妹入主东宫，班婕妤被冷落，其做《怨歌行》写道："弃捐箧笥中，恩情中道绝。"帝王本就薄情，班婕妤所做《怨歌行》确实让汉成帝有所注意，但并未多大用处。班婕妤也没有因此重拾恩宠。

同理，甄宓嫁予曹丕后，年老色衰后写《塘上行》意在邀宠，却惹怒文帝，最后身亡。

可见，无论男女，都不应该整日怨天尤人，出了问题就要找解决方案，而不是一味指责别人，这样非但解决不了问题，甚至还会给自己带来危难。

怨天尤人，其实就是一种消极的心态。怨，为怨恨，天为天地、命运。尤为责怪之意。合起来便是，出了事情或遇到挫折，不从自身找原因，一味把原因归咎于上天，责怪于他人。这种心理出现的原因，大部分是个人由于自身和外界因素影响，不满于自身所处位置或得到的结果，进而对以后的生活产生消极影响。这种心理也正常，人又不是机器，不可能每时每刻都有积极心态。天还有阴晴变化，人自然也会有消极心态。遇到这种状态，及时调整自我就可慢慢恢复日常心态，但如果不能及时调整，消极心态越来越重，会使整个人与社会格格不入，轻者抑郁，严重的会产生反社会人格。

13. 谈仁义：仁则荣，不仁则辱

《孟子·公孙丑》记载："仁则荣，不仁则辱；今恶辱而居不仁，是犹恶湿而居下也。"意思是，仁义就是光荣，不仁义就是耻辱，现在的人十分厌恶耻辱之事却行不仁之事，不就是相当于讨厌潮湿却住在低洼之处吗？孟子用日常生活中的浅显事例，来向我们讲述他自身的荣辱观，而通过"仁则荣，不仁则辱"这两种截然相反的对比，孟子将荣辱观与仁义观联系在一起，意在告诉大家，仁义的重要性。

《孟子》一章，无论是《告子》《离娄》《公孙丑》《梁惠王》等篇幅，都不难看出孟子行仁政王道的决心，要不然也不会周游列国，"仁则荣，不仁则辱"是说孟子的荣辱观，但它仍有下文。"如恶之，莫如贵德而尊士，贤者在位，能者在职；国家闲暇，及是时，明其政刑。虽大国，必畏之矣。"大致意思是，如果真的厌恶耻辱之事，那就以仁德为荣，尊敬读书人，使贤者在位，让有能力的人担任职务，国家无战事时，完善法律制度，如果这样做了，强国也会畏惧你。这里，孟子的荣辱观不再是自身，而是延伸到治理国家方面。君是国家的主，在春秋战国时期，当时的君是与天有直接关系的，即：天人感应。所以百姓多认为，国家的兴亡很大程度取决于君的作为，所以仁与不仁在君主身上要求更为严格。孟子认为，一个君主真的想要励精图治，厌恶耻辱。那就该以仁德为荣，使得臣子各司其职，赏罚分明，这样一来，自然国家就会昌盛，百姓安居乐业。

本章开篇，谈仁义"亦有仁义而已"。我们说魏惠王出口谈利，毕竟"天下熙熙，皆为开来；天下攘攘，皆为利往。"国与国之间离不开利，人与人之间离不开利，但并非利是交往的标准，魏惠王为利，张口就是利，又不明智，连续错失了商鞅、张仪两位谋士，致使魏国国力大不如以前，这篇"仁则荣，不仁则辱。"还是以魏惠王为例，来作结尾。

魏惠王见孟子来，问"亦有将有利吾国乎？"孟子以仁政王道谈之，很可惜，魏惠王并未听到心里去，遍看《孟子》全章，孟子和魏惠王谈的"政"最多，孟子说民心，说政治，说"得道者多助，失道者寡助。"然而，魏惠王是右耳进左耳出，完全没采取过具体行动。

对于治国，孟子也说过具体措施。"不违农时，谷不可胜食也；数罟不入洿池，鱼鳖不可胜食也；斧斤以时入山林，材木不可胜用也。谷与鱼鳖不可胜食，材木不可胜用，是使民养生丧死无憾也。"不耽误农时，就不用担心粮食够不够；不过多捕捞鱼，鱼鳖就吃不完；依照时令来砍伐山林，木材就用不完，粮食与鱼和木材都用不完，百姓就能安居乐业了，这样就没什么遗憾了。

在马陵之战中，庞涓战死，魏惠王长子被杀，魏惠王回忆说，以前的魏国是诸侯国最强的。公元前403年，晋国被三家瓜分，周天子承认韩、赵、魏三个诸侯国，也就是说魏国是从晋国分离出去的。晋国还在时，国力强盛，哪个国敢欺负晋国啊？可今时不同往日，魏国王长子被杀，一下子落差太大，魏惠王便想为死去的人报仇，便问孟子："愿比死者壹洒之，如之何则可？"孟子更是安慰道："地方百里而可以王。"就算地方只有方圆百里都可以成为王，更是建议："如施仁政于民，省刑罚，薄税敛，深耕易耨。壮者以暇日修其孝悌忠信，入以事其父兄，出以事其长上，可使制梃以挞秦楚之坚甲利兵矣。"对人民实行仁政，刑罚判轻点，国税少征收点，让人民能够安稳种地，青年壮丁就有时间修身，做到忠信，邻里就能和睦，这样去攻打秦楚会占上风。

接着就提道："仁者无敌。"

但魏惠王并没把孟子的话听进去，也没做到"仁政"，甚至连"贤者在位，能者在职；国家闲暇，及是时，明其政刑。"都未做到，商鞅去过魏国，魏王不重视，张仪去过魏国，魏王不重视。所以这"贤者不再位，能者不在职。"就注定魏国被灭的结局。

　　一国之王，不能做到"贤者在位，能者在职。"不就相当于恶湿而居下，恶辱而居不仁吗？君王尚且如此，底下的臣子又如何能做到贤呢，而百姓又怎会真心拥戴君王呢。

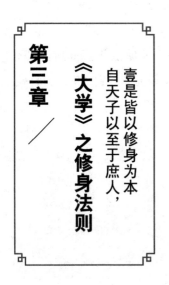

第三章

《大学》之修身法则

壹是皆以修身为本自天子以至于庶人，

《大学》开篇的一句话——"大学之道，在明明德，在亲民，在止于至善。"其中，"明明德""亲民""止于至善"乃是整部书的三条"纲领"，也是修身最重要的三个阶段。

所谓"明明德"，就是发扬内心光明的品性。正所谓"人之初，性本善"，人心最初是光明的，倘若能守护住这片光明，就是修身的起点。

所谓"亲民"，就是"新民"，意思是不断追求自我成长，去恶从善、弃旧图新，努力成为更好的自己。

所谓"止于至善"，就是不断努力，力求达到最完美的境界，这也是修身的目的所在。所谓的完美和极致都只是人类的理想，永远难以企及，因此，君子的修行之路也永无停歇。追求至善的路永无止境，你可以在不断追求的路上成就更好的自己。

1. 谈完善人格：君子无所不用其极

"君子"一词始见于《周易》。"九三，君子终日乾乾，夕惕若厉，无咎。""君子以厚德载物。"除《周易》外，《诗经·周南·关雎》里的："窈窕淑女，君子好逑。"《尚书·虞书·大禹谟》："君子在野，小人在位。"都是在说君子。当然，古代词语的意思，与我们目前字面的理解尚有所不同，就像"妻子"在古代指的是妻与子，现代单指男性配偶。君子在战国时期，至少在周公时期，君子是指君王的儿子，并非现在所理解的"谦谦君子"。

君子一词，本没有特殊含义。但随着很多人对这二字的解读，君子慢慢也就有了意思，也有了君子文化。一开始对君子进行定义的是儒家，而儒家之始则是孔子。从《论语》里君子出现次数之多，我们可以看出孔子对君子的推崇，在孔子认知里，君子已然是一种理想化人格。君子有"九思"："视思明，听思聪，色思温，貌思恭，言思忠，事思敬，疑思问，忿思难，见得思义"看时要想想看清楚没有，听要想明白听明白与否，侍候人要想想是否脸色温和，对人的态度是否尊敬，说话是否忠诚，做事是否认真，疑问是否朝人请教，发怒时想想后果，有利可图时是否为正当手段。此为君子九思，而在九思同时，儒家又提出，君子"四不"。

即"君子不妄动，动必有道。"君子不会轻举妄动，有所行动必然有其道理。"君子不徒语，语比有理。"君子不说废话，说话必然有理由。"君子不苟求，求必有义。"君子不会行苟且之态去获利，求必然是为了国家利益。"君子不虚行，行必有正。"君子做事凡"三思而后行"，所以君子做的事，必然是正道。

由此看，儒学让君子的形象丰满不少，做事三思后行，有"九思"，又有"四不"。如果说君子是孔子的理想化人格，那与之相反的，孔子认为最不理想化的人格便是小人。而小人与君子一样，一开始是平民的意思，并无特殊含义。而被赋予含义后，就变成我们现在所理解的意思，多指奸诈小人。与君子一样，小人在《论语》出现也颇多，很多情况是与君子一同出现，也就成为最能对比君子的人格。《论语·述而》认为："君子坦荡荡，小人长戚戚。"君子心胸宽阔，小人心底狭隘。《论语·为政》记载："君子周而不比，小人比而不周。"君子没有私心，不会徇私护短，而小人则恰是相反，喜欢结党营私拉帮结派。《论语·里仁》记："君子怀德，小人怀土。君子怀刑，小人怀惠。"君子选择在仁德附近居住，小人喜欢在利益附近居住，君子行动时会想是不是符合法律规矩，小人行动时会想能不能获利。另外还有"君子喻于义，小人喻于利。""君子成人之美，不成人之恶。小人反是。""君子上达，小人下达"等诸多君子小人对比的句子。

除"九思""四不"外，君子还有四德，即："自省、克己、慎独、宽人。"时常反省自己，自我约束，重视道德，宽容待人。与四德对应的则是君子四雅："煮茶，焚香，挂画，插花。"除此外，还要有六艺，即："礼、乐、射、御、书、数。"这本是周王朝要求官员习得的技能。其出自《周礼》："养国子以道，乃教之六艺：一曰五礼，二曰六乐，三曰五射，四曰五御，五曰六书，六曰九数。"即：礼节，音乐，射箭，御马，书法，算数。

而真正的君子，孔子认为是这样的："君子以仁存心，以礼存心。仁者爱人，有礼者敬人，爱人者人恒爱之，敬人者人恒敬之。"君子怀有仁心，礼让别人，尊敬别人。爱别人的人，别人也爱戴他，尊敬别人的人，别人也会尊敬他。

因为君子是理想化人格，所以在儒家看来，君子更在乎修身。《大学》有云："周虽旧邦，其命维新，是故君子无所不用其极。"这里的无所不用其极并非今日所说的贬义词，而是君子为达到纯粹的至善境界，无时无处不用心力。这里是表示君子对修身的追求。

君子的概念，与世间的人自是不同，儒家的君子是追求至善纯粹的人。

为了不断完善自身，而不断的正心修身，以此来做到真正的巅峰境界。虽说君子是古代产物，但拿到现在还是可以教育人的，就说这"君子无所不用其极。"人不可能十全十美，所以需要不断地用心去完善自己。就算不能成为"君子"，那也不可成为"小人"。

2. 何谓诚：诚其意者，毋自欺也

孩子的教育，一直是为人父母所重视的。而教育可粗略分为两部分，一是幼时教育，在小学之前的教育都可称为此阶段。之后随着慢慢地踏进社会，接触的事物多了，也就开始形成自己的三观。初中之前的父母教育，多是言传身教，通过讲故事说典故来给孩子灌输正确的思想观念，而等到孩子开始慢慢的有了思维方式，父母则会调整原来的言传身教方式，用比较成熟系统地思维来为孩子指明方向。

但有句话说，一个人的思维习惯一旦形成，就会很难修改。这种思维习惯将会影响一辈子，直至老去。有句诗说："少小离家老大回，乡音无改鬓毛衰。"这句诗虽然是在说思乡之苦，也间接表明一个人的故乡对一个人的影响很大，这种道理我们不妨将其用在儿童教育上。因为父母知道小时的习惯对未来的影响，所以在教育孩子时，总会教导其向着真善美发展，给孩子讲故事，告诉他们做人的道理，教导他们该如何与人相处。

儿童教育非常重要。就像我们小时候，在餐桌上吃饭时，肯定会被大人教育吃饭要吃干净，不能浪费粮食，有的父母还会趁吃饭的时间，教导我们"锄禾日当午，粒粒皆辛苦"的道理，告诉我们要尊老爱幼，要懂得体谅大人，当然最为重要的就是诚实。

诚是做人之本，是父母反复教育的话，也是能贯穿人生的必修课。诚是什么？诚所包含的意思并非仅有诚实的意思，因为孩子理解能力有限，所以有时父母会将一些故事说给孩子，以此来达到教育的目的。而提到诚实的故事，有一个很有意思的故事。

故事很浅显。说的是一位樵夫上山砍柴，在经过一条小河时，手里的铁斧头无意掉进河里。斧头是樵夫用来谋生的工具，斧头没了，樵夫很伤心，就哭了起来。这时候，河里的神仙，也就是河神出现了，他拿出一把金斧头问樵夫，是不是他的斧头。樵夫说不是。河神又拿来一把银斧头，樵夫也说不是。最后河神拿出铁斧头，问是不是他的斧头，樵夫见是自己的斧头，才说是。在伊索寓言里，也曾出现类似的故事。也是个樵夫去砍柴，斧头不小心落到河里。西方神仙赫尔墨斯知道后，就下河给他捞出一把金斧头，问是不是他的，樵夫说不是。之后的故事发展就如河神的故事一样，赫尔墨斯连捞了金银斧头，樵夫都说不是。直至最后的铁斧头，樵夫才说是的。从这两则相似故事看，无论是河神还是赫尔墨斯的试探，两个樵夫都是同样的做法，这两则故事都在告诉我们一个道理，要学会诚实，这样才能有更多的好运气。

无论是西方还是东方，对诚实都十分看重，我国有河神的故事，西方有赫尔墨斯的故事。我国有喊着"狼来了"的放羊娃，西方也有匹诺曹。这些与诚实有关的故事，浅显易懂，适合儿童教育。而对于大人教育，《大学》里对诚的解释，就足以教育。《大学》记载："诚其意也，毋自欺也。"诚实是与人相处的准则，而最基本的诚实，就是不要自欺欺人，先不要自欺，才能不欺外。

《大学》大多是曾子所撰，对诚实的意思，也是曾子所理解的。关于曾子，韩非子曾记载过"曾子杀猪"的故事。其写道："曾子之妻之市，其子随之而泣。其母曰：'汝还，顾反为女杀彘。'妻适市来，曾子欲捕彘杀之。妻止之曰：'特与婴儿戏耳。'曾子曰：'婴儿非与戏也。婴儿非有知也，待父母而学者也，听父母之教。今子欺之，是教子欺也。母欺子，子而不信其母，非所以成教也。'遂烹彘也。"

这个故事是说，曾子的妻子上街去买东西，他们的孩子哭着要去，曾子妻子为了安抚孩子，说自己回来会杀猪吃。孩子才安静，等到妻子回来时，曾子就要磨刀去杀猪，古代的猪比较值钱，所以妻子制止曾子，并解释说是和孩子开玩笑。曾子却认真说道，孩子什么都不知道，都是和父母学的。今天你欺骗孩子，其实是教孩子欺骗别人，母亲欺骗儿子，儿子不信母亲，这不是正确的教育方法。所以曾子就把猪杀了。

曾子杀猪，也是在教育儿子要诚实。

3. 何谓仁德：富润屋，德润身

"富润屋，德润身"出自《礼记》，原句为"十目所视，十手所指，其严乎！富润屋，德润身，心广体胖，故君子必诚其意。"十是古代的约数，表示多次。意思是一个人被多双眼睛看着，被许多人手指指着，不是一件很严肃的事情吗？这里的"目所视""手所指"，我们可以理解为被人关注，被人谈论指点。而"富润屋，德润身，心广体胖，故君子必诚其意。"是说财富可以让人的房子装饰华丽，仁德可以修养人的身心，心胸开阔者，自然身体舒适。所以君子一定要对自己的意念诚实。

宋真宗曾写过一首诗。诗曰："富家不用买良田，书中自有千钟粟。安居不用架高楼，书中自有黄金屋。娶妻莫恨无良媒，书中自有颜如玉。出门莫恨无人随，书中车马多如簇。男儿欲遂平生志，五经勤向窗前读。"想要"富家"不需要买良田，书里有粮食。想要安居也不用建造高楼，书里有用黄金盖的屋。娶妻不用怨恨没有好媒婆，书里有貌美女子。出门不必怨恨没有人随行，书里的车马很多。其诗里的"黄金屋""颜如玉"是后世大多数寒门士子读书做官的追求。宋真宗写下此诗的本意，是劝诫人读书。

古代谈德，谈仁，但从哪儿得到德，得到仁？最直接的便是读书，从书籍得到知识，这样才有眼界。宋真宗让人读书，也是让人修身，以善德。

古代士子读书或是做事，都有种莫名的仪式感，这种仪式感常见于士子相聚上。遇曲水必流觞饮酒，游园必写诗。抚琴赏菊，沐浴焚香。都是文人雅士的娱乐活动。其中有句名联这么写道："明月临书案，宜沐浴焚香，阅读千秋经典。"而古代讲究的士子，在读书之前，必会"沐浴焚香，净手煮茶。"以彰显对书籍的尊重。这里的沐浴焚香以读书，倒真的有点"德润身"的味道。

关于德，儒派有"儒家五德"之说，即："女德，官德，师德，商德，民德"或再具体点的"温、良、恭、俭、让""仁、严、勇、智、信。"这说的都是德。而有些作品，为了突出德的重要性，经常用因果报应之说来写。

日本童话里有这么一个故事。名为《开花爷爷》。讲的是两对老夫妻，一对老夫妻善良，另外一对老夫妻有邪恶之心。某一天，善良夫妻捡到一只白狗，对这只白狗十分爱惜呵护，结果有一天白狗在田地里挖到东西，就汪汪汪的喊善良夫妻过来，结果是好多金钱。邻居的邪恶夫妻知道后，把白狗夺过来硬是让白狗找金钱，结果白狗只找到垃圾，邪恶夫妻不满，遂把白狗打死。而听到结果后，善良夫妻伤心地将它埋葬，白狗夜里托梦，让善良夫妻得到聚宝盆，又有很多钱财，而邪恶夫妻听到后，再次把盆夺过来，可结果却只出来了垃圾。白狗为了报恩，就又托梦给善良夫妻，让他们把自己的骨灰撒在枯萎的樱花树上，结果第二天，樱花树开，很漂亮。而路过的权贵，看到此景，赏赐给善良夫妻很多钱，邪恶夫妻再次重蹈覆辙，但却偷鸡不成蚀把米，最后获罪，得到应有的惩罚。

善良夫妻播下善种，得到的自然是善意。而另一对夫妻播下的是恶种，得到的是恶意也在意料之中。这种童话，在中国很多故事也出现过。文化是相通的，无论是日本童话，西方的寓言故事，还是中国的故事，其本质都在教导我们要以善对待世界。

凡事都是一对互作用力。自然与人，人与自然。社会与人，人与社会。人对社会温和，爱护自然。反作用的，社会便会对人温和，自然也会"反哺"于人。

人就像是树苗，树苗长大需要水，人成长也需要养料。于我们来说，以德养身，以德润身，不是最好的成长方式吗？

4. 谈格物致知：在其物而穷其理

格，探究。物，事物，物体。致，得到。知，知识。"格物致知"意为探究事物从而获得知识，延伸说，就是去探讨事物与知识之间的关系，思考这种关系，提到"物"与"理"的关系，不得不说起屈原的《天问》。

"遂古之初，谁传道之？上下未形，何由考之？冥昭瞢暗，谁能极之？冯翼惟象，何以识之？明明暗暗，惟时何为？阴阳三合，何本何化？圜则九重，孰营度之？惟兹何初，孰初作之？斡维焉系，天极焉加？八柱何当，东南何亏？九天之际，安放安属？"《天问》是屈原所作，全章问天问地，问阴阳，问万物。以上问题都是屈原的思考，当然，这些在那个时代是得不到答案的。但我们可以由此知晓他对事物的探究与认知，还有对真理的探索精神。

而关于"物"与"知"的关系，《大学》准确提过："欲明明德於天下者先治其国。欲治其国者先齐其家。欲齐其家者先修其身。欲修其身者先正其心。欲正其心者先诚其意。欲诚其意者先致其知。致知在格物。物格而后知至。知至而后意诚。"想要平天下，得先治国，治国得先齐家，齐家得先修身，修身得先正心。这里提到正心，所以后面提到如何正心，因为只有正心才能达到修身、齐家、治国、平天下，正心是这四阶段的标准。

"欲正其心者先诚其意。欲诚其意者先致其知。致知在格物。物格而后知至。知至而后意诚。"想要让他端正心术，就要态度诚恳；想要态度诚恳，就要获得知识；想要获得知识，就必须要知道事物的真理。这里把"物"与"知"的关系简单阐述，因为"物"与"知"涉及哲学问题，这里的"物"

与"知"可以概化为事物与知识之间的关系。

《大学》的格物致知论，更像是古代朴素唯物主义的一种方式。当然这时候，关于"物"与"知"的关系阐述，并没有形成学派。而到了宋朝，这个"物"与"知"的哲学关系，就被朱熹总结了。朱熹说："所谓致知在格物者，言欲致吾之知，在即物而穷其理也。"朱熹认为，获得知识在于探究事物，想要知道之时，就是探究事物、穷究事理，并且他认为"事事物物，皆有个极，是道理极至。"并提出"格万物以致知"探究世界万物来获得知识。程颢、程颐兄弟却提出相反观念，认为"致知即格物"，认为致知的目的就是格物。

与朱熹同时期的陆九渊，更是提出与朱熹不同的想法。在格物致知上，提出"心即理"的思想，他认为"宇宙便是吾心，吾心即是宇宙"重视内心的修养，这对后世王阳明的"心学"造成不小影响，在吸取陆九渊"心学"基础上，王阳明提出"即物穷理"的说法时，对朱熹的话进行说明。"朱子所谓格物云者，在即物而穷其理也。即物穷理，是就事事物物求所谓定理者也。"即通过对事物的考察，来明确对事物的认识。

无论是二程朱熹，抑或是朱熹陆九渊王阳明，他们所提的格物致知理论，都是哲学上的认识论问题。因为古代人无法理解认识论，所以他们提的观点，无法用认识论去辨别，比如孔子提出"生而知之"的观念，墨子就提出相反观念："天下之所以察知有与无之道者，必以众之耳目之实，知有与亡为仪者也。"知识是"众之耳目之实"，是经验总结。

而辩证唯物主义的认识论，则这样记载："认识分为感性认知和理性认知，真理则是人们对事物发展规律的正确认识，认识具有主观动能动性，可以认识与改造世界。相应的，实践对认识具有决定作用，认识对实践具有反作用。"

当然，就算到现代，关于物与知的关系，仍被哲学家们探讨着。

5. 关于自律：财聚则民散，财散则民聚

一个国家，有君王，有臣子，必有万民。作为一个君主，如何能守住祖辈打下来的江山，是他一生都要去学习的东西；作为一个臣子，如何走出一条似锦的仕途，是他穷尽心思考虑的问题。民，是立国之本，无民则无国。国君该如何守住江山领导万民呢？《易经》曾记："何以守位，曰：仁。何以聚人，曰：财。"怎么能守住国君之位？仁政。怎么能聚集人才呢？财富。"仁"在孔孟学说中经常出现，比如"仁者无敌""仁，人之安宅也""仁，人心也"，仁是内心善良的体现，统治者行"仁政"会得民心，而得民心则得天下。

"财"与"民"的关系，《大学》有记："德者本也，财者末也。外本内末，争民施夺。是故财聚则民散，财散则民聚。"德是根本，财排在末尾，如果把德当作外在的东西，把财富当作内在，那么就会与百姓争夺利益，所以说，君王聚财，就会失民心；君主散财，就会得民心。《大学》把财与民的关系阐述出来，正好与仁政无敌的思想做呼应。

那么，《大学》说的这句话，是否正确呢？之前在《春秋》解析时，我们就提到一个例子，后唐庄宗李存勖的皇后刘氏，身为皇后，却敛财无度，私吞军饷，导致后来李存勖想带兵反击时，将士都不愿意跟随。李存勖死后，身为皇后的刘氏也没好到哪里去。

石崇是西晋时期的人，当时晋武帝死，晋惠帝司马衷上台，因司马衷痴傻，其皇后贾南风独掌大权，石崇倚靠贾后的权势做起官来，并掠杀富商给自己积累大量的财物。当时石崇有多少钱呢？《晋书》说他："财产丰积，室宇宏丽。后房百数，皆曳纨绣，珥金翠。丝竹尽当时之选，庖膳穷水陆

之珍。"大量财物，楼宇华丽，宠爱的姬妾穿着不菲，吃的都是寻常人家吃不到的东西。

石崇很有钱，可也是这种财富给他带了灾难。他因倚靠贾后权势而敛财，后来赵王司马伦杀贾后，贾后势力慢慢被清除，石崇也在其列。石崇的富贵是有目共睹，为了弄到石崇的财物，赵王党羽孙秀求石崇宠妾绿珠，遭拒后，赵王便以乱党之名杀了石崇一家。当石崇被推去东市斩首时，石崇才明白"奴辈利吾家财"。赵王想要的是他的财物。押送他的人就说："知财致害，何不早散之？"既然知道是财物害了你，为何不早早地散了财物呢？这句话把石崇问的说不出话。同样因财物而莫名被抄家的，还有一个沈万三。

沈万三是明朝人，在明太祖朱元璋打天下的时候，曾多次伸出援手。当时明太祖打算在南京建都，但当时百废俱兴，皇室没有钱，沈万三就自己掏钱把自己负责的城墙建立起来，这还不算完事，甚是说出要代替皇帝犒赏三军的话，这话或许出于好心，但对于当时的明太祖来说，是挑衅，所以把沈万三流放了，把他的家也抄了。

拥有大量财物不好吗？没人说不好，货币流通，财物流通，能带来社会的繁荣，但凡事讲究个度。古代反对聚财敛物，提倡合理地管理财物。

以上例子，"财"尽出于百姓，都是通过暴力或权势得到的，这种财物能让人富贵一时，也能让人一夜之间沦为阶下囚，所以古人总说"君子爱财，取之有道"就是这个道理。

6. 谈诱惑：视而不见，听而不闻

诱，引也。惑，乱也。诱惑，指利用某种手段引人作乱。诱惑分很多种类，有物质上的诱惑，比如小官想当大官，那是权势的诱惑；商人想要更多金钱，那是金钱的诱惑；男人想要美女陪伴，那是女色的诱惑。精神上的诱惑，可以理解为满足自身精神需求去追求浮名，具体可表现为追求名气，甘愿抛弃自我尊严与道德底线的人。比如为了成名不惜抄袭的忘却礼义廉耻的作者、画家。因为有名气的同时，也带来了利益，物质精神双重满足。

诱惑无处不在，它是欲望的产物。人，只有有了欲望，才会觉得有诱惑。举个例子，一个不在乎名气的作者，你想签约他，所以和他说，只要签约我就可以给你增加人气。这种算诱惑吗？算，这个条件对那些急于求名的人来说，就是诱惑。但对于这位不在乎名气只想老实写作的作者来说，却不是诱惑。诱惑是什么呢？你想求某种你达不到的东西，别人以这种东西引诱你，才是诱惑。诱惑的存在，说到底还是因为"欲望"没实现，因为没钱而渴望金钱，别人拿金钱与你交易，这才是金钱诱惑；因为没名气而渴望名气，别人拿名气与你交易，这是名利的诱惑；因为没地位而想要地位，别人以地位交易，这是地位的诱惑。

每个人的心底都有为人不知的欲望，有欲望，相应的便有诱惑。诱惑有大有小，也无处不在，它贯穿人的一生，会随着人的成长而改变具体的欲望形式，我们小时候会面对糖果零食的诱惑，青少年会面对网络社会的诱惑，长大后会面临女色地位的诱惑。这都是心之欲望，也都是诱惑，问题是，我们面对诱惑时该如何办呢？

《礼记·大学》："视而不见，听而不闻。"看到的，就当作没看到；听到的，就当作没听到。面对诱惑，要充耳不闻，这倒是让我想起柳下惠坐怀不乱的故事。

《荀子·大略》记载："柳下惠与后门者同衣，而不见疑，非一日之闻也。"故事大概就是，春秋时期，柳下惠夜宿城门，遇到一个快要冻死的女子，为了救女子一命，柳下惠解开自己衣裳，让女子坐到自己怀里，并用外衣将两人裹紧，同坐一夜后并没有发什么非礼行为。古代男女授受不亲，而面对怀里的女子，柳下惠却始终未越礼。后世也用"坐怀不乱"来表示正人君子，称赞人的品行端正。

《西游记》是吴承恩所著，里面师徒四人去西天取经的故事家喻户晓，《西游记》说有九九八十一难，这"难"未必就是真的"困难"，它往深层说，每一个"难"都能归结到诱惑中。因为出家之人，对他们最大的诱惑就是女色，所以《西游记》里描写妖精美女诱惑唐僧的特别多。一开始就是，观音请来骊山老母试探唐僧，骊山老母以女儿为诱惑，试探唐僧等人。有趣的是，这回的名字就叫《三藏不忘本，四圣试禅心》。

玉兔精私自下凡冒充公主，想让唐僧做驸马，被拒绝；蝎子精蜘蛛精想吃唐僧肉，纷纷化美女诱惑，唐僧拒绝。如果上述都是女色为诱惑，那么女儿国这一难，可以说是《西游记》最艰难的一难，首先是女儿国国王对唐僧一见钟情，遂想以国相聘。有美女相伴、大权在握，这难道不是男人梦寐以求的生活吗？唐僧动摇过，但仍坚定内心，去西天取经。有人不解，毕竟女儿国国王不像之前的妖精之流，女儿国国王是人类，不会吃唐僧；又有美貌，还有国家，甚至她也有和唐僧的共同话题，能理解唐僧。但反过来想，诱惑之所以是诱惑，是因为我们在被诱惑之后，势必会失去自己的东西，这东西，就是付出的代价。

诱惑这东西，不会无缘无故出现在自己面前，它出现必然有他的道理，也有它背后的阴谋与利益纠纷。想要什么，就去追求，这没什么说不出口的，但因为追求而没能经受住诱惑，最后势必要被诱惑吞噬干净，可能连骨头都不剩啊。

7. 关于人性：如恶恶臭，如好好色

　　人性，指人的品性。关于人之本性的善恶，各有各的说法。而早在春秋战国时期，关于人性的善恶，就有了两种不同的声音。一个是孟子，一个是荀子。虽然两人都属儒家学派，但对于人本性是善良还是邪恶，两人有截然相反的看法。

　　孟子认为："人性之无分於善不善也，犹水之无分於东西也。"他认为人的本性分不清是善良还是不善良的，就像流水不分东西。但同时孟子也提出："水信无分于东西，无分于上下乎？人性之善也，犹水之就下也。人无有不善，水无有不下。"水是不分东西，但是水都是从高处往低处流，就像人性之善。孟子拿水的流势来说人性本善，并认为人生来就有恻隐、羞恶、恭敬、是非之心。"恻隐之心，人皆有之；羞恶之心，人皆有之；恭敬之心，人皆有之；是非之心，人皆有之。恻隐之心，仁也；羞恶之心，义也；恭敬之心，礼也；是非之心，智也。仁义礼智非由外铄我也，我固有之也。"恻隐之心代表"仁"，羞恶之心代表"义"，恭敬之心代表"礼"，是非之心代表"智"。仁义礼智这四种"善端"不是别人给予的，而是我自己就有的，以此提出"性善论"。

　　而荀子却认为："人之性恶，其善伪也。"他认为人性本恶，并提出："圣人之所以同于众其不异于众者，性也；所以异而过众者，伪也。"圣人能不同于常人，是本性，那些拿礼仪约束自己的，只是善于伪装而已。随后提出"善伪者"如何成圣人之名："之所以性者，本始材朴也。伪者，文理隆盛也。无性则伪之无所加，无伪则性不能自美。性伪合，然后成圣人之名，一天下之功于是就也。"荀子认为，善伪者把礼仪道德加附到自己身上，就可以成为圣人。

关于人性之善恶，后世也有善恶论，到了明清时期，人性善恶已然和哲学有了联系。明代心学王阳明就说过："无善无恶心之本，有善有恶意之动。"陆九渊也说："宇宙即是吾心，吾心即是宇宙。"陆王心学把善恶归结到"心"。《大学》有记："如恶恶臭，如好好色。"这里的前提是："所谓诚其意者，毋自欺也。"心要诚实，不要欺骗自己，像讨厌恶臭与喜欢美丽颜色一样，表达出来。

人性到底是什么？它是善良还是邪恶的？是好的还是坏的？这些我们都无从得知，这种东西说不清楚，所以有些影视工作者就以故事表达出来，美国著名作家斯蒂芬·埃德温·金的作品就经常出现关于人性思考的主题。他所写的《肖申克的救赎》作品，在搬上银幕时获得巨大成功。故事是说一位成功银行家安迪，在发现妻子不忠诚后想要杀了妻子，最后没有动手却被当作杀死妻子的凶手送上法庭，进了监狱。妻子的不忠，律师的推波助澜作用，法官的无能，典狱长的卑鄙手段，让安迪如同身在地狱。期间，小说为安迪安排一个出狱的希望，那就是一个新来的犯人说杀害妻子的是另外一个人，安迪很是兴奋，他觉得可以就此出狱，但这点希望也被典狱长断绝，后来新犯人死了，安迪也丧失了人生希望，最后的最后，安迪越狱，与好友在墨西哥重逢。《肖申克的救赎》之所以能成为经典，在于其对人性的拷问。安迪的入狱，是各种因素使然，所以也饱含律师、犯人、典狱长的人性描写。

8. 谈慎独：君子比慎其独

慎，小心谨慎；独，独自。慎独，是指一个人即便在独自相处中，也要小心谨慎。在后世中，多理解为在一个人独处的环境中，也要使自己的行为合乎道德。慎独是一种境界，是一种状态，它更类似一种自律行为。我们都知道"没有规矩不成方圆"，为了规矩人的行为，就必须有章法来规范人类行为，规范人类行为的方法有两种。

一种是道德。所谓道德，就是我们日常生活中所说的"道德底线"。具体可以表现为"尊老爱幼""帮助他人""路见不平拔刀相助"等具体事例，也就是儒家学说所提的"克己复礼"以礼仪规范人的行为，因为古代礼仪包含许多道德约束，有自我约束的作用，所以"礼仪"或"道德"是规范人类行为的一种。

另一种是法。是"范天下之不一而归于一"，是使"不一"变成"一"的规范手段。法学的概念始于春秋战国，在春秋战国形成一个小高潮。我们都知道春秋战国，是个乱世。有乱世，必然会有争夺与战争，为争夺强国地位或为了百姓，国与国之间总要打一架，战乱多了，如何治国也是个问题了。在百家争鸣的春秋战国，儒家崇"仁"，道家崇"顺其自然"，唯有以商鞅为代表的法学派，崇尚以武治国，用强硬手腕来进行改革与治国。他改法为律，建立秦律，改革主旨思想以"事皆诀于法"为主，对秦国法律进行补充，颁布《秦律》。《秦律》刑罚众多，如死刑、肉刑、徒刑等众多刑罚，也就是这样的刑罚，使得秦国脱胎换骨。

从以上事例，我们可以看出，法律是规范人类行为的手段。但同时，我们也要知道，法律并非是规范人行为的唯一手段。秦始皇建立秦朝后，仍然以法为重，因此他搞"车同轨、书同文、行同轮"这一套，等这套实施后，他又以法约束臣子与百姓，法律过多地施加在人身上，会引起反弹，这也就是为什么说法律不是治国、自律的唯一手段了。

于是便有道德约束，有了教育。教育让人知道礼义廉耻；知道什么是对，什么是错；什么是正义，什么是邪恶；当我们自己遇到不道德的事情，就会下意识的拒绝。当然，最后有没有拒绝，还是要看自己能不能抵住诱惑。

而"克己复礼"的道德约束，它的最高境界，就是"慎独"。即一个人在独自相处，甚至没有人约束你，没有法律约束你的时候，你仍能遵守道德规范，守住自己的道德底线。慎独，它是一种自律，是道德约束的一种状态，当然它作为儒家学派的思想，在儒学学说中也多次出现过。

《大学》记："此谓诚于中，形于外。故君子必慎独也。"意为内心真诚的人，我们可以从他的言谈举止看出，以此得出"故君子必慎独也"的结论。《礼记·中庸》也记载："天命之谓性，率性之谓道，修道之谓教。道也者，不可须臾离也；可离，非道也。是故君子戒慎乎其所不睹，恐惧乎其所不闻。莫见乎隐，莫显乎微，故君子慎其独也。"两者的意思都是说"慎独"，《中庸》说的更多些，因为君子知道"慎独"，所以会谨慎行事。

"慎独"是一种境界，我们目前或许做不到君子，或许做不到慎独，但遵守社会道德与法律，是我们能做到的，也是必须要做到的。

9. 关于齐家：身不修，不可以齐其家

"修身"指完善自己的言谈举止，规范自己的行为，含有极为浓重的自律意味。在儒家学说里，"修身"一词的出现概率不低于"仁"字，譬如《孟子》里的"穷则独善其身，达则兼济天下"，它阐述自己能力大小与"独善

其身""兼济天下"的关系。

　　想到孟子的"穷则独善其身，达则兼济天下"，就不得不提"修身、齐家、治国、平天下"这四个词，可以说是古代士子人生理想的概括，完善自己的行为，经营好自己的家庭，治理国家，天下和谐，百姓和乐。而这四词的联系，更是密不可分。

　　一个人的素养高了，才能经营好自己的家庭。家庭又是一个国家的浓缩掠影，能经营好家庭，或许可以知道如何治理国家，但如果一个人连家庭都经营不好，那更别提治理国家了。天下是由一个个的国家组成，当知道如何治理国家，那么"平天下"也就有可能了。这是从"修身"到"平天下"的过程，同样，从"平天下"到"修身"，也是以此类推。首先天下是由国组成，国由家组成，家由人组成，那天下也是由"人"组成，若想"平天下""治国""齐家"，必须先做到"修身"。

　　关于"修身"与"齐家"的关系，《后汉书》曾记载一则故事："陈蕃字仲举，汝南平舆人也。祖河东太守。蕃年十五，尝闲处一室，而庭宇芜秽。父友同郡薛勤来候之，谓藩曰：'孺子何不洒扫以待宾客？'藩曰：'大丈夫处世，当扫除天下，安事一室乎？'勤知其有清世志，甚奇之。"东汉大臣陈蕃，他十五岁的时候，自己住的庭院杂乱无常，陈蕃父亲的好友就问他为啥不扫屋子，陈蕃回答："大丈夫处世，当扫除天下，安事一室乎？"大丈夫行事，要以扫除天下祸端为己任，为什么要扫房子呢？这则故事，与我们印象中的"一屋不扫，何以扫天下？"版本似乎不同，因为两则是完全不一样的故事。"一屋不扫，何以扫天下？"出自清朝刘蓉所著《习惯说》。

　　《习惯说》记："一日，父来室中，顾而笑曰：'一室之不治，何以天下家国为？'"这里的"一室之不治，何以天下家国为？"也就是"一屋不扫，何以扫天下？"的变形加长版，也说明修身与齐家治国平天下的关系。

　　这种"扫屋"与"扫天下"其实也是"修身"与"平天下""治国""齐家"关系的变相表现。不扫屋子，就相当于不修身；不能扫天下，也就意味着他不能齐家治国平天下。所以刘蓉父亲才说："一室之不治，何以天下家国为？"

《大学》记载："古之欲明明德于天下者，先治其国；欲治其国者，先齐其家；欲齐其家者，先修其身；欲修其身者，先正其心；欲正其心者，先诚其意；欲诚其意者，先致其知，致知在格物。物格而后知至，知至而后意诚，意诚而后心正，心正而后身修，身修而后家齐，家齐而后国治，国治而后天下平。"这段是说，想要平天下，得先治国，齐家。想要齐家，必去要修身，想要修身，必须要正心。然后论述"正心"而"修身"，"修身"而"齐家"，"齐家"而"治国"，"治国"而"平天下"。可以说，这几个阶段，都是相互联系的。

家庭，是由人组成的。国，是由家庭组成的。天下，则是由国家组成的。

我们想要经营好自己的家庭，必须学会处理各种问题与困难，去面对各种未知而不可知的未来，甚至不好的方面。而怎样才能经营好自己的家庭呢？我们目前做不到去管制别人，但我们最起码能"修身"，完善自己的行为，提高自己的素养。

修身，则齐家。

这是老祖宗教给我们的道理。

10. 谈创新：苟日新，日日新，又日新

"苟日新，日日新，又日新。"出自《大学》篇章，原句是："汤之，《盘铭》曰：'苟日新，日日新，又日新。'"汤之，指的是商汤王。盘，朱熹批注曰："盘，沐浴之盘也"。通俗来说，就是洗澡盆。而铭，则是刻在器物上达到自我警醒的字词。商汤王把这句话刻在洗澡盆上，有两层意思。第一层比较浅显，就是想提醒自己每天都要洗澡。而第二层意思，就是商汤王想自我革新。这句话的意思是：如果能保持一天新，那就应保持天天更新，新

了还要继续更新，意在强调自我反省与革新。

朱熹注曰："汤以人之洗涤其心以去恶，如沐浴其身以去垢。故铭其盘，言诚能一日有以涤其旧染之污而自新，则当因其已新者，而日日新之，又日新之，不可略有间断也。"商汤王认为，人们在自己的内心世界洗去丑恶净化自身，就好像洗澡来除去身上的脏污的道理一样。所以就把这句箴言刻在澡盆上。假如说，人们有一天能清楚脏污而不断自我革新，那就不应该停止，应该日日自我革新，不能有间断。这是朱子对这句话的理解。

这里的革新，是自我内心世界的净化，是针对人内心的丑恶而谈的。这种革新是偏向于德行方面，而在中国古代的哲学里，朴素的辩证法也有关于创新的讨论，即我们熟知的五行相生相克之说。古代学者认为，世间万物是由阴阳五行变化而来，并非一成不变。而构造世间的五行"金木水火土"自然也不都是原本的状态，而是达到某种条件后，会使得"木生火，火生土，土生金，金生水，水生木。"五行是相生的，而非固定性质。

这种变化，在西方哲学里讨论得更深。关于"变"，西方早期哲学就有两种学派在研究，一是以泰勒斯为首的米利都学派，二是毕达哥拉斯学派。泰勒斯认为：万物之源在水，水生万物，万物又复归于水。万物本源就是"无限"。而毕达哥拉斯认为：万物皆数。而在米利都学派，毕达哥拉斯学派后，赫拉克利赫关于"变"，提出一个著名的言论。

即：人不能两次踏进同一条河流。

赫拉克利赫的思想与泰勒斯以及我国五行论比较相似，其认为万物生于火，火转化为万物，万物再转化于火。他认为"太阳每天都是新的。"并把存在比喻为一条河流，人不能两次踏进同一条河流。因为现在所踏的河流并不是原来的河流，我国将其思想总结后，翻译过来就是："一切皆流，无物常往。"一切都是变化的，没有什么是一成不变的。

有个著名的诡辩论，便是以此为基础的。说的是甲乙是邻居，甲向乙借了钱，到了还钱日时，乙去甲家要钱，甲说："问你借钱的是昨日的我，并不是现在的我。所以，钱你应该问昨日的我去要，而不是现在的我。"乙听了，就知道是甲想赖账，所以就猛打了甲一顿，甲要去告状，乙便说："打你的是刚才的我，不是现在的我。被告的是刚才的我，不是现在的我。"乙说完就走了。这则故事说的便是诡辩。

中国古代讨论儒家颇多，对于这种纯逻辑思维性的研究并不多。以辩论而流传到现在的故事，也就是《两小儿辩日》了。一小儿认为："日初出大如车盖，及日中则如盘盂，此不为远者小而近者大乎？"太阳刚出时若车盖，正午时若盘子，这不是离得远就小，离得近就大吗？另一小儿认为："日初出沧沧凉凉，及其日中如探汤，此不为近者热而远者凉乎？"日出气候凉，正午时炎热，难道不是离得近热，离得远凉快吗？两者的辩论点不同，但从太阳的变化里看，古代人对自然变化是有感知，而无深入研究罢了。

抛却哲学范畴的"新"，当日日新进到日常社会里，便是创新。一个人的身体，就像是地球。器官与精神，就犹如生长在地球的万物，就如同万物变化，我们自身的精神与器官也会发生变化，也就"日日新"，而想使得自己达到更高境界，就要学会创新。

这种创新不单单指自身的变化更新，还有自己思维的革新，要学会养成创新性思维，只有创新，才能使自己朝正确方向发展。

第四章

《中庸》之天人法则

天命之谓性，率性之谓道，修道之谓教

　　《中庸》高深，开篇短短三句话，却道尽了中华文化的大本大源。正如南怀瑾所言，这三句话影响了几千年来的中华文化。

　　所谓"天命之谓性"，也就是天命予以你的，也就是人的天赋。

　　所谓"率性之谓道"，也就是人背负着天命，因此要遵循天性，这才是人生大道，亦是自然达到。但凡合乎人性的，都是道；但凡违背人性的，都不是道。漫漫人生路上，有多少人记得扪心自问，自己的天性究竟是什么？

　　所谓"修道之谓教"，也就是上天赋予了人们善良的本性，顺应着本性发展，在人生中不断修炼和完善自我，清除一切人性中的蔽障，追溯原本光明向善的本性，这就称之为"教"。

　　守得住性，把得住道，做得成教，这才是真正的"天人合一"。

1. 性道教：天命之谓性，率性之谓道，修道之谓教

在中国古代封建社会中，儒家思想备受推崇，历代帝王为了统治百姓，便以儒家经典著作教化，也就是后世所说的十三经，包括《周易》《诗经》《礼记》等，《中庸》篇原本是属于《礼记》其中一篇，相传为孔子弟子子思所作，全篇阐述在与人相处的社会生活中，该秉承怎样相处的准则。在学习与修身的问题上，中庸提出"好学近乎知，力行近乎仁，知耻近乎勇"的观点，认为学习可以得到知识，而把知识践行就能做到仁，知道礼义廉耻就接近英勇，其也论述了天人、圣人、诚与平衡的问题，其中在《中庸》开头，论述的便是"性""道""教"的关系问题。

性，质也。它指的是一个人的本体、本性。其关于人之本性的讨论，有孟子的"性善论"与荀子的"性恶论"。在《中庸》里，性是"天命"，上天赋予人类的本性，就是人之本性，即天命之谓性。那么本性具体是什么呢？中庸写道："自诚明谓之性"由真诚达到通晓情理事理，就是天性。上天赋予人的叫人性，那么赋予物体的便是物性，对于人性与物性，中庸也有自己的理解。即："能尽其性，则能尽人之性；能尽人之性，则能尽物之性；能尽物之性，则可以赞天地之化育。"能发挥本性，才能发挥人的本性；能发挥人的本性，就能利用物性；而能够完全利用物性的，才能帮助天地养育万物。而人性之道，就是"内外之道也"，必须在合适的时机采取措施。

道，自然也。它指的是人遵循的行为准则或物体的自然规律。中庸认为是"率性之谓道"，顾名思义，"道"是指"率性"遵循天性，即人遵循社会的行为标准，物体遵循自然界变化规律。具体表现为"率性之谓道"，因为对象不同，道亦分为不同的"道"。君子有君子之道，圣人有圣人之道，

常人也有常人之道。而这种道，离人很近，正如孔子所说："道不远人，人之为道而远人，不可以为道。""道"不会远离人，人如果去遵循道，但是却远离人，那他就不是在遵循道。孔子认为，"道"这种东西不是高高在上的，是靠近人的，是每个人都能接触到的东西，所以每个人都有"道"。

道是人与物遵循的"天性"，但如果有人不能达到"天性"标准，或恰恰反其道而行之该如何办呢？中庸给出答案，即"教"。

"教"是什么？即"上所施、下所效也。"上面的人的所作所为，下面的人会效仿。效有模仿之意，而"上所施"本身就带有一种教化色彩，我们所说的"言传身教"教习别人的是自己的行为，自己的行为就带有教育色彩。能遵循天道自然是好，但一个人并不是"生而知之者"，所以需要"教"的存在。"教"是修道，即"修道之谓教"遵循道以达到修养自身的目的，即"修身"。"诚"在中庸所占篇幅较多，之前的"性"就与真诚有关，这次的"道"也不例外，中庸认为"自诚明谓之性，自明诚谓之教"由本心的真诚达到明白事理是天性所为，而通过明白事理达到本心的真诚，则是"教"的作用。

性、道、教的关系，在中庸提到不少，而此三者总是与"诚"相挂钩。本心真诚从而知晓事理，这是性，反之则是教，而如果达到"诚"的地步，必须"尽其性"，只有"尽其性"，才能有"赞天地之化育"的程度，而真诚达到一定程度后，就会提前得知天下兴亡。正如真诚是自己成全自己，那么"道"也是自我修养出来的。

中庸属于儒家学派著作，其中涵盖许多孔子的观点，从"天命之谓性，率性之谓道，修道之谓教"这三者可知，孔子关于人性方面是秉承着"人之初，性本善"的观点的，此《中庸》就是合乎天道而行，中庸教习人要遵循天道，做到天性与人性的统一。它是自然与人文的和谐智慧，其实质也是个道德修行的过程，也是最高的道德行为，它讲性、道、教，讲自然与人类必须遵循"道"以修行自身，这是一种智慧，在现代社会生活中，依然能用到。

2. 谈中庸：君子中庸，小人反中庸

《中庸》是《礼记》篇目，同属儒家经典著作，相传是战国孔子之孙子思所做。《礼记》主要记录春秋战国时期的规章制度，而《中庸》主要是传达修心立身的思想，主张做事中正，不偏不倚。全篇讲述性、道、教三者关系，肯定"诚"的作用。

中是中间，庸是不改变。《中庸》一书自己也解释其概念："中者，不偏也，天下之大本""中"就是不偏祖，是天下之根本。所以在儒家另一著作中，孔子提出："君子务本，本立道生。"所以君子会致力于人之根本，根本建立起来，则做人的道理也就出来了。而"庸"则是："庸者，不易也，万物之根基。"庸是不改变，是万物的根基，所以"故君子固本，本固速成。"所以君子要牢固自己的根本，只有根本牢固住了，才能够速成。宋理学家程颐曾就"中庸"发表自己的见解："不偏之谓中，不易之谓庸。中者，天下之正道；庸者，天下之定理。"不偏祖任何一方的是"中"，一成不变的是"庸"，中是天下的正道，而庸则是天下的定理，这里的"中庸"概念更具体化了。

"中庸"是在《中庸》提出来的，但"中庸"概念的源头，我们可追溯到上古时期。在上古的"公天下"的奴隶制社会之中，当年唐尧通过外禅式的禅让制把帝位禅让给虞舜，在传位时，唐尧就给虞舜传了四个字，即："允执厥中"。后来虞舜同样通过外禅式的禅让制把帝位禅让给大禹时，传了十六字心法，即："人心惟危，道心惟微，惟精惟一，允执厥中。"该句出自《尚书·大禹谟》，意思是人心难测，道心难明，只有专心致志，做事不偏不倚，才符合中正之道。后来这十六字被朱金城先生概括为"心法"，

而其中"允执厥中",也是出现最早关于"中庸"概念的记载。

孔子主张中庸,"中庸之为德也,其至矣乎,民鲜久矣",他认为最高的行为标准就是中庸,可百姓却长久缺乏中庸。其中,就"中庸"问题,在《论语·先进》就提到。说是一天,孔子的学生子贡去问孔子,他问"师与商也,孰贤?""师"其实是指颛孙师,是子张;"商"其实是卜商,也就是子夏。他们都是孔门了不起的弟子。在性情上面,子张与子夏哪一个更好啊?孔子如何回答的呢?孔子说:"师也过,商也不及。"子张做事太过,而子夏却恰是相反。然后,子贡就问:"然则师愈与?"比起"不及","过"是不是好点呢?孔子却答:"过犹不及",过与不及都不好,孔子秉承的是中正之道。

《论语·雍也》曾记一则故事。孔子周游列国到达卫国时,当时卫国夫人南子想要见孔子,当时男女有别,南子在卫国的名声很差,左传记载其:"美而淫"。若贸然去见南子,怕是不妥,但不见南子也是不妥,因为当时南子是卫国的真正掌权者。所以在此之际,孔子采取折中手段,去见南子,但只是依礼而行,并没有与南子接触。

这种中庸之道,也是一种折中缓和之计。

而孔子提中庸时,更是说道:"君于中庸,小人反中庸。君子之中庸也,君子而时中。小人之中庸也,小人而无忌惮也。"君子行中庸之道,小人违反中庸。而君子之所以能中庸,是因为君子做事不偏不倚,无过无不及;小人之所以违背中庸,是因为小人肆无忌惮。

中庸之道,是修身之道,也是行事之道。

3. 关于道：道不远人

秦朝统治结束后，随着汉朝的建立，儒家的思想开始受到统治者的关注。而在董仲舒提出"罢黜百家，独尊儒术"的观点后，儒家地位呈直线上升状态，最后达到"独尊"地位。而为了巩固这种独尊地位，汉朝开始设立太学与国子监，以教习儒家教材为主，最后演变成现在的四书五经。即《春秋》《尚书》《礼记》《大学》《诗经》《周易》《论语》《中庸》《孟子》，而这九本书的内容各有所异，《春秋》说政，《礼记》讲礼，《诗经》言讽，《论语》问道。尤其是与孔子有相关关系的《论语》《礼记》《中庸》，比起晦涩难懂的《周易》《春秋》，《论语》《礼记》读起来更有可读性，也更为好懂，更为"不远人"。

这种特点，可以说是贯穿儒家学说。它通俗易懂，讲的道理也很明白，记录的语言也是朴厚平实，对读者的文化水平要求并不高。譬如《礼记》里说人与人之间的来往，要"礼尚往来，往而不来，非礼也。来而不往，亦非礼也。"这就告诉我们与人之间的礼节来往，是相互的，只有你给我，我才能给你。而谈到孝呢，《礼记》也很清楚明白地说："凡为人子之礼，冬温而夏清，昏定而晨省，在丑夷不争。"为人子女，要让父母冬天温暖，夏天凉爽，早晨要勤去请安，晚上要为父母铺床，与同辈相处更是要和睦。

《礼记》言春秋之礼制，现在读起来会有些晦涩，但《论语》完全是"接地气"的。它用词几乎没多少生僻词，所说道理也都很明了。比如说该如何学习，论语就提出"温故而知新"的学习方法，除此之外，还要端正态度，要"见贤思齐焉""择其善者而从之"，更提了些学习的道理，即："学而不思则罔，思而不学则殆。"只学习不思考，会让自己陷入迷惘；只思考不学习，则就是空想。纵观《论语》全篇，我们可以看出来，所用的字词，以及想要表达的道理，都是能读出来的，它是适合普通人民群众的，与文化水平的多少并没有很大关系。

《中庸》也是如此，在全篇言谈性、道、教的关系时，孔子提出"道不远人"的观点。

孔子曰："道不远人，人之为道而远人，不可以为道。"道不会远离人，如果人修的道远离了人，那就不是道。也就是通俗说的"道"是接地气的，道，我们都清楚，是"率性"，是遵循天性。为了表达自己的观点，孔子以《诗经·伐柯》为例子，以"伐柯不远"而引出"执柯以伐柯，睨而视之，犹以为远。"的对比，来说明这种"道"就在我们日常生活的周围。它具体可以表现在事父、事君、事兄之上，如果自己"未能也"，那就得通过修养心性达到自我修身的目的，从而能"率性"能遵循天道。

那到底如何才能"率性"呢？孔子给出答案："在上位不凌下，在下位不援上，正己而不求于人，则无怨。上不怨天，下不尤人。故君子居易以俟命。小人行险以徼幸。"地位高不欺负地位低的，地位低的不必巴结地位高的，端正自己不对他人苛求，不怨天尤人，安于自己的天命到来。

当然，孔子这时候的观点，还是建立在尊卑分明的社会里，所以他说君子应安于天命。孔子的安于天命说，自然有那个时代的色彩，春秋战国的礼乐崩坏道德伦常几近崩溃，这时候提出的安于天命，遵循天道，也是一种缓和社会矛盾的方法。

4. 谈平衡：隐恶而扬善，执其两端

经济学里有个基尼系数，是用于衡量人民收入分配差异的重要指标，它是个比例数值，数值游荡于 0 到 1 之间，如果基尼系数小于 0.2，则代表社会收入分配比较平均；当其处于 0.4 到 0.5 之间，就说明国民收入水平悬殊，而一旦大于 0.5 则说明国民收入分配悬殊很大，也就是上层阶级与下层阶级悬殊会越来越大，贫富差距的拉大也就意味着社会的动荡。同样的，平衡也存在于人的自身情绪变化之中。人如果不能达到一种平衡状态，会因心情糟糕、慌张而去寻求自身的平衡状态。关于平衡的理解，每个领域学者都有自己的看法。

那么平衡到底是什么？

从物理学上讲，平衡是一种状态。它是指在惯性参照物体系内，物体受到力的作用仍能保持静止，或匀速直线运功状态，叫作物体平衡；而从哲学角度上说，平衡是绝对的运动中表现出来的暂时相对静止；《礼记·曲礼下》曾说："执天子之器则上衡，国君则平衡。"综合来看，平衡其实包含许多意思，有稳定、对称、和谐之含义。

这种"平衡"思想，在《中庸》一书里显露无遗。

中庸开头就说："不偏之谓中，不易之谓庸；中者，天下之正道，庸者，天下之定理。"不偏不倚就是中，坚定不移就是庸。中本来就有允执厥中的意思，做事不偏不倚，过犹不及。中就是中间，既不是上也不是下，不是左也不是右，不是高也不是低，它是一种中间状态，只有"中"才能达到平衡。而"庸"呢，《尔雅》曾说："庸，常也。"庸就有平常的意思，不高不低，正好。中庸二字，本身就有平衡的意思，也就是"度"的问题。

有句俗话说得好，叫"物不平则鸣，路不平则颠，水不平则流，人不平则言。"说的就是这个"平"的重要性，物体平衡的重要性。而《中庸》也说平衡重要性："天下国家可均也，爵禄可辞也，白刃可蹈也，中庸不可能也。"天下的国家可以治理，官爵俸禄可以不要，锋利的剑刃可以踩过去，但中庸却不能改变。把中庸之道的重要放在治理国家之前，这样就告诉我们坚持中庸的重要性。

而君子就需做到"执中"的平衡状态，不能"过"也不能"不及"。《中庸》记："舜其大知也与！舜好问而好察迩言，隐恶而扬善，执其两端，用其中于民。其斯以为舜乎！"孔子认为舜是有大智慧的人，能够"好问而好察迩言"，隐藏人家的坏处，宣传别人的好处，过与不及的意见都听取，然后采纳适中的政策来治理国家。

隐恶而扬善，就是隐藏人家的"恶"宣扬人家的"善"。一方面，我们可以把"善"与"恶"当作善恶，是说自己听到建议有好的差的，好的就采纳，差的就不采纳。另一方面，善与恶的概念当作君子自身的优缺点，那么就是君子知道别人的缺点不大肆宣传，知道别人的优点进行宣扬，这便是做人的智慧。若是将"善""恶"扩大延伸，善恶两面便代表"两端"，"盖凡物皆有两端"，所以这"两端"可以是高低，可以是对错，可以是大小，总之是两个极端。因为是两个极端，所以要取"中"。隐恶扬善，执其两端，用其中于民。其实也就是允执厥中的中庸之道。这句话说起容易，实际做起来却是困难，因为要做到"中"，不仅要知晓中庸之道，还要有丰富的生活经历，不然此话便是空谈之说。而要做到"隐恶扬善"，更是需要我们有包容的态度与胸襟。对于寻常人来说，做到"不扬恶"已然是一种境界，那么隐恶扬善更是需要大仁之心。

现在谈隐恶扬善，做到隐恶扬善，是件难事。

但从现在开始，努力做个不扬恶的人，或许多年以后就能做到隐恶扬善。

5. 诚：诚之者，人之道也

《中庸》是孔子之孙子思所作，向来被认为是孔子的哲学思想体现。其"中庸"的方法论在《中庸》体现无疑，《中庸》认为，在面对事物矛盾时，为人处事要不偏不倚，秉承着"允执厥中"的行为方法。而在《中庸》一篇中，关于"诚"的篇幅可谓是多，子思在阐述"诚"的时候着墨甚多。

"诚"与"仁"一样，一直都是儒家伦理比较重视的概念。从先秦时的儒家开端一直到近现代，"诚"这个论题一直被提出来。孔子认为"民无信不立"，《论语》提到"人而无信，不知其可也。大车无，小车无，其何以行之哉。"；孟子认为"诚"身有道，所以在《孟子》提出"是故，诚者，天之道也；思诚者，人之道也。至诚而不动者，未之有也；不诚，未有能动者也。"而在中庸里，"诚"字出现的次数就更多了。

《中庸》是这么说"诚"的，它以从获取上级的信任必须从得到朋友信任开始，而"信乎朋友有道，不顺乎亲，不信乎朋友矣；顺乎亲有道，反诸身不诚，不顺乎亲矣；诚身有道，不明乎善，不诚乎身矣。"想要得到朋友信任，就得去顺从父母，怎么才能顺从父母呢？那就是心诚。接着《中庸》又解释"诚"的意思："诚者，天之道也；诚之者，人之道也。"诚实是天之道，是世界万物的运行规律，诚实，就是人做事的根本法则。当然，"诚"也与"诚明谓"的性，"明诚谓"的道有着密切联系，其认为真诚能通晓事理，而通晓事理就会真诚，以此提出"唯天下至诚，为能尽其性"的观点，而"尽其性"的最大化，就是"可以赞天地之化育，则可以与天地参矣"能养育万物与天地并列。做到"诚"，也有一定的好处，小事的真诚体现出来就会光辉明亮，感动万物进而能感化人类，即"其次致曲，曲能有诚，诚则形，形则著，著则明，明则动，动则变，变则化。"而只有天下最真诚的人才能感化百姓，还能预知未来。"国家将兴，必有祯祥；国家将亡，必有妖孽。"所以，"至诚如神"诚达到一定程度可以是神灵的存在。

"诚"是"自成"的，就像"道"是"自道"的。也就是说"诚"是自身的统一，而"诚"又是"物之终始"。"诚"既可以指"诚者"，也可以是行为准则，它是始终而不可分解，所以是自我矛盾的完善统一。诚始终贯穿于世界万物之中，没有真诚，就没有万物。所以君子就把真诚看得格外重要，这也就奠定了"诚"在人与人之间交往的重要性，以至于"至诚无息"。

真诚无休止，无休止就会长久，而"悠远则博厚，博厚则高明"。博厚可以"载物"，《周易》在解释坤卦时曾说"君子以厚德载物"来体现君子的德行深厚。而"高明"则可以"覆物"，"悠久"可以"成物"，这样"如此者不见而章，不动而变，无为而成。"，天地之道也就在"博也，厚也，高也，明也，悠也，久也。"之中。

《中庸》强调"诚"，并把诚看作人的本性，以及人要遵循的行为准则。孟子秉承"性善论"，所以他对于诚的观点是这样的："万物皆备于我矣，反身而诚，乐莫大焉；强恕而行，求仁莫近焉"万物品德都蕴含在自己的本性之中，自我反省而德行不违背，这是最快乐的。而在为人处事之中，诚更为重要，只有与人诚实，才能得到别人的信任，也是能达到人际关系和谐的方法。

其实在生活中，"诚"的道理也是如此。一个人不可能是单独的个体，不可能做到与世无争隐居山林的状态，势必是要与人打交道的。凡事都是相互的，你对别人真诚，别人自然也会对你真诚，人际关系也不会很差。真诚也是自我完善的一个手段，通过真诚可以将自我矛盾统一，如果无法达到统一，也很难做到与人相处愉快、家庭和谐。

想要走的更远，我们首先就要做到真诚，只有这样才能到达中庸所说的"至诚"境界。

换一个角度思考，如果世界没有真诚，只有狡诈和欺骗，每日睁眼醒来都是一个个的骗局，这样的话，会是我们想要的世界吗？

6. 关于当下：登高必自卑

中国诗歌文化是从殷商时期就开始有的。殷商崇尚自然，总会在春季举行祭祀，祈求国泰民安。而诗歌的起源便来自殷商时期的祭祀诗，那时的诗，不仅有歌相和，还有舞乐相衬。后世有人把口头相传的诗记录下来，便成了中国第一本诗歌总集《诗经》。中国诗历经三千多年的时光，在经过盛唐文化的熏陶之后，逐渐形成与中华精神相衬的诗文化。

中国诗歌文化可分为两部分，一个是从远古到清朝末期的古诗歌文化，以四言、五律格式为主，重章叠句，是最为突出的诗文化特色；另一部分则是从近代开始的近代诗，其中便出现了以徐志摩为代表的新月派和以彭燕郊为代表的七月派，均以白话文为主，自由创作，充分体现当时的时代自由精神。

现代诗歌文化之所以能发展起来，有着当时中国的时代要求因素，所以近现代诗歌总含有政治色彩。而古代诗则不同，它发展历史长，诗歌种类多，运用的手法丰富，多以抒情言志为主，也形成了"深闺必伤怀，登高必自卑"的习惯。

除此之外，登高还有一个"登高必赋"的不成文的规定，《韩诗外传》记载："孔子游于景山之上，子路、子贡、颜渊从。孔子曰：'君子登高必赋，小子愿者何？'"登高必赋的说法由此而来。而"登高必自卑"出自《中庸》。《中庸》有道："君子之道，辟如行远必自迩，辟如登高必自卑。"卑，是低的意思，迩就是近的意思。大致可解释为，君子之道就像要远行必须从近开始，要登高必须从低处开始。孔子拿"行远自迩，登高自卑"来说明君子之道不是一朝一夕，而是逐步形成。以此来比喻做事要稳重踏实，一步一个脚印，这种思想与老子《道德经》里的"千里之行，始于足下"不谋而合，而这种思想亦在荀子的《劝学篇》出现过，即："故不积跬步，无以至千里；不积小流，无以成江海"，说的都是做事要从一点一滴做起。

人在低处，山在高处。在巍峨的山之巅，人是渺小的，人自然就会产生对山的崇敬之情，尤其是那些郁郁不得志的诗人，他们心底有郁，所看之山景自然会带有壮志难酬的味道，譬如把滕王阁写的如诗如画的王勃，到最后都不得不感叹一悲从兴来，这种登高情怀在很多诗里都存在过。譬如杜甫，他在唐大历二年曾在夔州作过登高诗，"风急天高猿啸哀，渚清沙白鸟飞回。"他在秋天登高，眼睛看到的是一片萧瑟之景，所以后面引发他的思乡，独居他客的悲凉处境，这在登高诗里是最常见的抒情手段。

古诗人之所以有登高必赋这种习俗，是与孔子及其儒家学说分不开的。

春秋时期的战国，比较崇尚法学的思想，儒家思想并不受统治者的重视，而因为孔子崇尚礼乐，所以自他开始的儒家学说都有积极入世的因素存在。尤其是后期的儒学成为国学后，诸多士子受儒学积极入世的影响，都想投身官场为国效力，而朝廷官场需求的官员有限，再加上党派内斗的矛盾，许多士子并不全都能进到官场，而进了官场的人并不全能意气风发，大多都是郁郁不得志。而"诗言志"，所以诗歌就成为士子抒发感情的途径之一。

由此，登高与登高诗文化也就形成。

但当我们把目光放到原句上，孔子说君子登高必赋是种习惯。但"君子之道，辟如行远必自迩，辟如登高必自卑"。说行远自迩、登高自卑，无非就是在说，想要达到君子的境界，就先得从现在做起，从当下做起。

7. 谈和谐：万物并育而不害

"和谐"是中国人自古至今一直在追求的境界，我们现在也处处倡导要构建社会主义和谐社会，并提出和谐社会的核心价值观，即：富强、民主、文明、和谐、自由、平等、公正、法治、爱国、敬业、诚信、友善。这些构建了和谐社会的核心价值体系，也是我国建设和谐文化的根本。

对于"和谐"，在很早时候，中国先贤就对其进行了自己的探究与解释。

最早的概念起源于《尚书·洪范》提出的五行学说，其认为组成世界万物的是五种因素，即是金木水火土，而金木水火土之间又是相生相克，即："水曰润下，火曰炎上、木曰曲直，金曰从革，土爱稼。润下作咸，炎上作苦，曲直作酸，从革作辛，稼穑作甘。"水向下润湿而产生咸味，火向上燃烧产生苦味，木曲直产生酸味，金属产生辣味，土产生甜味。《尚书》提出的五行是与"五纪"相匹配，是让人遵循社会道德，遵循自己的"道"。而承袭这一思想的孔子认为"天有五行，金木水火土，分时化育，以成万物。"五行是构建万物的基础。

五行既然相生，必然相克。五行学说认为："木生火，火生土，土生金，金生水，水生木；而木克土，土克水，水克火，火克金，金克木。"五行之间相生相克，就和《易经》提出的阴阳学说差不多，即："阴阳互体，阴阳化育，阴阳对立，阴阳同根。"

五行学说与古代社会息息相关，也与许多有"五"字的概念有着联系。比如东西南北中的"五天""五帝"；东西南北中的方位；辛辣咸苦甘的五种味觉；鼻目耳舌口的五官；当五行涉及疾病时，又出现了"五行之病"等，都与阴阳五行之间有着密不可分的联系。

阴阳五行学说在黄老道学中占有较大比重，道家崇尚道法自然，提出"道生一，一生二，二生三，三生万物"的思想，一是太极，二是阴阳，三便是阴阳相交产生的五行因素。道家的"道"本身就有《周易》里阴阳学说的基础，而阴与阳又是一对矛盾体，一个是阳气，一个是阴气，两者相克，阴阳相互冲撞而便形成了"道"，道也就是阴阳的和谐体。

　　和谐是阴阳五行的统一，既能相生，也能相克。阴阳就是矛盾体，阴与阳相对，但又"同根"，两者合在一起便能造就和谐。这也是最早的辩证法，属于哲学范畴内的古代朴素唯物主义辩证法，和谐便是辩证唯物主义的和谐观点。夫妇和谐，后院和谐，最后达到家庭和谐，天下和谐，这是古代人的美好社会理想，即孔子提出的"四海之内皆兄弟也"的"大同社会"。在这个社会里，天下是公有的，贤能之人治理国家，人人都讲究诚信。"故人不独亲其亲，不独子其子，使老有所终，壮有所用，幼有所长，鳏寡孤独废疾者皆有所养；男有分，女有归，货恶其弃于地也不必藏于己，力恶其不出于身也不必为己，是故谋闭而不兴，盗窃乱贼而不作，故外户而不闭。"这是孔子提出的大同的理想社会，即：人人相亲，人人平等，天下和谐。

　　而在《中庸》里，也提出了"和谐"的概念，即"辟如四时之错行，如日月之代明，万物并育而不相害，道并行而不相悖"就像四季之序，日月交错，世界万物是同"根"而生，共同被养育出来，但是不相互戕害；就算实施的"道"是不一样的，但是不相互违背。这里的"万物并育而不害"其实也就是一种"和谐体"。

　　古代认为万物由阴阳而生，阴阳又有五行，五行相生相克。万物必然有某种联系，或相生或相克，而能做到"并育而不害"其实也就是做到了和谐的境界。这是一种包容精神，而这种精神也一直贯穿到现在，比如，中国在外交上主张"和平共处五项原则"。即"互相尊重主权和领土完整、互不侵犯、互不干涉内政、平等互利、和平共处"。这五项原则其实也是"和谐"文化的体现。

　　中华文化最大的特点就是其包容性，中国人最不同的地方，也就是"和谐"文化，主张用和谐代替纷争，用互帮互助来代替恶性竞争，拿和谐来解决国与国之间的问题，社会之间的问题。

8. 谈笃实：言顾行，行顾言

孔子是儒家学派创始人，曾受业于老子，被誉为文圣人之称。因为孔子的伟大，所以现代为了传播孔子思想，创办了许多孔子学院。孔子的文学作品形象被人提高不少，而其影视作品形象也在不断地加深，除了2010年电影《孔子》外，同年还有内地电视剧《孔子》，另外在2010年，央视也出品了一部由孔子为主角的国产励志动画片《孔子》。

在这部通俗易懂的动画片《孔子》里，故事以孔子一生的经历为主要剧情，描述孔子幼时的经历以及成年后对仁义礼智信的追求，老年时的教学等故事，为了推动剧情的开展，片中增添了一个不为大多数人知晓，但却真实存在的历史人物，他与孔子的性格不同，通过孔子的成长，也描述了他的成长，后人都认为这个人是孔子的天敌。

这个人便是阳货，又称为阳虎。

阳虎，阳氏，姬姓，名虎。是春秋后期鲁国人，曾为季孙氏家臣。季孙氏是鲁国三桓之一，其余二桓则是鲁国孟孙氏，叔孙氏。三桓开始于鲁庄公时代，因鲁庄公的父亲鲁桓公有四个儿子，依西周的嫡长子继承制，嫡长子鲁庄公是鲁国国君，而其他的三个儿子都被封为公卿，庶长子称"孟"，嫡次子为"季"，庶次子为"叔"。后来这三家逐渐形成鲁国三桓的局面，而阳虎侍奉的则是三桓之首的季孙氏家族。因为三桓力量过大，到了鲁昭公时代，鲁昭公就非常想把三桓搞掉，收拢君权，首先要驱逐的就是季孙氏，但三桓对于鲁昭公的心思很是了解，孟孙氏与叔孙氏就搬兵来救季孙氏，顺便把鲁昭公驱逐了，鲁昭公不在，但鲁国还是要有国君，所以三桓就拥立鲁昭公之子为国君，是为鲁定公。在这次三桓立新主的过程中，阳虎掌握到了鲁国军事大权。

而到公元前505年，季孙氏的季平子去世，季平子的儿子季恒子掌位。因为季恒子年幼，所以季孙氏以阳虎为首的家臣开始接管家族大权，季恒子虽然不满，但因力量不足，反被阳虎囚禁。也许是"天公作美"，另外两桓家族的少主们年龄尚小，力量不足以抵抗阳虎带领的季孙氏家臣，所以阳虎便成为鲁国第一权臣。当时出身寒门的阳虎想建立自己的关系网，就拉拢寒门子弟进入鲁国政权，那时的孔子名望在外，又是鲁国人，所以阳虎就想邀请孔子当官。《论语·阳货》记载："阳虎欲见孔子，孔子不见，归孔子豚。孔子时其亡也，而往拜之，遇诸涂。谓孔子曰：'来！予与尔言。'曰：'怀其宝而迷其邦，可谓仁乎？'曰：'不可。'好从事而亟失时，可谓知乎？'曰：'不可。日月逝矣，岁不我与。'孔子曰：'诺，吾将仕矣。'"这则故事说的是阳虎要见孔子，孔子借口不见，所以阳虎送给孔子礼，秉承"来而不往非礼也"态度的孔子肯定是要回礼的，这势必要见到阳虎。所以孔子就想了一招，在阳虎出门的时候去送礼，但阳虎也是个聪明人，他故意放假消息，孔子去回礼的时候，阳虎当然在家，所以孔子只得说"吾将仕矣"。

孔子为什么那么讨厌阳虎呢？《列子》曾记孔子"见辱于阳虎。"《家语》有记："孔子有母之丧，既练，阳虎吊焉，私于孔子曰：'今季氏大飨境内之士，子闻诸？'孔子答曰：'丘弗闻也。若闻之，虽在衰绖，亦欲与？'阳虎曰：'子谓不然乎？季氏飨士，不及子也。'"这故事说的是孔子母亲去世，阳虎来吊唁。私底下，阳虎对孔子说季氏大族摆宴招待鲁国士子，问孔子知道吗？孔子老实交代自己不知道，并说自己知道了，一定会去。但阳虎却说季氏宴请的鲁国人士，孔子不在其列。这样先诱后辱，阳虎是恶意的在戏耍孔子。

所以中庸有说："言顾行，行顾言，君子胡不慥慥尔"，而像阳虎这种政治投机取巧者，则是"言不顾行，行不顾言"，遂不能为君子。

9.中与和：致中和，天地位焉，万物育焉

自万物始，世分两极，一为阳，一为阴。阳为刚，阴为柔。就如天代表乾，地代表坤一般，世间总存在这样两种极端，有极端便有对比。山有高有低，水有清有浊，因为高低、清浊之分，所以会有对比。而中则是介于两者之间的某种状态，它并不是简单的字词，而是包含许多哲学含义与现实意义。

中的概念，解释最为详细的应该是《中庸》一书，其开宗明义指出："不偏之谓中""中者，天下之正道"做事不偏不倚是中，而中则是天下的正道。正道是什么？"天命之谓性；率性之谓道；修道之谓教。"遵守自然与社会规律就是道。而中就是天下之正道，处于中间位置的状态。

不刚不柔曰和，和，谐也。人们常说"以和为贵"，这里的和，有和平相处，和气之外，还有和谐的意思。不仅如此，"和"还有"生物"的作用。在《国语·郑语》："夫和实生物，同则不继。"就说了不同的东西彼此和谐，才能生万物。彼此相同就会停滞不前。关于"同"与"和"，《论语·子路》曾记："君子和而不同，小人同而不和。"君子可以和谐与人相处，但对任何事都有自己的见解；而小人却经常附和别人，没有自己的见解，也不讲究真正的和谐。这里就直接把"和"的意思说明白，并区别"同"的存在。和是万物并育而和谐，而同则是千篇一律。"和"也属于社会哲学与文艺美学的范畴，"和"也是一种和谐状态。

关于"中"与"和"，《中庸》记载："喜怒哀乐之未发谓之中，发而皆中节谓之和"。

人并非冷血动物，所以生于人世，就会有各种情绪变化。情绪是人对

外界的反应。人的情绪是多样的，就像调味品有酸甜苦辣，情绪也分为喜怒哀乐。金榜题名时、洞房花烛夜、他乡遇故知，这是人生三大幸事，也是三件好事，所以人遇到了会高兴。这是喜；人遇不公平之事，会怒；遇到悲伤的事会难过，这是哀；遇到极为快乐的事，便是乐。以人的情绪为例子，有喜怒哀乐却不表现出来的叫作"中"，表现出来喜怒哀乐但有所节制与体现的就是和。这便是"喜怒哀乐之未发谓之中，发而皆中节谓之和"，此"和"与此"中"均是一种平衡之和谐状态。

中和与平衡又有不同。平衡是某种"中"，并不包括"和"方面的意思。而中和，不仅是中，还有万物和谐的隐喻，"中也者，天下之大本也。和也者，天下之达道也。"中是天下之本，每个人都有的本性。而"和"则是大家遵循的原则，能把中与和做到，慢慢地就会达到"中和"的境界，中和的境界是什么呢？中庸记："致中和，天地位焉，万物育焉。"到达中和的境界时，天地各在其位，万物能生长繁育。便是物尽其性，"可以赞天地之化育，可以与天地参矣。"能赞育万物，能列于天地，这便是中和的境界状态。

关于政治上的中和，孔子曾夸赞过舜。《中庸》记："舜其大知也与！舜好问而好察迩言，隐恶而扬善，执其两端，用其中于民，其斯以为舜乎！"孔子认为舜是有大智慧的人，他喜欢向人问问题，又善于分析别人话里的含义，隐藏别人的坏处，宣扬人家的好处，过与不及的意见都能掌握，采纳适中的政治建议，孔子提出"和为贵"的思想，不仅注重君主对人民的中和，还注重国与国，人与人之间的关系。在诸多关系之中，中和思想只是其中一个重要方面，以"中"做到"和"，来谋求世界大同才是孔子的理想，这种中和思想对中国古代历史与思想也产生巨大影响。

"执其两用""和而不同""权变时中""中和"这些都是对中庸的阐述。朱子曾这么解释过中庸："中庸者，不偏不倚，无过不及，乃常行之理，天命所当然，精微之极致也。"而中和就是在中庸的基础上达到"和"的状态。

中和思想，在现代社会仍然有其积极意义。它有利于人与人之间的相处，与自然之间的相处，以及与社会的相处。中是中正，和是和谐。如果人与人，人与自然，人与社会能达到中和状态，人没有邪佞之心，自然得到保护，社会和谐，那理想化的社会"天下大同"，或许指日可待。

10.民本思想：其人存，则其政举；其人亡，则其政息

大禹时期，因尧禅让于舜，舜禅让于大禹，在大禹将死时，便想把帝位禅让于伯益，但大禹的儿子启却以武力征伐伯益，从而取得帝位。取得帝位后，启建立夏朝，并废除禅让制改为世袭制，就此，中国第一个奴隶制社会出现，中国古代君民的关系也就此开始。

夏商西周，都属于中国奴隶制社会。国是君主的，而民也是君主的。君民关系就是主人与奴隶的关系，虽说如此，但也有书籍记载夏商西周的民本思想，在《尚书》系列的《夏书》里有一章叫作《五子之歌》，里面记载："太康尸位，以逸豫灭厥德，黎民咸贰，乃盘游无度，畋于有洛之表，十旬弗反。有穷后羿因民弗忍，距于河，厥弟五人御其母以从，徯于洛之汭。五子咸怨，述大禹之戒以作歌。"这里交代了《五子之歌》出现的背景，是因为启死后，儿子太康继承王位，但因为没有德，所以招致百姓反感，不仅如此，太康还贪图享乐，以至于"有穷后羿因民弗忍"，太康有五个弟弟，所以"五子咸怨"，作五子之歌。

其中这里面就提到了大禹的告诫，便是："皇祖有训，民可近，不可下，民惟邦本，本固邦宁。予视天下愚夫愚妇一能胜予，一人三失，怨岂在明，不见是图。予临兆民，懔乎若朽索之驭六马，为人上者，奈何不敬？"意思是大禹有训，民可以亲近，但不可以轻视，人民是国家的根基，根基牢固，国家才能安宁。这就是夏朝君民关系的理想化阐述。《尚书·康诰》有记西周爱民思想，在周成王任命康叔管理殷商旧民时说道："呜呼！封，汝念哉！今民将在祇遹乃文考，绍闻衣德言。往敷求于殷先哲王用保乂民，汝不远

惟商者成人宅心知训。别求闻由古先哲王用康保民。宏于天，若德，裕乃身不废在王命！"意思大致是教导康叔要施政稳善，要像伟大的先知圣王那样，让人民安定，不断地完善仁德，宽容管理训教，以"保民"。这里就是西周时的民本思想。

而到了春秋战国时期，百家争鸣，学术呈百花齐放之状态。对于民，每个学派都有自己的思想阐述。其中最有差距的便是法家与儒家。法家崇尚君主的绝对优势，提出"强国弱民"的观点，并认为"天下之事无小大皆取决于上"，除了导致秦始皇处理政务繁忙到"上至衡石量书，日夜有呈，不中呈不得休息。"的地步外，还直接奠定了君主的绝对皇权，这种思想，在秦朝初期可以实行，但到了后期天下统一已成定局，秦朝仍然"轻民重君"，再加上秦国律法严格，这就使得社会不得不顺从君王，久了便会加剧君民矛盾，从而成为内乱。

儒家关于君民关系最主要的看法是"民贵君轻"，孔子在子贡问政时，曾说过："足食，足兵，民信之矣。"子贡曰："必不得已而去，于斯三者何先？"曰："去兵。"子贡曰："必不得已而去，于期二者何先？"曰："去食。自古皆有死，民无信不立。"《论语》凡是谈政，孔子必然说民。孟子很好地继承了这点，他在梁惠王问政时说过："不违农时，谷不可胜食也。数罟不入洿池，鱼鳖不可胜食也。斧斤以时入山林，材木不可胜用也。谷与鱼鳖不可胜食，材木不可胜用，是使民养生丧死无憾也。养生丧死无憾，王道之始也。"以提出"民为贵，社稷次之，君为轻"的思想，这种"君轻民贵"的思想一直影响着后世，清初黄宗羲就曾说过："古者以天下为主，君为客，凡君之所毕世也而经营者，为天下也。今也以君为主，天下为客，凡天下之无地而得安宁者，为君也。"黄宗羲认为君是客，而民为主。

孔子的民本思想在《中庸》也有所体现，其说道："其人存，则其政举；其人亡，则其政息。人道敏政，地道敏树。"所以"为政在人"。

虽然儒家思想偏向于统治阶级，但对于君民关系的阐述，却在一定程度上缓和了社会矛盾。

11. 德不配过：故大德必得其位，必得其禄

　　在中国传统吉祥图案之中，凡是图案，必然有其代表的吉祥意义。中国人喜欢瓜，瓜的生命力与繁衍力都很强。瓜蔓不断象征家族香火丰盛，而蝴蝶呢，因为身，形，色，情也备受喜爱，与蝴蝶有关的则有庄周梦蝶，梁祝化蝶。而以飞舞蝴蝶，配以瓜蔓不断的南瓜图案组成的"必得其寿"，因象征子孙不断，家族昌盛，一直被民间所喜爱。

　　而"必得其寿"出自《中庸》，是孔子称赞舜王的孝顺，认为其"舜其大孝也与！德为圣人，尊为天子，富有四海之内。宗庙飨之，子孙保之。"舜是孝敬之人，有圣人的德行，有天子的尊贵地位，有普天下的财富。宗庙祭他，子孙维护他。所以孔子得出这么个结论。"大德必得其位，必得其禄，必得其名，必得其寿。"意思是有崇高品德的人必然能得到相应的社会地位，必然得到丰厚的俸禄，必然得到美好的名誉，必然得到长久的寿命。即德不配过。

　　《周易》载其："德不配位，必有灾殃。德薄而位尊，智小而谋大，力而任重，鲜不及矣。"德行配不上所在的位置，就会有祸端。就像德行少的人坐在尊贵位置，小智慧却想谋大事，力气小却想提重物，那都是不行的。

　　我们说圣人，说贤人，他们之所以到达圣人，贤人的位置，是因为他们有这个资格。全中国大部分人都会觉得孔子是圣人，仅仅是因为他生在战国，留下很多著作吗？并不是，孔子的著作只是其中之一，更多的是他的思想，他的思想影响中国世代，而这种思想大多数是教人如何去生活，去待人接物的，是造福于社会的。这才是孔子被称为圣人的原因，而不是仅仅因为他弟子三千，留下著作。而他的圣人地位是与他的才能相匹配的。

而我们说小人，说奸臣呢，也是同样的道理。小人之所以被说成小人，是因为他们所做之事就是小人之事。比如魏忠贤，他联合客氏杀了不少忠良之臣，还不知耻地给自己修庙。古代修庙一般都是给忠良之人所修，那魏忠贤给自己修庙就代表他是忠良吗？不是，我们都知道他犯下很多罪孽，也只能以"小人"所称。而同样是宦官，比其稍早时期的王安，也是一位宦官。王安身体虽残缺，但其主持正道，算是忠良之臣。两位相同起点的人，因为其所做之事不同，自然也就落得不同的名声。

　　该如何解释德不配位呢？姑且可以这样说，如果把魏忠贤奉为圣人，把孔子说成是小人，那这就是两方面的"德不配位"，一个是魏忠贤不配做圣人，另一个是小人不配来形容孔子。

　　这种"德不配位"，还适用于如今的社会之中。德，可以比作人的才能。位，就是人所在位置。德不配位，实质上也是个人才能与其所处地位的因果关系。一个人的才能多少，会决定其所处于怎样的位置。

　　儒学也并非排斥功利，它提倡积极入世，谋取自己想要的位置，不过在此之前，要先磨炼自身修养，唯有此，才能水到渠成地获得自己应该在的位置，这也是中庸的"道"。

第五章

《诗经》之性情法则

投我以木瓜，报之以琼琚

　　《诗经》以《关雎》为开篇，以"关关雎鸠，在河之洲。窈窕淑女，君子好逑。"为第一句话。写的是男女之情，饱含着纯粹与真挚。纵观《诗经》，纯粹与真挚也恰好是它最弥足珍贵之处。正所谓《诗》三百，思无邪"，无论所写、所咏、所唱，这百般情愫是如此纯粹，如此真挚。"思无邪"的《诗经》表达的真是那种精诚之至的情感，历经数千年岁月的洗涤，仍如此让人动容。《诗经》的魅力是艺术化的，更是哲学化的，它以如此优美而生动的形式为我们指出了生而为人最核心的内涵——诚。所谓纯粹，就是要诚于自我；所谓真挚，就是要诚于他人。

　　王国维曾在《人间词话》说过："大家之作，其言情也必沁人心脾，写景也必豁人耳目，词脱口而出，无矫揉妆束之态，以其所见者真，所知者深也。"意思是大家之作，言情让人舒服，写景让人五感通透，言情写景皆由心而生，在于真字，而《诗经》让人动情处，就在于真，写青年男女缠绵悱恻的爱情，写兄弟之间的亲情，甚至写家国大事，文笔立意都在一真字。

真，便是贯穿《诗经》全篇的性情箴言。

怀着一颗赤子之心，赤诚为人，这就是人世间最好的性情罢。

1. 谈淑女：窈窕淑女，君子好逑

《蒹葭》是《诗经》开端，全诗四章，每章八句。主要描写一位青年男子对心上人的恋慕，男主人公"溯洄从之"却"道阻且长"，再"溯游从之"，心上人却"宛在水中央"。通过男子求而不得的急切心情，来表示男子对心上人的爱恋。

那问题来了，是怎样的姑娘让男主人公如此痴迷呢？

《蒹葭》未提，只说是秋水伊人。可在另一篇描写男女恋爱的名作中，却提了当时先秦人对女性的看法，这首诗便是与《蒹葭》齐名的《关雎》。

"关关雎鸠，在河之洲。窈窕淑女，君子好逑。"

"参差荇菜，左右流之。窈窕淑女，寤寐求之。"

"求之不得，寤寐思服。悠哉悠哉，辗转反侧。"

"参差荇菜，左右采之。窈窕淑女，琴瑟友之。"

"参差荇菜，左右芼之。窈窕淑女，钟鼓乐之。"

——《国风·周南·关雎》

全诗不过五章，却有四章提到"窈窕淑女"四字。正是这位"淑女"让男子如痴如狂的思恋，想以钟鼓奏乐取悦她，想以琴瑟之声来与她表达爱意，更是在求之不得时，"寤寐思服"又"辗转反侧"不能入眠。现代人就是不读《诗经》也都会说两句，而传播度最广的无外乎《蒹葭》《关雎》。

《诗经》写男子思慕佳人之情，不过《关雎》《蒹葭》，但因《蒹葭》有些现代朦胧诗的意味，没有《关雎》来的直白，"窈窕淑女，君子好逑。"更是传播甚广。

那究竟"淑女"到底是如何定义的呢？

"窈窕淑女"的说法出于《诗经》，较早对"淑女"做出解释的是西汉年间的《毛诗故训传》，简称"毛诗"，又称"毛传"。它是传《诗经》的四家之一，因对《诗经》注释而出名，在毛传里，它对"窈窕淑女"的定义是："淑，善；逑，匹也。言后妃有关雎之德，是幽闲贞专之善女，宜为君子之好匹。"

淑，善。指的是首先要拥有一颗善良的心，有善德。

幽闲者，指女性除了悠闲，要学会淡然自处，毛传把后妃与淑女品行相配，所以这里的幽闲不单单指淡然，更多是有自知之明，做到落落大方，居后宫之所，做后妃之事，不淫天子。换句话说，要识大体，譬如才女班婕妤，不恃宠而骄，班姬辞辇的典故更是流传至今，放在现今社会，可大致理解成："遇事不躁，矜持自重，有自己的生活态度。"

贞专者，即坚贞，专一。在古代，若女子不能从一而终，则会被认作水性杨花之人，譬如与司马相如私奔成佳话的卓文君，戏曲里与张生相恋的崔莺莺，均是难得才女，但却因不符合当时的坚贞标准，被后世许多人归结为"因才而淫"的女性之列。

唐代的孔颖达也提道："窈窕者，谓淑女所居之宫，形状窈窕然。"

不过以上都是古代人对淑女的看法，现代变化很多，男女逐渐平等，女性地位也在提升，随着女性在社会各个方面的作用，现代人对淑女二字也有别的理解。

亦舒曾说："真正有气质的淑女，从不炫耀她的一切。她不告诉人读过什么书，去过什么地方，有多少衣裳，买过什么珠宝，因为她没有自卑感。"

衡量淑女的标准是因人而异，但总归不过两点。

一是品德。有颗温暖之心，能温和待人，待自己，待世界，性格纯善。

二是独立。有独立的经济能力与精神追求，有强大的内心世界。

古代衡量淑女，除品德外，还有身世外貌。

淑女可以相貌平平，可以家室一般，甚至可以没读书，但她一定有颗温暖之心，对世界抱着希望，有足够坚韧的内心，可以迎接生命里所有的苦难。

唯有这般女子，方与"君子"匹配。

既然说到淑女，那与淑女对应的君子又该拥有怎样的品质呢？

不过八字：

如切如磋，如琢如磨。

2. 谈君子：如切如磋，如琢如磨

瞻彼淇澳，绿竹猗猗。

有匪君子，如切如磋，如琢如磨。

瑟兮僴兮，赫兮咺兮，有匪君子，终不可谖兮！

瞻彼淇奥，绿竹青青。

有匪君子，充耳琇莹，会弁如星。

瑟兮僴兮，赫兮咺兮，有匪君子，终不可谖兮！

瞻彼淇奥，绿竹如箦。

有匪君子，如金如锡，如圭如璧。

宽兮绰兮，猗重较兮，善戏谑兮，不为虐兮！

——《诗经·卫风·淇澳》

《诗经》按其内容分三部分，分别是风，雅，颂。《淇澳》篇收录于《卫风》集，《卫风》比之尽出《桃夭》《关雎》名作的《周南》，被广知的篇数很少，提《卫风》多知《硕人》篇里的"手如柔荑，肤如凝脂"，描写女子之美貌。但《淇澳》却鲜为人知，然而，从本质来说，《淇澳》与《硕人》有异曲同工之妙。

《硕人》篇描写的是庄姜，《淇澳》篇描写的是卫武公。一女一男，一淑女，一君子。

远望那淇水弯弯的水岸边，翠绿的竹林真茂盛！

有位美貌的君子，切磋学问很精湛，品德琢磨更纯善，仪态庄重又大方，地位尊贵又威严，有如此美貌的君子，教我如何忘了他！

远望那淇水弯弯的水岸边，翠绿的竹林真好看！

有位美貌的君子，稀奇良玉缀耳间，嵌帽宝石若星光，仪态庄重又大方，地位尊贵又威严，有如此美貌的君子，教我如何忘了他！

远望那淇水弯弯的水岸边，翠绿的竹林真葱茏！

有位美貌的君子，切磋学问很精湛，如金银般璀璨，像玉圭般温润，气宇轩昂很阔达，倚乘华车向前走，谈吐幽默又温和，却不把人欺。

所有出自《诗经》的诗，无论风、雅、颂，都能以"思无邪"三字来概括，《淇澳》也不例外，它用古朴的语言去描述那样一位优秀的男子，因为下笔皆为真，读此篇时，我们可以想象到诗里的男子是什么模样的。

首先，他"如切如磋，如琢如磨"，"如切如磋"即才华出众。这是开篇在介绍这位"君子"时，首先提到的字词，再者便是"匪"。"匪"同"斐"，指人的才华斐然。而"如琢如磨"则指其性情稳重尔雅，再后来的"善戏谑兮，不为虐兮"能看出，这位君子虽然满腹经纶，能言善辩，却不以才华欺人。这说的是君子的才华与品德。

再有，他"充耳琇莹，会弁如星。"说明他比较在乎外貌与衣饰，男子注重外貌并不是坏事，魏晋南北朝时，男子比女子还爱敷粉熏香，不过这里的君子注重衣饰，却没给人一种胭脂粉感，而是感觉他就该这样，因为他的才华品德正好与他的衣裳相得益彰。

这位君子不仅有才华，又"瑟兮僩兮，赫兮咺兮"仪态大方、地位威严，不仅有"如切如磋，如琢如磨"的文雅性情，还有"如金如锡，如圭如璧"般的，雍贵举止，一举手，一投足，皆为君子之态，又偏偏生的丰神俊朗，整个人若流光溢彩，见到的人，自然会"不可谖兮"。

这位诗经记载的"有匪君子"，现代人或不称"君子"，而称绅士。

绅士是舶来语，与淑女相对，颇有西化色彩。现今的君子也有一定标准，毕竟不是诗经里的卫武公，所以对家世也无所要求，但能做到的，最起码要做到。

卫武公所具备的品质，去除家世外，不就是符合现代价值观的君子吗？

可以相貌平平，但一定要注重个人卫生，生活干净而不邋遢；性情做不到圣人般的胸怀，但要温和待人，宽容大度，不自视清高；做不到与生人谈笑自如，那就踏踏实实做好自己的事情。总之，要举止有礼，言谈之中尊重他人。

当然，想要真正达到卫武公的"如切如磋，如琢如磨"还需不停地学习。

3. 关于密会：静女其姝，俟我于城隅

静女其姝，俟我于城隅。爱而不见，搔首踟蹰。

静女其娈，贻我彤管。彤管有炜，说怿女美。

自牧归荑，洵美且异。匪女之为美，美人之贻。

——《国风·邶风·静女》

《诗经》写爱情多，以男子口吻写诗多，写男女相会更多。比较广知的有两篇，分别是《溱洧》与《静女》，两者都是写男女相会，但背景却不同。《溱洧》属于《国风·郑风》，所以《溱洧》是描写郑地三月上巳节的场景，它写"溱与洧，方涣涣兮。士与女，方秉蕳兮。"这里"士与女"是相会的，

但很有意思的一点是，他们相会的背景是人多的地方，在溱洧两地众人的见证下。而《静女》却是"俟我于城隅。"两人在城墙角落处见面，是私会，是密会，是当时礼法不允的一种行径。

娴静姑娘真貌美，等我在城角楼上。故意不让我见到，急得我抓耳挠腮。

娴静姑娘真貌美，赠我一支红彤管。彤管鲜艳有光泽，它的颜色真显眼。

郊外赠我以荑草，荑草美好又奇异。不是荑草长得美，而是因为是静女。

区区三章，就把男女密会时男子激动兴奋的心情写出味道了。《静女》开篇，就描述这位静女的貌"姝"，继而说明这位女子相约在城墙角隐蔽处等待。诗以男子口吻来写，所以等男子去见女子时，她却"爱而不见"故意不让男子找到，让男子"搔首踟蹰"很是焦躁。接着呢，等到男女相见后，男子再以描述女子貌"娈"，《广雅》记：娈，好也。又因"静女"，静，为靖，可以理解为淑女，或是娴静的女子，说明这位女子不仅貌美，心地还很善良，应当在君子好逑的"淑女"之列。

两人见面后，静女赠他"彤管"，管为何物至今不详，结合全诗，应当是静女表达情意而相赠的礼物，因为男子喜欢静女，静女又送他礼物，有句话说得好，情人眼里出西施。这位青年看到是静女送的，立即感叹出"彤管有炜，说怿女美。"因为是心爱的静女所送，所以这彤管看在眼底，色彩"有炜"。之后，两人走到郊外，静女又送青年荑草，荑草就是刚抽长的白茅，这种东西并不少见，但在青年眼底却又是"洵美且异"美好又奇异。当然最后青年也说了，"匪女之为美，美人之贻。"不是荑草长得美，而是因为是静女送的啊。

此诗将"情人眼里出西施"描写得淋漓尽致，也给我们带来时代的掠影。

我们知道，周朝礼法森严，夫妻有礼，父子有礼，君臣有礼，男女更是有礼。可这首《静女》却很奇怪，它不是《溱洧》里大家集体相亲的模式，而是男与女单独相处密会的故事，并且两人还相约在城墙角处，这行径是大胆了些，朱熹评此诗是淫奔之诗，他是宋明理学的代表人物，所以对这种私会的态度是坚决否定的，后世也把"翻墙密会"称为淫奔。可不管是翻墙密会，抑或是城墙密会，在古人眼底，只要男女单独相处就是"淫"。

司马相如一曲《凤求凰》勾走帘内卓文君的芳心，两人两情相悦，可卓父不同意，司马相如与卓文君私奔后，卓文君当垆卖酒，这事让卓父知晓后，才成全两人，这般才子佳人大圆满的结局，在理学家眼里也是"淫奔"。所以他们提倡"存天理，灭人欲"。

读《静女》也要关注其背景，周礼之严是众人所知，但这并不代表在那个年代，私会便是死罪。周礼虽严，但民风比起后世宋明还是要宽松许多，对女子贞节看的不似生命一样重，所谓周礼森严，只是相对而言。

当然了，在现代，我们想见谁就可以见谁，不必约束太多。

不过，这首《静女》也向我们展现出先秦时代别具一格的"秘会"画面。

4.谈爱恨：子不我思，岂无他人

子惠思我，褰裳涉溱。子不我思，岂无他人？狂童之狂也且！

子惠思我，褰裳涉洧。子不我思，岂无他士？狂童之狂也且！

——《国风·郑风·褰裳》

《褰裳》共两章，寥寥不过四十四字，却将女子等待恋人时的心情，描写得淋漓尽致。

你若真的爱我思念我啊，就赶快提着衣裳渡过溱河来见我。你若是不爱不思念我，难道没有人来找我吗？你真是个傻小子！

你若真的爱我思念我啊，就赶快提着衣裳渡过洧河来见我。你若是不爱不思念我，难道没有别的少年郎吗？你真是个傻小子！

《褰裳》开篇就说"子惠思我，褰裳涉溱。子不我思，岂无他人？"多么直白的语句，你若是想我就过岸来，你若是不爱我，难道就没有别人找我吗？短短四句，用词却恰好将女子期待恋人过来的小娇羞描述出来，还有女子佯装生气说的气话"子不我思，岂无他人？"

《氓》与《褰裳》同有描写等待恋人到来的场景，《氓》里的女主人公等待恋人到来时，她心情急切"乘彼垝垣，以望复关""不见复关，泣涕涟涟。既见复关，载笑载言。"等待情郎的过程中，她是喜哀无常的。而《褰裳》等待恋人到来时，也很急切，从"子惠思我，褰裳涉洧。"这两句诗能看出来女主人公的殷切，可等待情郎的过程中，她却不是《氓》篇女主人公那样喜哀无常的反应，反倒是说"子不我思，岂无他人？"你若是不爱我，难道没有其他人吗？在这里，《褰裳》里的女子是掌握主动权的，最后等到情郎到来时，也只是说了句"狂童之狂也且！"便作罢。

毫无疑问，这又是一首情诗，写姑娘与恋人相约时的内心独白。

当然，此篇我们的重点并不是讲述姑娘与恋人的爱情，而是从姑娘说的"子不我思，岂无他士"这句话，来谈谈生活中的爱与恨，尤其是青年男女之间的爱恨情痴，若拿笔写来，怕是要费许多纸墨，你说为何爱恨不在其他年龄段里？年幼尚不知愁滋味，怎谈爱恨？年纪大了就不想折腾，又怎生爱恨？

爱与恨像是一对矛盾体，有爱，便有恨。有恨亦有爱。

唐武宗年间，一个婴儿出生于鄠杜（今鄠县与杜陵），名为鱼幼薇。五岁时，幼薇就学。十岁与温庭筠相识，十四岁嫁状元李亿，时李亿有正室，不待幼薇。经历种种后，在鱼幼薇二十二岁的时候，她在咸宜观出家，改名鱼玄机。

野史载其年幼因才华爱上了与李商隐齐名的温庭筠。温庭钧教她诗，教她词，但唯独不敢教她男女之事，那时的温庭筠四十二岁，鱼幼薇十岁。鱼幼薇很年轻也很热情，温庭筠被她的热情吓坏了，所以就离开了鱼幼薇，等再见时，温庭钧为当时的状元郎李亿牵线，让鱼幼薇做了李亿的妾室，但因李亿已有正室，正室不喜鱼幼薇，遂多加为难。

李亿无奈，在新婚四个月后，将鱼幼薇送到咸宜观，还捐了一笔香钱。最初，李亿对颇有才华的鱼幼薇肯定是有感情的，鱼幼薇也对其真心，但后来李亿离开长安去往扬州赴任，他带走了正室，却把鱼幼薇留在了长安，此等何意，长有一颗玲珑心的鱼幼薇怎能不知？

这亦是她从颇有盛名的才女变风尘女子的转折点。

鱼幼薇变了，长安城都知道鱼幼薇变了，她不再推拒来访，好像是对全天下宣布，她鱼玄机有很多人爱，即使这种爱是庸俗的肉体之爱。

此时，鱼玄机对李亿早已不是爱了，而是一种怨恨，一种势要把自己彻底毁灭的恨。你不爱我了是吗？那我就证明我鱼玄机并不缺人爱！或许抱着这种极端毁灭的想法，鱼玄机越发极端行事，甚至养成多疑的心性，最后"妒杀"了侍女绿翘。

她二十四岁入狱，不久就又被放出来。

过了三年，她死了，那时候，她二十七岁。

纵观鱼玄机的一生，有爱有恨，是爱的一生，也是恨的一生，爱恨纠缠的一生。

深陷爱与恨，如何走出来，或许与温庭筠并称"温李"的李商隐作了解释。

"世界微尘里，吾宁爱与憎。"

5. 谈表白：投我以木瓜，报之以琼琚

投我以木瓜，报之以琼琚。匪报也，永以为好也！

投我以木桃，报之以琼瑶。匪报也，永以为好也！

投我以木李，报之以琼玖。匪报也，永以为好也！

——《国风·卫风·木瓜》

《木瓜》一篇，全三章。关于它的主旨，有君求贤士之说，有男女相赠示爱之说，还有行贿腐败之说。后世多从朱熹之说，认为这是首爱情诗，记录在春秋时代，男女互生好感时的表白诗作。

你赠我木瓜，我予你琼琚。不为报答，希望情意永相随。

你赠我木桃，我予你琼瑶。不为报答，希望情意永相随。

你赠我木李，我予你琼玖。不为报答，希望情意永相随。

《木瓜》分三章，分别写出三种物品相换。"以琼琚报木瓜""以琼瑶报木桃""以琼玖报木李"。木瓜、木桃、木李，均代表女子的情意。在周代社会的性别分工中，女子负责采集织麻，男子则出去狩猎，沿袭到春秋亦是如此，女子以"木瓜""木桃""木李"相赠，一方面，表达自己的情意，另一方面，表达人与人交往的诚信，所以拿"木瓜""木桃""木李"作为"贽"。贽，质者，信也。女子以瓜果相赠更有深意，不过到后来，慢慢演变成对别人的钦羡之意，例如《世说新语》曾记载潘安"妙有姿容，好神情"。之后刘孝标在注引《语林》时写道："安仁至美，每行，老妪以果掷之满车。"安仁是潘安的字，这句话是说潘安很漂亮，每到一处，老妇人都会朝他的车里扔瓜果。

琼，美玉也。诗歌里的"琼琚""琼瑶""琼玖"都是指美玉，表示美好的事物。中国当代作家兼编剧的陈喆女士，其笔名琼瑶也是缘由于此。当然，以"玉"最出名的便是《红楼梦》里的贾宝玉，他含美玉而生，并时刻佩戴，在林黛玉初进贾府因玉的事情还闹了小别扭，书中记载此玉乃女娲补天遗落的石头。

在中国古代，美玉与君子的关系向来匪浅，"温润如玉""君子如玉"等成语都论证君子与美玉之间密切的关系。西汉刘向曾在《说苑·杂言》说"玉有六美，君子贵之。"君子要具备玉的六种美德，"望之温润，近之栗理，声近徐而闻远，折而不挠，阙而不荏，廉而不刿，有瑕必示之于外。"简短来说，就是温和待人，做事缜密，表里一致，宁折不屈，为人宽厚，不藏纳自己的缺点。其实也是在说君子做人的美德。

将其当作爱情诗来看，我们可以想象这样一幅画面，一位俏生生的姑娘心仪一位青年，但又不确定青年是否心有所属，所以投赠给青年木瓜，若青年喜欢了呢，便把美玉之类给姑娘，不是以琼琚"报"木瓜，而是想"永以为好也"，想让这份情谊永远下去，这里可以理解为男女青年的两情相悦。

都说古代书生迂腐，但我却认为，古代人最浪漫，浪漫起来完全招架不住的那种。

古代人是含蓄，是不敢轻易说"爱"。但他们所作的表白，都自带一股书卷气。他们说爱吗？他们不说爱，他们说"上邪，我欲与君相知，长命无绝衰。山无陵，江水为竭。冬雷震震，夏雨雪。天地合，乃敢与君绝！"他们谈错过是"君生我未生，我生君已老。"就连告白，都是以"美玉"相赠。

现代人确实比古代人先进不少，但总觉得在这个浮躁的社会里，面对示好，甚至示爱，现代人大多是粗暴对待，一盒巧克力一捧玫瑰花，有的甚至一支口红就可以。细想开来，除去这些物质，最后还剩下什么？

或许有时候，我们该慢点步子，至少在感情道路上，多点心思，少点套路。

6. 何谓心动：既见君子，我心则休

菁菁者莪，在彼中阿。既见君子，乐且有仪。

菁菁者莪，在彼中沚。既见君子，我心则喜。

菁菁者莪，在彼中陵。既见君子，锡我百朋。

泛泛杨舟，载沉载浮。既见君子，我心则休。

——《诗经·小雅·菁菁者莪》

诗经最让人动心处，是男女之情，兄弟之爱。爱情让人动心处，是心动时的一眼万年。

《小雅·菁菁者莪》全篇四章，章章四句。开篇以"菁菁者莪"起兴，先描述青蒿满地的繁盛春景，再提女子见到情郎时的感情线索。"乐且有仪""我心则喜""锡我百朋""我心则休"四章末尾都有感情变化。

萝蒿青青，丛生在山坳上，见到那个人，我心愉快又知礼。

萝蒿青青，簇生在小洲里，见到那个人，我的心里美滋滋。

萝蒿青青，丛生在山坳上，见到那个人，赏我货币千百枚。

杨舟泛湖，随着水波逐流，见到那个人，我的心里乐悠悠。

在萝蒿青青的繁盛春景里，一位女子见到心仪之人，心底十分高兴。从"乐而仪"到"心喜""心休"全篇的几段字词变化，无不把女子见到情郎时的喜悦心情清晰的勾勒出来，这段故事也显得俏皮可爱，读起来格外清爽。

《菁菁者莪》描写的是女子见到心仪郎君的时候，是她动心时，也是她"心则休"时。

那么，"心则休"到底是何感觉呢？

《汉府乐集》曾记载过一则故事，说是宋少帝时，有位南徐士子从华山经过，见到一貌美女子后一见钟情，得了相思病后就死了，后来女子听闻，在士子下葬时自愿与其合葬，后世谓之《华山畿》，是江苏一带的民歌，现今有根据《华山畿》改变的歌剧、京剧。

关于《华山畿》的背景记载，有两说。一说是《古今乐录》，一说是《诚斋杂记·华山畿》，两者都描述在宋少帝期间，南徐士子得相思病后死亡，女子以身殉葬的故事。不过前者较为简短，后者在前者的基础上又加上了士子母亲的剧情线，在南徐士子回家病倒后，"母问其故，具以启母。母为至华山寻访，见女具说闻感之因。脱蔽膝令母密置其席下卧之，当已。少日果差。忽举席见蔽膝而抱持，遂吞食而死。"大致意思是，母亲知道士子生病的原因，就去华山找女子，女子把自己的围裙给母亲让她放到士子被子下，说士子的病会好的，结果士子病好，有天，士子无意看到床铺下的围裙，因为太痴迷女子了，竟吃掉围裙而噎死了，临死前还吩咐母亲自己的棺材一定要从华山过。

从现代看"吞食而死"的原因太过搞笑，可思及士子的心疾，倒也合理。那问题来了，这位南徐士子爱上姑娘到了痴迷的地步，原因是什么呢？

遍观《古今乐录》《诚斋杂记·华山畿》，两者篇幅不同，却对南徐士子爱上姑娘的原因，只用四个字描述。"悦之无因"就是没有任何理由就心悦了，就喜欢上了。

悦之无因，其实有因，也其实无因。因或许是容貌品行，无因是初见时那种无法言说的心动，所以有因，所以也无因，现代人说爱上一个人没有理由，不就是如此吗？

心动，或许是一句话，一个动作，甚至是一个眼神，可这已足矣。

唐朝时，有位叫崔护的青年，样貌英俊才华横溢，上京赶考失败后，在长安郊外遇到一美丽少女，这位少女多美呢，崔护觉得人面可比桃花，可见少女的美丽待到来年再来时，再没见过这位少女，因此崔护写下一篇

《题都城南庄》。

去年今日此门中，人面桃花相映红。

人面不知何处去，桃花依旧笑春风。

去年的这个时候，我遇到一位姑娘，她的美可比灼灼桃花。今日重游此地，佳人不再，只有桃花依旧，怒放于春风之中。

从诗句来看，崔护未与这位姑娘说话，仅仅是惊鸿一瞥，就让他想念了一年，待故地重游时，仍是想到那位人面桃花的姑娘，满心怅然。

无论是南徐士子，抑或是崔护，他们见到各自佳人时，"心"无不"休"。南徐士子得心疾，吞围裙而死。崔护故地重游，思念故人。虽说结局不是大圆满，从诗词中，我们能感觉到那种初见时"悦之无因"的动心感觉。

心则喜，心则休！

7. 关于离别：采采卷耳，不盈顷筐

采采卷耳，不盈顷筐。嗟我怀人，寘彼周行。

陟彼崔嵬，我马虺隤。我姑酌彼金罍，维以不永怀。

陟彼高冈，我马玄黄。我姑酌彼兕觥，维以不永伤。

陟彼砠矣，我马瘏矣。我仆痡矣，云何吁矣！

——《国风·周南·卷耳》

古典诗歌有一种题材尤为独特，它不写家国仇恨，也不写仕途坎坷。它专写少女怀春、闺阁少妇的儿女情长，此归类为闺怨诗。闺怨诗又分思妇诗、怨妇诗两大类。

思妇诗以家中妻子思念远行丈夫为主要内容，而怨妇诗则写女子对男子的负心怨恨之情，譬如《邶风·谷风》里面的女子在惨遭丈夫抛弃后，说道："昔育恐育鞠，及尔颠覆。既生既育，比予于毒。"以前贫苦时，我们同甘共苦，等到家境好转，你却把我抛弃。

虽同归于闺怨诗类，可思妇诗更多是表达女子对远行丈夫的思念。著名女词人李清照在与丈夫赵明诚远离后，曾写过一首闺怨诗，里面的诗句"花自飘零水自流，一种相思，两处闲愁。此情无计可消除，才下眉头，却上心头。"成为名句。

《卷耳》写一位妻子在路边采摘野菜，想起远征在外的丈夫，让她无心再采摘野菜，用了很长时间也没采摘一筐野菜，最后她索性就不采摘野菜了。这首《卷耳》是写思妇，说闺怨，当然也属思妇诗之列。

野菜采了又采，筐子仍是没满。我思念心上人，筐子被搁置一边。

登上那土石山，马儿疲惫又颓废。姑且斟满青铜壶，以此慰藉我的思念。

登上那土石山，马儿腿软又生病。姑且斟满牛角杯，以此慰藉我的愁思。

登上那险要地，马儿劳累走不动。仆役累倒躺一边，无奈忧愁从心来。

全篇四章，第一章写妻子无心采摘卷耳，索性把筐子放到一边。因为太过于思念丈夫，所以她在把筐子放到一边时，脑海里就想象了丈夫在外的情景。"陟彼崔嵬，我马虺隤""陟彼高冈，我马玄黄。""陟彼砠矣，我马瘏矣"妻子想象的场景都是艰难的，我们也不难想象，妻子想象时，心底该有多么担忧。

《卷耳》唱离别，说离别。说到离别，不能不说越剧曲目的《十八相送》。

《十八相送》节选自越剧《梁山伯与祝英台》，故事背景是东晋时期，浙江上虞县祝家女英台，自幼饱读诗书，长大后女扮男装去会稽求学。途中结识书生梁山伯，两人"草桥结拜"，又在书院同窗三年，英台深爱着梁山伯，可梁山伯却不知晓英台为女儿身，直到学业完成，祝英台与梁山伯将要分开。《十八相送》说的就是祝英台与梁山伯离别时的故事，"十八"一说是祝家庄与梁山伯住处的距离。

十八相送中，英台以"牡丹""鸳鸯"等来暗示自己的女儿身份，可梁山伯始终不解其意，祝英台道："英台若是女红妆，梁兄你愿不愿配鸳鸯？"梁山伯答："配鸳鸯，配鸳鸯，可惜你英台不是女红妆。"祝英台再道："你看这井底两个影，一男一女笑盈盈。"梁山伯却道："愚兄分明是男子汉，你为何将我比女人？"祝英台又再次点明："观音大士媒来做，我与你梁兄来拜堂。"梁山伯："贤弟越说越荒唐，两个男子怎拜堂？"

梁山伯后知后觉，回答的话也是可爱，后来祝英台说自己家中有个九妹，并约七巧之期与梁山伯相见。祝英台回家之后，父母催促她与太守之子马文才的婚约，英台一推再推，而梁山伯又去考功名，两人相隔甚远，以致后来的爱情悲剧，可以说《十八相送》之前，是梁祝二人共同学习的无忧生活，《十八相送》之后，是梁祝悲剧的开端。

其实无论是思妇诗，抑或是梁祝的《十八相送》，还是其他的文学作品，关于离别的主题很多，离别的内容也很多，有相爱不能相守，有远离故乡等，人有生老病死，就注定会有离别，总有人因为各种原因，暂时或永远离别。

而无论是暂时抑或永久，离别终究会有，而我们能做到的，就是好好生活。

8. 谈情理：娶妻如何，匪媒不得

伐柯如何？匪斧不克。取妻如何？匪媒不得。

伐柯伐柯，其则不远。我觏之子，笾豆有践。

——《国风·豳风·伐柯》

怎么砍伐可做斧柄的木料？没有斧头可不行。

怎么娶到心仪的姑娘？没有媒人可不行。

砍斧柄木啊砍斧柄木，一定要遵守规则。

若想娶到那姑娘，迎亲礼仪不能废除。

毫无意外，这又是一首描写男女之情的诗歌。男子见到一位心仪的女子，便央求媒婆去提亲，开篇以"伐柯匪斧不克"比喻，来表达"娶妻匪媒不得"的主旨。"伐珂"有规则，若想"觏子"见到那位姑娘，或者说迎娶更为准确，则必须摆好笾豆等器皿，放满食品来设宴。从最后的诗句"我觏之子，笾豆有践。"来看，这位男子终于抱得美人归。

有趣的是，《伐柯》虽写男女之情，但它并未着眼于男子对女子的缠绵爱恋，也未言述相思之苦，更多的是说如何娶妻的方面，全篇的重点放到"媒"的身上，而为了表达"媒"在婚姻的重要性，它以伐柯与斧的关系来比喻媒在婚姻中至关重要的地位，点出"匪媒不得"。

媒文化在《诗经》中笔墨甚多，在《静女》篇里写男子与女子幽会，却只能于城隅见面，这正是《孟子·滕文公下》所描述的"钻穴隙相窥，逾墙相从"。《静女》篇也算是《诗经》比较隐晦提及媒之事的篇章，而到了《氓》篇里，男主人公明面上是"抱布贸丝"而来，实则"来即我谋"

女主人公送男主人公渡河离开，并说明"匪我愆期"并不是我耽误成婚日期，而是"子无良媒"你没有媒人做媒。《伐柯》篇更是直接说出"取妻如何？匪媒不得"这般的话，可见在西周时期，媒人在婚姻的重要性。

媒，谋也。谋合二姓。媒人出现于西周时期，往后逐渐发展为私媒、官媒，但无论私媒抑或是官媒，都是古代撮合男女婚事的人。我们现在称呼媒人为"红娘"，但红娘代表媒人是元代以后，因元代王实甫的一出《西厢记》让人记住了崔莺莺与张生，也丰富了给崔张二人传书递简的侍女形象，因侍女名唤红娘，所以元代之后，民间把管天下姻缘的多事人称呼为"红娘"。

而"媒"一开始也不是现在我们所理解的媒婆意思，"媒"最初仅指男方媒人，男方在看中女方后会遣人去女方家行"采择之礼"，又称纳采，这里的"媒"是指男方向女方家提亲的人。而女方媒人称为"妁"，是替女方提亲的人。媒与妁共称为"媒妁"，"父母之命，媒妁之言"此出自《孟子·滕文公下》，原句为："不待父母之命，媒妁之言，钻穴隙相窥，逾墙相从，则父母国人皆贱之。"意为如果没有父母之命，媒妁之言，爬墙去约会的情侣，父母和国人都会看不起，在古代封建社会里，"父母之命，媒妁之言"已是婚姻必需条件。

《唐律·疏议》曾载："为婚之法，必在行媒。"

古代婚嫁有六礼，分别为纳采、问名、纳吉、纳征、请期、亲迎，而在这六礼中，媒人都会参与其中，只有这六礼走完流程，男女方可结为婚配，否则有婚无媒者，皆贱之。

当然，婚假六礼是古代所有，而古代娶亲讲究的就是"父母之命，媒妁之言"，为人父母都希望自己的女儿嫁给一位如意郎君，自己的儿子能娶到一位美娇娘，所以父母会通过自己的人生阅历给儿女配婚，我们不能否决它的合理性，但也得承认这条婚姻制度的弊端，许多爱情悲剧都由此产生。

《孔雀东南飞》里，刘兰芝因焦母的多番刁难，离开焦家，有人又给兰芝说亲，兰芝拗不得，答应下来后，焦仲卿听闻后伤心不已，两人拜别后，又导致后面一个"赴清池",一个"自挂东南枝"的悲剧收尾。《梁山伯与祝英台》里的梁山伯与祝英台也是不符合"父母之命,媒妁之言",梁山伯死后,祝英台以死殉情,才有了后面凄美的梁祝化蝶传说,《西厢记》里的张生与崔莺莺被困于普救寺,因张生的缓兵之计生还,却也差点因为这条婚姻制度酿成悲剧。

现如今,时代不同,婚姻观恋爱观自然不同,但依我看来,《伐柯》仍有教导意义。

它讲男女之情,孔子编订《礼记》开篇就说过:"男女饮食,人之大欲存焉。"可《伐柯》篇同时也讲理,"娶妻如何,匪媒不得""我觏之子,笾豆有践"不能因情而废礼。

更不能因礼而灭情,要能做到"发乎情,止乎礼。"

此所谓情理两存。

9. 谈保家卫国:岂曰无衣,与子同袍

岂曰无衣?与子同袍。王于兴师,修我戈矛。与子同仇。

岂曰无衣?与子同泽。王于兴师,修我矛戟。与子偕作。

岂曰无衣?与子同裳。王于兴师,修我甲兵。与子偕行。

——《诗经·秦风·无衣》

《无衣》是首爱国诗。它与前面的诗歌不同。前面诗歌主要描写男女之间的爱,而《无衣》描写的是兄弟之爱,而把兄弟之爱放到"王于兴师,修我戈矛"之中,这又是一首保家卫国的爱国诗歌,以兄弟情义的"岂曰无衣?与子同袍"来描写战争,以及战争带来的痛苦。

全诗三章。每章递进式的手法,来描写保家卫国之难,以及保家卫国

的决心。我们可以想象到，在那样的环境下，战乱不休，男儿为了保卫家园，毅然奔向战场，为国而战，为家而战，但战争的残酷又怎是能想到的，或许战事吃急，或许天灾人祸，士心不齐。于此期间，《无衣》的出现，几乎振奋士心。

谁说我们没有衣服穿？与你同穿斗篷。周天子起兵，修整我的戈和矛，与你共同杀敌。

谁说我们没有衣服穿？与你同穿汗衫。周天子起兵，修整我的矛和戟，与你共同进退。

谁说我们没有衣服穿？与你同穿站裙。周天子起兵，修整我的铠甲兵器，与你共同前进。

相传《无衣》是周幽王烽火戏诸侯之后，戎族入侵，周天子发兵所作。而透过《无衣》我们不难想象，在某场战争中，周天子麾下的士兵面临物资不足的艰难困苦，要不然也不会多次道出"岂曰无衣？与子同裳。"的话，将士知晓战况艰难，但因"王于兴师"周天子要起兵，为了国，为了君王，"修我戈矛"修整我的兵器，"与子同仇"与你同仇敌忾，共同杀敌。

全章六十字，却将男儿面对国难时，愤然拿起兵器为了国，为了王而战斗的心情描写出来，没有衣裳又如何？没有站裙又如何？没有汗衫又如何？只要有人，人心齐，就没有打不败的敌人，就没有无休止的战争，战争结束后，我们有国，有家，这样才会生活得更好。

周朝之后，也有很多爱国诗与边塞诗。最著名的一句话，是西汉时期将士陈汤击败北匈奴郅支单于，将其诛杀后，回复给汉元帝的话"明犯强汉者，虽远必诛。"

当时匈奴几被呼韩邪单于统一，除了北匈奴郅支单于。顺带说一声，呼韩邪单于是郅支单于的弟弟，原名稽侯狦，其父原本是匈奴单于虚闾权渠，但因颛渠阏氏与其弟发动宫变，在虚闾权渠单于死后，佣立握衍朐鞮为单于，稽侯狦并未继承单于之位，后来稽侯狦逃亡岳父家避难，最后将握衍朐鞮赶下台，成为单于。这位呼韩邪单于还有一件事比较出名，就是他与当时的汉朝并无敌对之意，反而有归顺之意，为了结匈奴汉朝之好，汉元帝送去一位和亲公主，即王嫱，王昭君。

但在匈汉未结亲时，当时匈奴有两王，一个呼韩邪单于，一个就是郅支单于，两个本是兄弟，但因性格不同，在对待汉朝的态度上不同，遂产生矛盾冲突。

当时，呼韩邪单于是大势所向，在汉朝眼里，郅支单于是个不小的危害，所以陈汤出兵，与郅支单于的战争中，陈汤斩杀郅支单于的首级，取得胜利。在上书汉元帝时，陈汤说道："郅支单于惨毒行于民，大恶逼于天，臣延寿、臣汤将义兵，行天诛，赖陛下神灵，阴阳并应，天气精明，陷阵克敌，斩郅支首及名王以下。宜悬头稾街蛮夷邸间，以示万里。"

大致意思是，郅支单于作恶多端，我行天道，已然把其斩首，建议把郅支单于首级悬挂于墙头让蛮夷不服之人看看，更是道："明犯强汉者，虽远必诛。"

敢侵犯汉朝领土者，就是再远，也一定会被诛杀干净。

从古至今，因保家卫国而牺牲的士兵多不胜数，惨状也绝非我们现在能体会到。唐许浑《塞下曲》有载："夜战桑乾北，秦兵半不归，朝来有乡信，犹自寄寒衣。"一场夜战，士兵多数没有活下来，在一位士兵牺牲的次日清晨，他的家乡给他寄来了抵御风寒的棉衣。

这棉衣可能包含慈母对儿子的爱，又或是妻子对丈夫的担忧，可无论包含什么，这位士兵永远也穿不到温暖的衣裳，也无法知晓是谁给他寄的。

这是战争的残酷，也在警示我们，和平不易，且行且珍惜，更要敬畏那些保家卫国的人。

10. 所谓生活：女曰鸡鸣，士曰昧旦

女曰鸡鸣，士曰昧旦。子兴视夜，明星有烂。将翱将翔，弋凫与雁。

弋言加之，与子宜之。宜言饮酒，与子偕老。琴瑟在御，莫不静好。

知子之来之，杂佩以赠之。知子之顺之，杂佩以问之。知子之好之，
杂佩以报之。

——《国风·郑风·女曰鸡鸣》

这首《女曰鸡鸣》也说男女之爱，可比起密会的《静女》"静女其姝，
俟我于城隅"的害羞，比起思而不得《蒹葭》的"所谓伊人，在水一方"，
抑或是热情的《木瓜》"投我以木瓜，报之以琼琚"的爱恋，这首《女曰鸡鸣》
虽写男女之爱，却着眼于爱恋后的生活，或许称之为婚后生活更准确些。

结婚是件幸事，又是件不幸事。幸运在于两情相悦的恋人能够修成正
果，而不幸的是两人结婚后，需要面对现实生活里的柴米油盐酱醋茶，有
人说生活很难，也很容易。难在两个人齐心生活，容易在两个人能够齐心
生活后的积极向上。这首《女曰鸡鸣》正好为我们展示了两人婚后如何在
生活中琴瑟和鸣的。

女人说公鸡打鸣，男人说天色未明。你快过来看看夜空，天上星光灿
烂。鸟儿在空中飞翔，整理弓箭去射雁。

射完鸭雁拿回家，做成美味的菜肴。美味再配上美酒，你我恩爱要百
年。你弹琴来我鼓瑟，夫妻相处和睦安好。

知道你对我真关心，送你杂佩表我心。知道你对我多温柔，送你杂佩
表我爱，知你对我情意深，送你杂佩表我情。

短短几句话，就为我们勾勒出一副琴瑟和谐的夫妻生活。天还未亮时，勤劳的妻子起来，然后对丈夫说"鸡鸣。"丈夫却道："昧旦。"这两句话更是说明夫妻间的互动十分恩爱，丈夫为了证实自己的想法，推开窗道："子兴视夜，明星有烂"。你瞧天上还有星星。妻子又道："将翱将翔，弋凫与雁"，鸟儿都起来了，你还不去打猎吗？点醒丈夫的职责所在。丈夫听了，从后面的"弋言加之"可知，他听妻子的话，起来了。之后便是夫妻恩爱的场面。"宜言饮酒，与子偕老。琴瑟在御，莫不静好。"其中"琴瑟在御，莫不静好。"《左传》曾载："君子之近琴瑟。"琴瑟和鸣，常比喻和睦安好，后世表示为夫妻和睦相处，恩爱不移。或是朋友相处和谐。

古之琴瑟和鸣的例子，比之家国大事，这种很少，不过还是流传了几个情深似海的故事。一首《钗头凤》道尽多少辛酸事。著名诗人陆游与其结发妻子唐琬的故事，让人读来甚是心酸，两人都饱读诗书，兴趣爱好相同，又是青梅竹马，感情深厚，结为夫妻是理所当然。两人婚后也必是"琴瑟和谐"。但在古代，耽迷于情爱者，有违道。陆游的母亲见儿子沉迷儿女私情，而忘却家国大义，便让陆游休了唐琬，陆游不愿意，把唐琬安置在郊外，两人继续生活。后来陆母发现，陆游才休了唐琬，之后，唐琬再嫁赵士明，不知多年过去，两人相遇沈园，那赵士明也是知情达理之人，便让两人独处一会儿，陆游与唐琬沈园再遇，陆游作《钗头凤·红酥手》：

"红酥手，黄滕酒，满城春色宫墙柳。东风恶，欢情薄，一怀愁绪，几年离索，错，错，错。春如旧，人空瘦，泪痕红浥鲛绡透。桃花落，闲池阁，山盟虽在，锦书难托，莫，莫，莫。"

唐琬答《钗头凤·世情难》："世情薄，人情恶，雨送黄昏花易落。晓风干，泪痕残，欲笺心事，独语斜阑。难，难，难！人成各，今非昨，病魂常似秋千索。角声寒，夜阑珊，怕人寻问，咽泪装欢。瞒，瞒，瞒！"

一个才子，一个佳人，婚后更是琴瑟和鸣，但因生活中的许多，却各自分离。阻碍陆唐两人婚姻的因素，流传至今的是陆游母亲的因素，可书籍没记载的因素，必然会有，只是我们离得远，无法再去考证。

这再次论证一个道理，相爱容易，相守难。

珍惜生活，珍惜所爱之人。

11. 何谓承诺：死生契阔，与子成说

击鼓其镗，踊跃用兵。土国城漕，我独南行。

从孙子仲，平陈与宋。不我以归，忧心有忡。

爰居爰处？爰丧其马？于以求之？于林之下。

死生契阔，与子成说。执子之手，与子偕老。

于嗟阔兮，不我活兮。于嗟洵兮，不我信兮。

——《诗经·邶风·击鼓》

提到《诗经·邶风·击鼓》，乍听来或是陌生，但提起"执子之手，与子偕老"总会让人醒悟过来，原来是那首诗啊。哪首诗？就是那首要和你一起白头偕老的诗啊。

"死生契阔，与子成说，执子之手，与子偕老。"出自《诗经·邶风·击鼓》，这句流传至今的爱情箴言，可以算是中国人最典型的爱情观，它意思是，无论生死别离，我向你许下承诺，将来我会握着你的手，和你一起慢慢老去，是所谓"白首不相离"。

前方战鼓擂的发响，士兵都在忙着操练。有的被派去修筑城墙，唯独我从军去往南方。

我跟随统领孙子仲，联合陈国与宋国。无法回到卫国的我，忧心忡忡。

何处何时可停歇？战马跑了去哪寻？一路寻它哪里找？眼看它已进森林。

生与死离离合合，我早已对你立下誓言。让我与你共携手，一起白头

到老去。

我们相距甚远，恐怕我难以活着回家乡。我们分别太久，恐怕我难以遵守诺言。

《击鼓》是首情诗，但它同时也是一首战争诗。

"死生契阔，与子成说。执子之手，与子偕老。"这句浪漫的诗，放到《击鼓》全篇来看，更多的是心疼。开头便说"击鼓其镗，踊跃用兵"前方战事吃紧，有的士兵在修筑城墙，而我独独南下跟随统领，因为南下远离故乡，诗人"忧心有忡"很是忧心忡忡，再之后，他问了两句。"爰居爰处？""爰丧其马？"何处才能停歇？何处去寻得跑失的战马？在此情境下，诗人想起了远在故乡的妻子，以及发誓要与她白首到老的话。如今分隔两地，诗人对于自己的未来无法确定，更不确定自己是否能践行当时的诺言。

中国人含蓄，所以写出的情诗，也是含蓄，可含蓄中却有一丝坚决。诗人在战乱之中，想与妻子"执子之手，与子偕老。"为表心意，他发誓，无论生死别离，都要白首到老。

生与死，契与阔，生死离合。即便沧海桑田，白云苍狗，我仍爱着你。这种即朴实又坚决的恋爱，《汉乐府集》中也记载过。

上邪！我欲与君相知，长命无绝衰。山无陵，江水为竭，冬雷震震，夏雨雪，天地合，乃敢与君绝！

苍天！我殷切渴望着与你结为知己的心意，永远不会削减。除非山失去了棱角，滔滔江水干枯了，寒冬打雷，夏天飘雪，天地相合，我才敢与你诀别！

这篇《上邪》无疑是惊艳时光的情诗巨作，它把女子的坚决情意写得那么朴实而惊天动地："我对你的情意不会改变，除非山不是山，江没了水，万物皆不是万物，天地相合了，我才敢抛弃对你的情意！"情之深，意之切，让人也对这位作诗的女子产生好奇，究竟是多么豪爽可爱的女子才能写出这封惊艳的情诗呢？

当然，也并非惊天动地的情意才是情意，有时，平凡的生活中也充满着温暖的爱。

吴越王钱镠不会读书不会写文章，他的原配戴氏是农女，嫁给他经历许多战乱后，成为一国之母，但因戴氏思乡情切，每年春天都要回家探望，吴越王要处理国事，所以无暇随去。

一年，戴氏又去故乡探望，吴越王某日看到柳绿花红，不觉想念戴氏，于是给戴氏写信，信的全部内容已查询不到，但信中却有九字印象深刻，甚至被文学家奉为艳称千古的句子。吴越王的浪漫全含于此九字。

"陌上花开，可缓缓归矣。"

路上的花开了，你可以慢慢回来。

后世大诗人苏轼曾就此典故写过三首《陌上花》，词有"荆王梦罢已春归，陌上花随暮雨飞。""妾行不似东风急，为报花须缓缓开。"运用典故辞藻华丽，可就是比不上那九字。

陌上花开，可缓缓归矣。

这是一个君王作为丈夫对妻子内敛的爱，也是吴越王全部的浪漫。

也唯有这九字，可与"死生契阔，与子成说"相比较。

12. 关于背叛：士也罔极，二三其德

《诗经》写兄弟之爱，家国离忧，当然最让人印象深刻的，还是男女之情。从缠绵相思的"蒹葭苍苍，在水一方"到婚嫁时的"桃之夭夭，灼灼其华"，再到悼念亡妻的"我思古人，实获我心"，诗经里的爱情，总让人有所触动。

凡事总有例外，诗经也不例外，诗经里有一篇，它写男欢女爱，写女子思念爱人，写嫁娶，写婚后，但最后却告诉我们一个道理"士之耽兮，犹可说也。女之耽兮，不可说也。"

它篇名为《氓》，出自《国风·卫风》，是一首描写痴情女子负心汉的诗歌。

氓之蚩蚩，抱布贸丝。匪来贸丝，来即我谋。送子涉淇，至于顿丘。匪我愆期，子无良媒。将子无怒，秋以为期。

乘彼垝垣，以望复关。不见复关，泣涕涟涟。既见复关，载笑载言。尔卜尔筮，体无咎言。以尔车来，以我贿迁。

桑之未落，其叶沃若。于嗟鸠兮，无食桑葚！于嗟女兮，无与士耽！士之耽兮，犹可说也。女之耽兮，不可说也。

桑之落矣，其黄而陨。自我徂尔，三岁食贫。淇水汤汤，渐车帷裳。女也不爽，士贰其行。士也罔极，二三其德。

三岁为妇，靡室劳矣；夙兴夜寐，靡有朝矣。言既遂矣，至于暴矣。兄弟不知，咥其笑矣。静言思之，躬自悼矣。

及尔偕老，老使我怨。淇则有岸，隰则有泮。总角之宴，言笑晏晏。信誓旦旦，不思其反。反是不思，亦已焉哉！

——《氓》

全篇六章，六十句话描述了一位女子从恋爱到结婚再到情变的故事。一开始，男主人公过来"抱布贸丝"，但女主人公知道，他不是来以物换物的，而是"来即我谋"是与我商议婚事的。所以女主人公忍住伤心送男主人公到淇水，还劝男子"无怒"别生气，更是说明"匪我愆期"的理由，是因为"子无良媒"男子没有媒人，若女主人公嫁了会失礼仪，在这段里，我们可以明显感受到，女主人公在这段恋爱中，是处于被动地位的，甚至在"将子无怒"后面说了，"秋以为期"秋天来了，就过来娶我。

男子走了，女主人公更是"乘彼垝垣，以望复关"，登上倒塌的土墙，望着远处的地方，期待着男子回来，没见到男子时，女主人公更是"泣涕涟涟""既见复关，载笑载言。"这两句对比，更是把女主人公期待男子到来的心情写的通透，而这时候男子来了，女子让男子去"尔卜尔筮"，古代嫁娶都需要占卜的，"以尔车来，以我贿迁"女子意思是没有什么问题，就可以来娶我了，女主人公还带有嫁妆。

就目前来看，这就是首婚恋诗歌，后面的反转却将此诗提升了意境。

"桑之未落，其叶沃若。于嗟鸠兮，无食桑葚！于嗟女兮，无与士耽！士之耽兮，犹可说也。女之耽兮，不可说也。

桑之落矣，其黄而陨。自我徂尔，三岁食贫。淇水汤汤，渐车帷裳。女也不爽，士贰其行。士也罔极，二三其德。"

桑叶未落时，叶子绿油油的，桑叶落时，干枯昏黄。这两句是桑叶落与不落时的对比，更是女主人公的处境对比，一开始女主人公刚刚婚嫁时，不就是"桑之未落"吗？等时间过去，"自我徂尔，三岁食贫。"女主嫁过去后，受尽煎熬。不就是"桑之落矣"吗？而此时女主人公也不再是"其叶沃若"她变得"其黄而陨"整日忙于家务之间，变得人老珠黄。

此时的女主人公，没有恋爱时的"不见复关，泣涕涟涟。既见复关，载笑载言"这等因恋人到来的心情波折，有的只是怨恨。"女也不爽，士贰其行。士也罔极，二三其德。"我事无巨细，然而男子还是生了二意，反复无常，甚至变心。最后女主人公更是劝诫那些憧憬婚恋的姑娘。"士之耽兮，犹可说也。女之耽兮，不可说也。"男子沉溺情爱，以后可以说忘就忘。但女子沉溺情爱，却不能说丢就丢，对这段感情视而不见。

接着女主人公又回忆自己的婚姻生活。"三岁为妇，靡室劳矣；夙兴夜寐，靡有朝矣。言既遂矣，至于暴矣。兄弟不知，咥其笑矣。静言思之，躬自悼矣。"从这段可以看出，女主人公是个勤劳而守妇道的女子，她不辞劳累，不嫌辛苦，"夙兴夜寐，靡有朝矣。"可结果呢，当"言既遂矣"家业已成，男子却"至于暴矣"对女主人公施暴，女主人公的兄弟不知道这件事，女主人公只能"静言思之，躬自悼矣"。

后悔吗？

女主人公想起当日誓言，回忆有时的"总角之宴，言笑晏晏"，想起当时婚嫁时，男子信誓旦旦的模样，坐上了回家的马车，正如来时她从淇水而过，时隔多年，她亦坐上马车从淇水离开。故事的结局，《氓》没有记录，可我们足以想到，在那个时代，一个女子私自回娘家将会有何下场。

汉乐府诗歌《孔雀东南飞》里的刘兰芝因婆婆不喜，无奈之下返回娘家。"入门上家堂，进退无颜仪。阿母大拊掌，不图子自归。"刘兰芝自觉羞愧，其母更是惊愕她没被娘家接就自行回家，后来兰芝为了遵守与焦仲卿的誓约，不答应县令之子的婚约，她的"同胞兄"得知后，很是"怅然心中烦"并质问刘兰芝："作计何不量！先嫁得府吏，后嫁得郎君，否泰如天地，足以荣汝身。不嫁义郎体，其往欲何云？"

胞兄的质问让兰芝作出决定，故事结局我们也知道了，兰芝"揽裙脱丝履，举身赴清池"，焦仲卿听闻此事遂"徘徊庭树下，自挂东南枝。"

《孔雀东南飞》里刘兰芝"不图子自归"，这又未尝不是《氓》篇女主人公未来的结局，可《氓》里的男子又不似焦仲卿，他"二三其德"怎会学焦仲卿"自挂东南枝呢？"

背叛仿佛与誓约相依相生，汉武帝与陈阿娇的故事，便是很好的例子。当初陈阿娇的母亲馆陶公主问汉武帝："阿娇好否？"汉武帝说："好，若得阿娇作妇，当作金屋贮之。"可故事的最后，也恰是这位扬言要金屋藏娇的男子，说："皇后失序，惑于巫祝，不可以承天命。其上玺绶，罢退居长门宫。"

汉武帝立陈阿娇为皇后，也是他把陈阿娇贬到长门宫。陈阿娇为重获恩宠，便请来司马相如作《白头吟》，就是"长门买赋"的由来，可终究，阿娇还是一人独死在长门里。

古人都说"死生契阔，与子成说"也说"愿得一心人，白头不相离。"

可最多的，却还是"士也罔极，二三其德。"

13. 关于婚礼：桃之夭夭，灼灼其华

桃之夭夭，灼灼其华。之子于归，宜其室家。

桃之夭夭，有蕡其实。之子于归，宜其家室。

桃之夭夭，其叶蓁蓁。之子于归，宜其家人。

——《周南·桃夭》

"桃之夭夭，灼灼其华。"未读其诗，先闻其句。即使是从未读过《诗经》的人，想必也听说过这两句诗。在此篇中，最让后人为之陶醉的，就是这灼灼的桃花。在《周南》众多温和质朴的篇章之中，明艳妖娆的《桃夭》横空出世，宛如素颜清淡的旗袍上，添上了一抹桃红。

"桃之夭夭，灼灼其华"，以明艳的桃花，比喻出嫁少女的美丽，委实生动。尤其"灼灼"二字，给人以眼前一亮之感。这虽然是一首祝贺年轻姑娘出嫁的诗歌，但通篇都未提及新娘的美貌与动人，却比任何描述都更深入人心。著有《诗经通论》的清代学者姚际恒说，此诗"开千古词赋咏美人之祖"，并非过誉。

《周礼》有云："仲春，令会男女。"春光明媚，正是女子出嫁的最好时节。处处洋溢着欢声笑语。侧耳倾听，是谁在唱着：

那枝头的桃花啊，明艳妖媚。这个姑娘啊，就要出嫁。嫁的这户人家啊，一定会幸福美满。

香甜可口的桃子啊，结满了枝头。这个姑娘啊，就要出嫁。嫁的这户人家啊，一定会融洽欢乐。

翠绿茂密的桃树啊，枝繁叶茂。这个姑娘啊，就要出嫁。嫁的这户人

家啊，一定会白头偕老。

自《诗经》始，至汉唐年间，桃花都是被人们广为称颂的植物。因此，《桃夭》才会以桃花来比喻女子的美丽，又用"有蕡其实"和"其叶蓁蓁"来赞扬她为夫家开枝散叶，传宗接代。可见，古时候对于女子美丽的要求，并不局限于外表，还涉及内在。而所有的这一切，最后都归结于"宜家"二字。在那个年代，对女子性情的最高赞誉大抵就是"宜家"。

女子带着美丽的光环出嫁，而她能否守住这光环，就要看她是否"宜家"。《诗经原始》一书中引用了朱善的说法"……宜者，和顺之意，和则不乖，顺则无逆，此非勉强所能也。必孝不衰于舅姑，敬不违于夫子，慈不遗于卑幼，义不悌于夫之兄弟，而后可以谓之宜也。"也就是说，出嫁的女子，应当不讲条件地顺从于长辈和夫家，不讲条件地照顾孩子，不讲条件地关爱他人。这样的女子，方能够得上"宜家"的标准。

实则，《桃夭》篇向我们传达了先秦人关于"美"的观念。"桃之夭夭，灼灼其华"，艳如桃花，很美。但是，这还不够，"之子于归，宜其家室"，还要有使家庭和睦的德行，才完满。在当时的社会里，这种关于美的观念很流行。在先秦人的观念里，"善"与"美"是无限接近的，甚至以"善"为"美"。这种观点最主要的特点是强调"善"与"美"的一致性，以"善"代替"美"。换而言之，"无害即是美"。诚如《桃夭》反映了一种美学思想，在当时人们的思想观念中，眼如桃花、照眼欲明，只不过是女子的"目观"之美，这还只是"尽美矣，未尽善也"，只有具备了"宜其室家"的品德，才能算得上美丽的少女，合格的新娘。

那么，先秦人关乎美的具体内容不仅是"艳如桃花"，还要"宜其家室"，我们应该如何看待这种美与善结合的观念呢？

在先秦人眼里，婚姻和家庭尤其重要，这不仅反映在《桃夭》篇里，可以说在整部《诗经》中都有反映。就一定程度上而言，《诗经》把婚姻和家庭放在头等地位上。《诗经》一共三百零五篇，《桃夭》是第六篇，不得不说它在《诗经》中有着突出地位。我们不妨把《桃夭》篇之前的五篇内容也摆出来，就可以清楚地看出，《诗经》中的婚姻和家庭问题占据着相当重要的地位。

第一篇《关雎》，写一个年轻男子爱上了一个美丽的姑娘，他日夜思慕，渴望与她结为夫妻。

第二篇《葛覃》，写女子归宁，回娘家探望父母前的心情，写她的"勤、俭、孝、敬"等诸多美德。

第三篇《卷耳》，写丈夫服役，妻子日思夜想。

第五篇《螽斯》，写祝福人们多生子女。

第六篇《桃夭》，贺人新婚，祝新娘子"宜其室家"。

以上就是《诗经》三百余篇的头几篇，写的无一不是恋爱，婚姻，夫妻离别时的思念，渴望多子多孙，回娘家省亲等，可以说涉及了婚姻生活的方方面面。这恰好也说明，先秦人对婚姻和家庭是何等重视。

"桃之夭夭，灼灼其华。之子于归，宜其室家"，古往今来，太多人为《桃夭》写过文章，然而，如小桃树那般年轻，如明媚春光下桃花般明艳的少女，却永远活在人们心中，不曾老去，不曾远走。

14. 谈婚恋：士与女，方秉蕳兮

溱与洧，方涣涣兮。士与女，方秉蕳兮。

女曰观乎？士曰既且。且往观乎！

洧之外，洵訏且乐。维士与女，伊其相谑，赠之以勺药。

溱与洧，浏其清矣。士与女，殷其盈兮。

女曰观乎？士曰既且。且往观乎！

洧之外，洵訏且乐。维士与女，伊其将谑，赠之以勺药。

——《国风·郑风·溱洧》

《郑风·溱洧》是收录在《诗经》国风章里一篇文章，它没有《桃夭》《蒹葭》等脍炙人口的名篇出名，《桃夭》以桃花为喻，写少女出嫁之态，单单桃花二字已成为后朝才子夸赞佳人容貌之词，"人面桃花""艳若桃李"等词便是以《桃夭》篇里的桃花意象衍生开来，可见《桃夭》篇影响之大，而《蒹葭》更是诗经名作，"所谓伊人，在水一方"这句话道出多少男子苦恋不得的心情，哪位怀春少女不知晓《蒹葭》篇呢？

　　而《郑风·溱洧》篇虽不如上述两篇名气大，但它也有特别之处。

　　《郑风·溱洧》的"溱""洧"是指郑地两岸水流，郑地的三月上巳日，坊间相称为"三月三"，郑玄注《周礼》有云："岁时被除，如今三月上巳如水上之类"。按照习俗大家都要在东流之水中洗去污垢，祈求幸福安宁，并举办"被除畔浴"的活动，而关于"被除畔浴"，《论语》有载："暮春者，春服既成，冠者五六人，童子六七人，浴乎沂，风乎舞雩，咏而归。"所写的便是郑地三月三的场景，而三月三本是祭祀先皇的日子，后来逐渐演变成青年男女踏春郊游之日，颇有古代大型相亲现场的即视感。

　　而《郑风·溱洧》描写的便是此场景。

溱与洧，方涣涣兮。士与女，方秉蕑兮。

女曰观乎？士曰既且。且往观乎！

洧之外，洵訏且乐。维士与女，伊其相谑，赠之以勺药。

溱与洧，浏其清矣。士与女，殷其盈兮。

女曰观乎？士曰既且。且往观乎！

洧之外，洵訏且乐。维士与女，伊其将谑，赠之以勺药。

翻译过来便是：

溱水洧水长又长，河水流淌向远方。男男女女城外游，手拿蕑草求吉祥。女说咱们去看看？男说我已去一趟。再去一趟又何妨！洧水对岸好地方，地方热闹又宽敞。男女结伴一起逛，相互戏谑喜洋洋，赠朵芍药毋相忘。

溱水洧水长又长，河水洋洋真清亮。男男女女城外游，游人如织闹嚷嚷。女说咱们去看看？男说我已去一趟。再去一趟又何妨！洧水对岸好地方，地方热闹又宽敞。男女结伴一起逛，相互戏谑喜洋洋，赠朵芍药表情长。

溱洧之水，少女与儿郎相遇，相识，有意便以蕑草示好，一起共游城外之景。待游玩结束，便相赠予芍药，芍药自古便被誉为"花仙"，称为"五月花神"有表达爱意的意思，是爱情之花，唐代诗人元稹就曾写过芍药："去时芍药才堪赠，看却残花已度春。只为情深偏怆别，等闲相见莫相亲。"虽然所赠对象是好友，可也间接表明芍药的意思。

下郑地的三月，河堤两岸春柳抽绿，攀植的小花不畏余寒在春风中绽放开来，少女少男们结伴而来，见到心仪之人便送蕑草示好，若双方有意，便朝城外东流的溱洧之水走一走，相互了解后仍有好感，就一人一把芍药，相互赠予。

多美好的三月，多美丽的年纪。

这是恋。

说到恋，便要说婚。

《诗经》谈到婚姻的很多，有《桃夭》篇的新婚，到《氓》篇的婚姻，都是比较出名的作品，无论《桃夭》还是《氓》的婚姻，描述的都是平常百姓的婚姻，但诗经里的《硕人》篇，描述的却是卫庄公与齐女庄姜的婚姻。

《硕人》篇分上下两部分，上部分描写齐女庄姜的身份之高贵，容貌之惊艳。

"硕人其颀，衣锦褧衣。齐侯之子，卫侯之妻，东宫之妹，邢侯之姨，谭公维私。手如柔荑，肤如凝脂，领如蝤蛴，齿如瓠犀，螓首蛾眉，巧笑倩兮，美目盼兮。"

好个修美的女子，麻纱罩衫锦绣裳。她是齐侯的爱女，她是卫侯的新娘，她是太子的胞妹，她是邢侯的小姨，谭公又是她姊丈。

手像春荑好柔嫩，肤如凝脂多白润，颈似蝤蛴真优美，齿若瓠子最齐整。额角丰满眉细长，嫣然一笑动人心，秋波一转摄人魂。

《硕人》篇下半部分则详细描述齐女出嫁的宏大场景。

"硕人敖敖，说于农郊。四牡有骄，朱幩镳镳，翟茀以朝。大夫夙退，无使君劳。河水洋洋，北流活活。施罛濊濊，鳣鲔发发，葭菼揭揭。庶姜孽孽，庶士有朅。"

好个高挑的女子，车歇郊野农田旁。看那四马多雄健，红绸系在马嚼上，华车徐驶往朝堂。诸位大夫早退朝，今朝莫太劳君王。

黄河之水白茫茫，北流入海浩荡荡。下水鱼网哗哗动，嬉水鱼儿刷刷响，两岸芦苇长又长。陪嫁姑娘身材高，随从男士貌堂堂！

因为身份高贵，所以出嫁势必会排场铺张些，而为了与齐女的婚姻，卫庄公的大臣们可是很自觉地早退朝，希望自家主子能与齐女庄姜好好相处。

故事里的卫庄公，是一国之君，手握大权。

齐女庄姜与卫庄公门当户对，应该是对神仙眷侣，但事实却令人跌破眼镜。

婚后不久，卫庄公对于这位貌美的庄姜便冷落下来，卫庄公的后宫并不差貌美后妃，但像庄姜那么貌美又有才华的夫人，很是难找，可为什么卫庄公偏偏不喜欢庄姜，反而在不久后娶了陈国的厉妫呢？

原因很简单，也很不简单。

庄姜太完美了。

她身份高贵，容貌出尘，同时还是位女诗人，曾写有《绿衣》《燕燕》（也有一说不是庄姜所作）等，又来自海产丰富经济富饶的齐国，那卫庄公呢？历史并未记载他的容貌，也没记载他的才华或治国之道，也就是说，可能当时庄姜比他优秀。

一个男人，娶了比自己优秀的女人，是怎样的感受？

想想，也该能知道卫庄公为何不喜欢庄姜，反而喜欢陈国的厉妫戴妫姐妹。

婚姻并非恋爱，它事关两个家庭甚至家族的利益，尤其是皇室人员，每一桩婚姻都是一笔买卖，庄姜下嫁卫庄公或许是寻找爱情，但卫庄公娶庄姜，则是政治需要。

所以，这桩婚姻，注定是失败的。

卫庄公给不了庄姜想要的，而庄姜又太能触发卫庄公内心的大男子主义，所以庄姜被冷落，虽有些意外但也在情理之中，后来，卫庄公死，庄姜也没表达出多少感情，反而在卫国内乱时，送走陈国的厉妫时，写了一首《燕燕》，当然也被收录在《诗经》之中。

恋不是婚，婚也并非是恋爱。

15. 谈生死：百岁之后，归于其室

葛生蒙楚，蔹蔓于野。予美亡此，谁与？独处！

葛生蒙棘，蔹蔓于域。予美亡此，谁与？独息！

角枕粲兮，锦衾烂兮。予美亡此，谁与？独旦！

夏之日，冬之夜。百岁之后，归於其居！

冬之夜，夏之日。百岁之后，归於其室！

——《国风·唐风·葛生》

如果说诗有颜色，之前我们提到的诗篇，无论是描写暗恋的《蒹葭》《关雎》，还是相约的《静女》《溱洧》，抑或是女子遭遇被抛弃的《氓》，它们的颜色有红有绿，五彩斑斓，而这首《葛生》却是黑白的色调。

对比之前的爱情婚恋诗，《葛生》篇基调沉重，亦是首次把生死拿到台面上说的一首诗，《葛生》篇以"我"的视角写悼亡之痛。悼亡者是"我"，悼亡对象是"予美"，我爱的人。

葛生覆盖住山牡荆，蔹草蔓延在坟地上。我所爱之人死于此地，谁和他在一起？只有他一个人相处。

葛生覆盖住酸枣枝，蔹草蔓延在坟茔上。我所爱之人死于此地，谁和他在一起？只有他一个人安息。

他枕的牛角枕那么光鲜，盖着的被子那么光灿。我所爱之人死于此地，谁和他在一起？只有他一个人等待到天亮。

夏昼很长，冬夜亦很长。等我百年身后，我会与你相会在此。

冬夜很长，夏昼亦很长。等我百年身后，我会与你相聚在此。

这是一首悼亡诗，这是一首妻子悼念亡夫的诗。

时间太远，我们没办法知晓这位丈夫是如何死去的。人有生老病死，就注定死亡是人类不可逃脱的命运。在死亡面前，爱情都变得无足轻重，所有都不重要。

丈夫死了，妻子过来悼念。她看到遍布的葛生覆盖住山牡荆，看到蔹草蔓延在坟地上，如此荒凉的景色让妻子想到丈夫长眠于此处的孤单，是"独处！""独息！""独旦！"她或许也在想，既然葛生能覆盖住山牡荆，蔹草蔓延在坟地，那数年之后，她丈夫的坟是否就看不到了？一想到此，妻子又想到亡夫牛角枕的光鲜，薄被的灿烂，与之鲜明对比的是"蔹蔓于域"，她或许又想到夏天白昼那么长，冬天夜晚也很长，时间很长。

人都说，最长情的告白是陪伴。可这位丧夫的妻子身边已无相伴之人，读遍全篇，从"予美亡此，谁与？独处！""予美亡此，谁与？独息！""予美亡此，谁与？独旦！"三句自问自答中，我们不难体会出这位夫人的丧夫之痛，要不然也不会说出"百岁之后，归於其室"这种话。或许有人疑惑，如果真的想死，为什么现在不死非要等到"百岁之后"？毕竟古代女子以身殉情者多着又多，譬如祝英台。

但或许我们都忘了，当丈夫死去，妻子会过得更艰难。古代都说，男人是天，那这天倒了，妻子该如何生活，万一她与亡夫生育孩子了呢？她以身殉情后，孩子怎么办？老人怎么办？生活怎么办？大概这位夫人想的很多，虽然有对亡夫的爱，但也很理智地选择生活。

《葛生》一篇是妻子悼亡夫的故事，也据说是传世最早的悼亡诗，给后世留下不少影响。

提到生死，提到悼亡与殉情，我想再提提《华山畿》，它也是一首关于爱人离世的诗歌。

相传在宋少帝时，南徐有一士子，从华山畿往云阳赶路，期间遇到一位美貌女子，没有理由地喜欢上了，所以感染相思病就死了，给他下葬的队伍从华山走过的时候，路过女子门前，拉车的牛始终不肯再走，女子出来歌唱着："华山畿，君既为侬死，独活为谁施？欢若见怜时，棺木为侬开。"你为我而死，我独活着又为谁呢？如果你真的喜欢我，请为我开启棺木吧。

《华山畿》相传是《梁祝》原型，所以最后结局是棺木开了，女子进到棺材里，两人合葬。自此，便有《华山畿》这首曲子流传于世。

同是悼念恋人，两位女子有各自的考虑，也都作出不同的抉择，这不分对与错。

而《葛生》提及的"归於其室"其实是中国古代的合葬文化。在中国传统观念里，合葬是分身份地位高低的，寻常百姓家不太重视，但如果地位稍高点，那与男主人合葬在一起的，必定是出身原配的正妻，而不是妾室。

这点同样在帝王家有所体现。

西晋文帝司马昭，与文明皇后王元姬合葬于崇阳陵。

唐朝唐太宗，与文德皇后长孙氏合葬于昭陵。

明朝第五帝朱瞻基，与孙皇后合葬于景陵。

……

《葛生》说生死，也说爱情，妻子想百年之后与亡夫合葬，《诗经·王风·大车》也记载："谷则异室，死则同穴。"如果活着不能在一起，那就死后合葬在一起。这句词不禁让人想到西厢记里，张生谈爱："不恋豪杰，不羡骄奢，自愿地生则同衾，死则同穴。"

"生则同衾，死则同穴"这两句话，后来也就表达相爱之人至死不渝的爱情。

第六章
《尚书》之政治法则
百姓昭明，协和万帮，
黎民与变时雍

　　"昔在帝尧，聪明文思，光宅天下。将逊于位，让于虞舜，作《尧典》。"

　　《尚书》是一部上古历史文献，开篇第一句说的就是尧舜禅让的事情。这个寓言隐喻着中国政治的最高理想，那就是"圣王政治"。

　　圣王政治是什么？简而言之，十六个字足以概括：能者居之，以德服之；天下为公，世界大同。

1. 谈"圣王政治"：将逊于位，让于虞舜

　　《尚书》是一部上古历史文献，开篇第一句说的就是尧舜禅让的事情：

　　相传，黄帝以后，分布于黄河流域的部落联盟出现了三位著名领袖，他们分别是尧、舜、禹。

　　尧，号陶唐氏，是帝喾的儿子、黄帝的五世孙，居住在西部平阳，也

就是今山西省临汾市一带。尧虽是部落联盟的首领，却和大家一样，住茅草屋，吃糙米饭，喝野菜汤，夏天披着粗麻衣，冬天只添一块鹿皮御寒，衣服也罢，鞋子也罢，不穿到破烂不堪绝不会换。老百姓尊敬他，拥护他，对他的爱如同爱父母、爱日月一般。

尧在位长达七十多年，逐渐老去。他的儿子丹朱生性粗野，经常寻衅滋事。有人推荐丹朱继位，尧不同意。后来，尧召开了部落联盟议事会议，商讨继承人的人选问题。人们纷纷推举虞舜，认为这是一位德才兼备、能干出众的人物。尧很高兴，将两个女儿娥皇、女英许配给舜，足足考察了他二十八年之久，才将帝位禅让给他。

舜，号有虞氏，传说是颛顼的七世孙，距黄帝九世，出生在诸冯（今山东省境内）。舜继位后，耕田、打猎、捕鱼、制陶，无不亲力亲为，深受百姓爱戴。他通过部落联盟会议，让八元管土地，八恺管教化，契管民事，伯益管山林川泽，伯夷管祭祀，皋陶作刑，完善了社会管理制度。他还效仿尧，召开会议，民主讨论继承人选的问题。人们推举禹来做继承人。到了晚年，舜的身体大不如前，却依旧坚持去南方各地巡视，最后病死在前往苍梧（今湖南省境内）的途中。舜死后，禹成为部落联盟的首领。

尧舜禅让的故事实则是一个伟大的寓言，隐喻着中国政治的最高理想，那就是"圣王政治"。何谓圣王政治？简而言之，其核心内涵用十六个字足以概括：能者居之，以德服之；天下为公，世界大同。

在许多属于"第一轴心时代"的典籍中，我们经常能窥探到古人一种政治上的诉求，那就是渴望拥有一位集美德与智慧于一身的王者。古希腊，人们期盼着"哲人王"降临人间。其中柏拉图在《理想国》一书中所描绘的哲人王的形象最负盛名："除非哲学家成为我们这些国家的国王，或者我目前称之为统治者或国王的那些人物，能严肃而认真地追求智慧，使政治权力与聪明才智合而为一。"哲人，象征着美德与智慧，如若哲人为王，对权力而言，这就是最好的制约。因此，要么哲人为王，要么国王学习哲学，成为哲人。古印度，人们则渴望着"轮转圣帝"诞生人世。东方世界，古人们希望处于"圣王"的统治之下，在东亚儒家文明圈里，这一政治诉求尤为突出。

古代中国，儒家最为推崇"圣王"的观念。正所谓"孟子道性善，言必称尧舜"。孟子认为，"尧舜既没，圣人之道衰"，那么，儒家所秉持的"圣王"究竟是何许人也。尽管尧舜是故人心中公认的圣贤，但在孔子看来，亦有瑕疵，尚且不能完全合乎圣王的标准。子曰："必也圣乎！尧舜其犹病诸！"《中庸》里则粗粗描绘了"天下至圣"的形象："聪明睿智"，即至圣者必当知识渊博；"宽裕温柔"，即胸怀雅量、刚毅坚强。仪态端庄；"足以声名洋溢于中国，施及蛮貊；舟车所至，人力所通，天之所覆，日月所照，霜露所坠，凡有血气者，莫不尊亲；故曰配天"。此等圣王，顺承天意，亦合乎自然法则。真正的圣王，从不依靠武力或征伐来"治国平天下"，而以修身正己为第一要务，达到"内圣"之境地，然后"明明德"于天下，即以品德感召天下，方能移风易俗。墨家对于"圣王"也有着自己的准则："凡言、凡动，合于三代圣王尧舜禹汤文武者为之；凡言、凡动，合于三代暴王桀纣幽厉者舍之。"作为国君，只有行为合乎三代圣王的行为模式，方能在政治上拥有合理性和正当性，反其道而行之，则会失去政治上的合法性。

尽管我国古代各家思想所提倡的"圣王"有所不同，但他们都赞同只有在圣王的统治下，才能实施理想的政制，达到"近者悦，远者来""天下归仁"的大同局面。这才是老者安之、少者怀之的盛世。然则，那个遥远的圣王时代常常让孔子回味；结绳记事之时也缕缕让老子魂牵梦萦。那个德行至上、一切为公的时代却早已远去，这也是为何孔子、老子这些贤者屡屡发出"人心不古"的感叹的原因吧。

2. 谈薪火相传：舜让于德，弗嗣

　　远古时期，人以德行服人。尧，舜就是其中典例，两人的德行是备受人民推崇。当时实行禅让制，禅让便是帝王把帝位让给他人，分为内禅与外禅。内禅是指禅让给同姓之人，外禅是指禅让给外姓之人。尧是伊祁，舜是姚姓，尧禅让给舜的行为，是外禅。在尧传位于舜之前，三皇时代的"公天下"都是以"父死子继、兄终弟及"的王位继承制。

　　作为帝王，要治理国家让百姓过上和乐日子。而禅让帝位是很重大的事情，自然是不能草率的。尧在禅让舜之前，必须要对舜进行观察，尤其是品德方面。而众所周知，舜是很孝顺的人。《二十四孝》开篇就写舜："虞舜，瞽瞍之子。性至孝。父顽，母嚚，弟象傲。舜耕于历山，有象为之耕，鸟为之耘。其孝感如此。帝尧闻之，事以九男，妻以二女，遂以天下让焉。"舜是瞽瞍的儿子，性情孝顺。父母兄弟都不喜欢他，他还能遵守孝道。甚至天都看不下去了，"舜耕历山，历山之人皆让畔；渔雷泽，雷泽上人皆让居。"舜在历山耕作时，有大象替他耕地，鸟儿为他除草，历山兴起礼让风气，去雷泽垂钓时，住在雷泽上的人，也都兴起礼让风气。这件事被唐尧听到后，就把自己的两个女儿娥皇、女英嫁给了舜，以此来考验他，舜能把握与娥皇、女英两人的关系，更是让娥皇、女英与家人和睦相处。

　　后来在百般锻炼后，舜能处理政事，还会用人之道，这更让唐尧喜欢。因为唐尧年老体衰，舜进而掌控朝政大权，在舜摄政二十八年后，唐尧去世，唐尧共在位七十年。在唐尧去世后，舜接管政务改革国家，慢慢地，舜老了。他深知必须要去寻找下一个国君，而这位国君，必定是他熟悉的，品德高尚的人，而这个人，舜心底有数。

他就是大禹。

大禹，源于姒姓，名文命。是夏朝开国君王，传说是黄帝的玄孙、颛顼的孙子。其父名鲧，被帝尧封于崇，为伯爵，其母为有莘氏之女脩己。大禹身世符合舜的期望，除此之外，舜更看重他的才干。在尧尚在位时，大禹就以治水之功获得赏识。

山海经有记："洪水滔天，鲧窃帝之息壤以堙洪水，不待帝命。帝令祝融杀鲧于羽郊。鲧复生禹，帝乃命禹卒布土以定九州岛。禹娶涂山氏女，不以私害公，自辛至甲四日，复往治水。禹治洪水，通轘辕山，化为熊。谓涂山氏曰：'欲饷，闻鼓声乃来。'禹跳石，误中鼓，涂山氏往，见禹方坐熊，惭而去。至嵩高山下，化为石，方生启。禹曰：'归我子！'石破北方而启生。"后世的"大禹治水，三过家门而不入。"由此而来。

在舜未登位之前，与大禹也算是旧识。当时鲧治水不利，尧生气要杀鲧，当时是舜举荐大禹，才使得大禹能治水。这点在《史记·夏本纪》也记载："於是舜举鲧子禹，而使续鲧之业。"之后大禹治水有功，舜便思忖半晌，就把帝位禅让给了大禹，当然也是外禅。

尧禅让给舜，舜又禅让给大禹，除了有尧的儿子丹朱、舜的儿子商均都不成器的因素外，尧舜大禹相互之间的禅让，更值得让我们探讨。帝位之重，像"私天下"那种皇室传承制度，绝不会把皇位交给外姓人，甚至交给不是皇帝血脉之人，那为何尧舜都将皇位以外禅的方式禅让给他人呢？一是儿子不争气，二是后者都争气，可最重要的难道不是这三人之间的共同点吗？尧是什么人？位列三皇五帝之一，十二岁就开始辅佐自己的长兄帝挚处理政事，十五岁就有自己的封地。舜呢？虽然出生贫穷，但心地善良孝顺。大禹呢？尊敬父亲且有治国才能。三人看似不同，其实在某种程度上，却很相同。

三个人的品德自不必说，都是备受崇拜的人。而从治国才能上说，尧舜不差，大禹也能应付得来，三个人之间的外禅禅让，从本质上来说，其实带有"薪火相传"的意味。三人之间共同的美好品德是彼此之间的联系，尧禅让给舜，是因为舜有孝心且有治国才能，能继承尧在位期间的民风，而同样，舜把帝位禅让给大禹，也是希冀自己从尧那里继承过来的东西让大禹继续发扬光大。

尧传给舜四个字"允执厥中"，意思是言行不偏不倚，行事中正；舜禅让给大禹时，同样传给大禹十六字心传："人心惟危，道心惟微，惟精惟一，允执厥中。"

3. 何谓诗歌教化：直而温，宽而栗

诗，咏其情也。它是诗人用于表达感情的文学体裁，也是一种境界。它的价值在于通过口口相传，来引导人们的积极态度，从而更好地生活。中华有五千年的历史，诗歌也有源远流长的历史，从三皇五帝的礼乐，到春秋战国时期的《诗经》，以及后来出现的唐诗宋词元曲，都是我国璀璨的文化遗产，它集中表现古代社会生活以及精神风貌，对我国民俗学家的考证很有帮助。因为在古代，人人受教育的机会不多，所以诗歌还兼顾教化功能。

春秋战国时期，是《诗经》的时代。诗来源于三皇五帝时代的劳动歌颂以及祭祀宗庙时的念词，诗歌是诗与歌的结合体，诗歌最初是由音乐，舞蹈来组成的。在汉朝时期，曾专门设立管理乐舞的教习机构，即汉乐府。它是专门用来收集流传民间的诗歌，并加以音乐舞蹈排练。《孔雀东南飞》与《木兰辞》即包含其中，并成为"乐府双璧"。而中国诗歌最兴盛的唐朝，那时的诗歌种类甚多，有王维、孟浩然代表的田园诗派，高适、岑参代表的边塞诗，王昌龄为代表的送别诗等，这些也都使诗歌兴盛。

孔子在《论语·阳货》曾就弟子不学诗的问题说道："小子何莫学夫诗？诗可以兴，可以观，可以群，可以怨，迩之事父，远之事君，多识于鸟兽草木之名。"孔子阐述了学习诗歌的好处，即：可以扩张想象力，可以提高观察力，可以使得怨恨正当的发泄。从近来说，可以学会如何孝顺父母；从远来说，可以学会如何侍奉君主，还能多认识到自然鸟兽草木的名字。这也就说明，诗歌有扩充人知识，还有引导"迩之事父，远之事君"的教化作用，而在春秋战国时代，《诗经》是依口口相传而得，所以那时的诗歌也就有传播的意义，即舆论。

诗往往引导舆论，这种现象往往被用于天灾人祸之中。古代崇尚"天人感应"学说，只要发生天灾，就会认为是天子过错，随之民间就会有歌谣来弹劾天子过错，往往这种诗歌都是起到引导舆论作用。诗的舆论能引导人民，所以也被统治者经常用到，尤其是朝代更替时，为了给自己一个名正言顺的登位理由，统治者往往会制造异象，散布民谣来为自己登位做打算。譬如武则天还未登上帝位时，武承嗣就伪造一个石头，然后派人把这个石头当众进献给武则天，石头上写的是"圣母临人，永昌帝业。"又是从洛水打捞上来的，"洛书"以此暗示武则天登位是"顺天意"。

但古代诗歌舆论也仅限于"还政于民心，民威天听，民心不可失，合听则圣，群臣进谏，门庭若市，言不可不察"这几个方面，有一定的局限性。

三皇五代时期，关于诗歌的教化功能，尧曾提过。在《尚书·尧典》曾记载："帝曰：'夔！命汝典乐，教胄子，直而温，宽而栗，刚而无虐，简而无傲。诗言志，歌永言，声依永，律和声。八音克谐，无相夺伦，神人以和。'夔曰：'於！予击石拊石，百兽率舞。'"

夔传说是一条腿的怪物，其皮骨做成的鼓，可响彻百里之外。尧就命夔做礼乐，教年轻人，使他们"直而温，宽而栗，刚而无虐，简而无傲"，正直温和，宽厚坚强，刚毅温柔，简约谦虚。这四点，是尧让夔用礼乐教化年轻人的要求。然后夔说："予击石拊石，百兽率舞。"它原意指率群兽跳舞，这里也就说明当时的诗歌，是与舞蹈结合在一切的产物啊。

而随着时代发展，诗歌慢慢变得简单起来，不再有舞蹈，不再有音乐。到了现在，诗歌仅仅是一种文学体裁了，它现在只是写在白纸上的黑字，没有人来唱，也没有人来跳。

中国的诗，无论是汉朝的"赋"，还是唐诗宋词元曲，它都代表着当时的文化素养，我们作为中国人，也应重视诗歌的力量。在现代社会遇到的各种问题，说不定能在诗歌里找到答案。诗歌蕴含的文化，是我们所不能及的，所以应更多地关注诗歌背后的意义。

4. 告诫从政者：慎厥身，修思永

皋陶，又称皋陶，皋繇。是上古时期人物，与大禹是同时期人物。因辅助大禹治水与管理朝政而被尊称为"上古四圣"之一，其余三圣则是尧舜禹。相传他是黄帝之子少昊的后裔，因在刑罚方面颇有建树，推行"五刑"与"五教"，又担任士师，被认为是中国司法鼻祖。"五刑"是根据"五行"金木水火土相克而产生的，是对人的惩罚。

历史记载："火能变金色，故墨以变其肉；金能克木，故荆以去其骨节；木能克土，故劓以去其鼻；土能塞水，故宫以断其淫；水能灭火，故大辟以绝其生命。"根据金木水火土相生相克的关系，提出"墨"是在额头刻字，"荆"是断足，"劓"是割鼻子，"宫"是宫刑，即毁掉生殖器。"大辟"即死刑。《周礼》记："一曰野刑，上功纠力；二曰军刑，上命纠守；三曰乡刑，上德纠孝；四曰官刑，上能纠职；五曰国刑；上愿纠暴。"这五刑在后世都各自发展成"笞""杖""徒""流""死"，甚至衍生出"诛族"的刑罚。

而五教则是"父义、母慈、兄友、弟恭、子孝。"父母对子女的温暖关爱，兄弟和睦，子女孝顺。《尚书·舜典》记载："敬敷五教在宽。"也是后来我国古代"三纲五常"的雏形。

作为"上古四圣"之一，皋陶又开司法之始。《尚书》在《虞书》曾记载他与大禹之间的对话，君臣之间论国议政，从推行"五教"好处，到要求从政者的"九德"，皋陶对为君主者更是提到"慎厥身，修思永"的观点。

《尚书·虞书》记载："曰若稽古。皋陶曰：'允迪厥德，谟明弼谐'。禹曰：'俞！如何？'皋陶曰：'都！慎厥身，修思永。惇叙九族，庶明励翼，迩可远，在兹。'禹拜昌言曰：'俞。'皋陶曰：'都！在知人，在安民。'禹曰：'吁！咸若时，惟帝其难之。知人则哲，能官人。安民则惠，黎民怀之。能哲而惠，何忧乎驩兜？何迁乎有苗？何畏乎巧言令色孔壬？'"

在考察先帝做事时，皋陶说"允迪厥德，谟明弼谐"，如果君主能诚实履行职责，以德治国，就会有远见，他所率领的臣子都会万众一心。大禹就说该如何去做呢？皋陶说："慎厥身，修思永"要谨慎地修养自身，思虑深渊。还有亲近那些贤德之人，所谓"近朱者赤，近墨者黑"。大禹当然认可，可也提出疑问："惟帝其难之"，先帝都难以做到。在此基础上，皋陶提出九德的概念。皋陶在回答如何做个"允迪厥德，谟明弼谐"的君主时，回答了"慎厥身，修思永"。即修养自身，也是修身之说。

修身，是儒家学说里一个重要的论题。由《虞书》可知，修身是从上古时期就提出的观点，"修身、齐家、治国、平天下"是老生常谈的话题，那么作为君主，他修身，其实就代表着治理国家，因为君主的家，就是天下之国家。皋陶认为，君主能让臣子万众齐心，其根本还是要在乎自己的德行，这就与儒家学说的"修身以治天下"的观念不谋而合。

儒家认为，一个人如果想齐家治国平天下，就必须先修身正心。这是对寻常士子提出的要求，而对于能把握国家命运的皇帝来说，"慎厥身，修，思永"这种要求必须要做到。天子与百姓不同，天子的所作所为都影响国运，寻常百姓可以犯错，可以愚昧，可天子不行。

天子掌握的是国家命脉，一个国家的兴衰也决定在天子手里。倘若天子放纵享乐，国运不运，百官不受约束，人祸天灾都会接踵而来。比如明武宗建豹房圈养美女，南下游玩时，因为落水而导致受惊，后又感风寒死于肺炎。他堂弟朱厚熜继位后，又继承他的习惯。不仅贪恋女色还沉迷炼丹，为了炼丹可以什么也不顾，二十多年都不上朝，专心修炼道法，但最后还是死于吃丹药带来的慢性中毒，历史称为嘉靖皇帝。在古代，天子是与天感应的人物，天子的行为也在一定程度上影响着国家命运。

"慎厥身，修思永"，可以解读为修身、慎独、永思。即：修身养性，君子慎独，不停止思考。只有做到这三点，天子掌管朝政时才能游刃有余，不会给国家带来灾难。

5. 谈从政品德：亦行都有九德

前面我们说了为君者要"慎厥身，修思永"，当君主的要修身、慎独、永思。这章主要说从政人员该具备的美德，即九德。"九德"之说出于皋陶，并在《尚书·虞书》记载下来，即"宽而栗，柔而立，愿而恭，乱而敬，扰而毅，直而温，简而廉，刚而塞，强而义。"这是皋陶在回答大禹问何为九德时，提出的观点。

宽而栗，是说做人要宽厚善良，做事谨慎；柔而立，则是指办事方式温和，但为臣立场要坚定；愿而恭，则是与人相处要抱有善心；乱而敬，能自持不乱，稳重办事，不偏不倚，中正公平；扰而毅，有坚韧的毅力；直而温，指待人要宽厚，也要遵守法律制度；简而廉，侧重于为官清白廉正，不贪污；刚而塞，要有一股正气，刚正不阿，又有节制；强而义，则是强调为官的能力要强，但是也要协调关系，不至于与人接触尽是矛盾。

谈完九德后，皋陶又道："彰厥有常吉哉！日宣三德，夙夜浚明有家。日严祗敬六德，亮采有邦。翕受敷施，九德咸事，俊乂在官。百僚师师，百工惟时，抚于五辰，庶绩其凝。"只要具备这九德，那些卿大夫就能保住自己的地位，能保住自己的地位，自然也就有时间去辅佐天子治国。而推行"九德"能提拔贤才，"俊乂在官"才德之人又能出来做官。百官相互学习，百官又有"九德"，所以"抚于五辰，庶绩其凝"治理国家就会顺利很多，会有政绩。

而具体谈到"九德"应该如何实施呢？皋陶提到要求，即"无教逸欲，有邦。兢兢业业，一日二日万几。无旷庶官，天工，人其代之。天叙有典，敕我五典五惇哉！天秩有礼，自我五礼有庸哉！同寅协恭和衷哉！天命有德，五服五章哉！天讨有罪，五刑五用哉！政事懋哉懋哉。"君主要兢兢业业，不能贪图享乐，也不能虚设百官。上天下达的命令，就必须去完成，既然上天规定"五教"，那我们就该推行；既然上天规定"天子、诸侯、卿大夫、士、庶民"这五种尊卑之分，那我们就该维护；既然上天规定"五刑"，我们也要遵守。

最后总结起来就是"天聪明，自我民聪明；天明畏，自我民明威。达于上下，敬哉有土！"上天依从于臣民，天意与民意相通。而在大禹听从后，皋陶说道："予未有知，思曰赞赞襄哉"我所做所言，都是为了辅佐君主，这其实也就说明皋陶的为臣之道，遵守等级制度。

这是皋陶给出的"九德"以及具体解释。而在《春秋》中也提出了九德的概念，即："心能制义曰度，德正应和曰莫，照临四方曰明，勤施无私曰类，教诲不倦曰长，赏庆刑威曰君，慈和徧服曰顺，择善而从之曰比，经纬天地曰文。九德不愆，作事无悔，故袭天禄，子孙赖之！"心中能够衡量礼仪为度量，品德端正做事不偏不倚叫莫，明察四方是非叫明察，善于分享没有私心叫分类，而教人不倦的是长者，赏赐刑罚有威严的是君主，仁慈温和服从的是顺从，选择好的而跟从叫作"比"，用天地作经纬叫作"文"。《春秋》以九德没有错误，来说做事没有后悔药。

从皋陶的"九德"来看，其更像一个任贤要求。古代社会，虽说是由君主来统治国家，但君主背后必然有一群贤才。譬如明朝时期的内阁，里面的士子都是为辅佐君主治国而存在的，因为治国不仅有君主之言，更有臣子的作用，所以在约束君主的行为后，臣子的行为也要进而约束，除了最基本的尊卑等级制度外，还要对臣子的品德做考核。

上古时期，是奴隶社会，官职都是世袭制度，所谓的考察品德，其实是对某个世家进行筛选。而到了封建社会，因为有科举制的存在，君主选择臣子的范围广泛，因此，其挑选臣子的要求也越来越多，尤其是品德方面，一个人的才能如何并不重要，古代更看重品德方面。

一个人的品德好，在治国以及政民方面，才能更加体会百姓的感受，才能制定出有利于民的政策，当然必要的才能还是有所要求，只是相对来说，品德在君主看来，比才能更为重要，我们所说的"九德"是要求，为臣者，若是能做到这点，那他已然具备官德。

这也是为何后世把"九德"当作衡量臣子标准的原因之一。

6. 何谓尊卑：天命有德，五服五章

中国等级制度起于奴隶社会，从远古时期到三皇五帝时，都有明确的尊卑之分。夏商时期的宗法制度，以父系血缘关系为纽带进行"父死子终，兄终弟及"的继承制度，尤为看重血缘关系的嫡出与庶出关系。嫡长子继承制度在三皇五帝以及夏商时期并不占主导地位，唐尧继位是从其长兄手里继承的，属于内禅；尧传位于舜，属于外禅。夏商时期虽以血缘关系实行分封制，但像推翻夏朝统治的商，推翻商朝统治的周，各都是夏商辖地的附属国。到了西周之后，以嫡长子继承制度才逐渐完善，到最后，才逐渐形成了与宗法制结合在一起的分封制。

"武王伐纣"发生于公元前十世纪，商朝纣王帝辛暴虐无道，囚禁周地姬昌，杀子伯邑考做肉汤，逼迫姬昌食之。周地百姓为救姬昌，献金钱美女才将姬昌换回来，回到周地的姬昌，改革农业治理周地，推倒商纣王统治之心从未断绝，只是姬昌死得早，没能看到商朝灭亡就撒手人寰死去，姬昌死后，他的儿子姬发即位。姬发上位后，重用姜尚，也就是姜太公，共商伐纣大计。于是在公元前1044年，姬发在牧野打败纣王，进而攻进商纣都城朝歌，铭文记载："武王征商，唯甲子朝，岁鼎，克昏夙有商。"

而在"武王伐纣"之后，武王听从箕子意见，在夏商宗法制的基础上实施分封制，即把全国分为若干诸侯国，武王把诸侯国分封给伐商功臣，将吕尚封于齐，公旦封于鲁，召公奭封于燕，叔鲜封于管，叔度封于蔡。

分封制确立周天子与诸侯国之间的关系，也确立最基础的尊卑等级之分。周天子是主，诸侯国是次。诸侯国可以拥兵，但必须听从周天子的命令，诸侯国定期向周天子纳贡。这确定了周天子独一无二的地位，即便后期周天子大权旁落，诸侯割据，但诸侯国君必须要得到周天子的认可才算名正言顺，否则就是违礼，名不正言不顺。而在诸侯国里，周天子又实施以血缘关系确定大宗、小宗的制度，诸侯国又分卿、大夫之别。分封制与宗法制颁布之后，一套比较系统的尊卑等级制度开始建立，后世的等级划分也都是在此基础上进行的。

有等级划分，必然有尊卑之说。尊卑是指人地位的高低、贵贱。《周易》道："天尊地卑，乾坤定矣。卑高以陈，贵贱位矣。"易经以天地述为尊卑，来说明尊卑是天定的。而在《史记·商君列传》也说到商鞅改革的内容。"明尊卑爵秩等级，各以差次名田宅，臣妾衣服以家次。"把尊卑等级划分出来，以所分等级赏赐田地宅子，女子衣裳穿着也以地位高低为准。这种尊卑秩序体现到人的生活之中，古时贵族统为右族，贫贱者居住地称"闾左"，贬官则称"左迁"，在中国尊卑制度里，左为卑，右为尊。

这种划分尊卑等级的制度，在西汉董仲舒那里又拓展为更严格的尊卑制度，为了维护皇权及其大一统，董仲舒在思想上提出"罢黜百家，独尊儒术"。在君主与臣子的关系中，更是提出"君君臣臣，父父子子"的尊卑秩序，而在社会中，又提出三纲五常，三纲是"君为臣纲，父为子纲，夫为妻纲"，即"君为主，臣为从；父为主，子为从；夫为主，妻为从。"五常就是"仁、义、礼、智、信。"

《尚书》也记："天命有德，五服五章哉。"孔子解释说："五服，天子、诸侯、卿、大夫、士之服也。"也就是以尊卑等级来划分人的衣着打扮。五服礼仪更象征着尊卑等级。宋朝时，诗人王禹偁曾讽刺胡人不知等级尊卑的礼数。"荷旃披毳，安知五服之仪！"

在如今这个社会，人不分尊卑贵贱，人人平等。

7. 谈团结：永敬大恤，无骨绝远

宗法制与分封制成熟于西周时期，在宗法制之下建立的嫡长子继承制度也不例外。西周之前的夏商时期，王位继承也以血缘亲疏为纽带，但并未像西周时嫡长子继承制度那么严格，它遵从另一种血缘关系继承制度，即"父死子终，兄终弟及"。父亲死了，由儿子继承。长兄死了，由弟弟继承。可问题也接踵而来。

古代实施一夫多妻制，一个男人可以娶多个女人，也就意味着这个男人可能有多个儿子。在商朝前期时，还比较推崇嫡长子继承制度，有了嫡庶分别，王位继承不会多生事端。可逐渐的，嫡长子继承制度在皇室并不再有优势，"父死子终，兄终弟及"成为继承制度，这就有了问题，如果父辈死了，那他的王位是由同辈叔父继承还是子辈、侄辈继承呢？如果叔父继承，那叔父死后，王位是由叔父的子孙继承还是子侄辈继承？抑或是叔父的同辈继承？

打个比方，比如商王室有三个继承人甲、乙、丙。甲先继承了，但是没多久，甲就死了。此时，甲的王位是由甲的儿子继承还是由乙继承？如果是乙继承了，那乙死了，王位该丙继承还是甲的儿子或是乙的儿子继承呢？继承问题纠缠不清，王室也就乱了套。

商朝时，也确实出现这种问题。商朝第九任君主太戊死后，太戊的儿子仲丁继位，仲丁死后，他的弟弟们争夺王位，外壬为了王位，与兄弟们协商，遵从"父死子终，兄终弟及"的规则，兄弟同意外壬的话。果不其然，在外壬死后，他的弟弟河亶甲即位，在之后，兄弟之间为了争夺王位，开始长达百年的"九世之乱"，直至盘庚迁都。

盘庚，为商王祖丁之子，上一任商王阳甲的弟弟，加上前面的九位君主，正好是商朝第二十位君主。他在位期间，所做之事都是为了安定社会。其中最出名的举措就是迁都，史称"盘庚迁殷"。

但其实，盘庚在位期间一共迁了两次都城，一是刚继位时，把商朝国都迁到黄河以北的奄（一说是南庚迁都至奄），在迁都到奄之前，商朝已然迁过四次都城。据《竹书纪年》记载，商王仲丁"自亳迁于嚣"从亳迁到嚣；河甲"自嚣迁于相"从嚣又搬到了相，祖乙"居庇"南庚"自庇迁于奄"。在经历这四次迁都后，社会并没安定下来，百姓"咨胥皆怨，不欲徙"。为了顺利迁都，他还发表演讲让贵族们同意，在顺利迁都到奄后，由于黄河大水，盘庚又听说殷地水土肥沃，便又想迁都到殷，这下贵族们不同意了。

不仅是贵族，百姓也不同意。但盘庚看出奄都处于黄河下游，有洪水隐患，再加上殷地确实是休养生息的地方，便又极力游说贵族。《尚书》先后记录其在迁都前到迁都后的话，上篇是盘庚告诫群臣的话："格汝众，予告汝训汝，猷黜乃心，无傲从康。古我先王，亦惟图任旧人共政。王播告之修，不匿厥指，王用丕钦。罔有逸言，民用丕变。今汝聒聒，起信险肤，予弗知乃所讼。"说白了就是教训群臣，说这群大臣贪图安逸不肯办事。

搞定群臣后，盘庚是这么劝百姓的："呜呼！今予告汝：不易！永敬大恤，无骨绝远！汝分猷念以相从，各设中于乃心。乃有不吉不迪，颠越不恭，暂遇奸宄，我乃劓殄灭之，无遗育，无俾易种于兹新邑。"首先他说出自己的计划，就是搬迁，而且这搬迁计划是"不易"，即不能改变的。并说道："永敬大恤，无骨绝远。"要提防隐患，不要互相疏远，要相互信任与依赖。在一番情理诉说之后，盘庚又拿刑罚来说："乃有不吉不迪，颠越不恭，暂遇奸宄，我乃劓殄灭之，无遗育，无俾易种于兹新邑。"大致意思是，如果不搬迁，我就动用刑罚把你们灭绝，子孙不留，也不允许他们去新都生活。

迁都工程之大，必然会动用劳力，如果不让百姓团结起来，即便新都多美好，多适合生活。这么大的迁都工程绝不可能轻易完成的，所以盘庚才强调要"汝分猷念以相从，各设中于乃心"，要相互信任倚靠，要团结起来。

迁都是个大工程，并非盘庚一个人喊喊就能完成的。而古至今往的许多大工程，哪个不是人民齐心协力的结果？所谓"众人拾柴火焰高"，一个人的力量有限，万众一心时，力量便难以估量。

8. 谈国之根本：式敷民德，永屑一心

讲团结，是用盘庚迁都作例，而这次谈国本，也是由盘庚迁都开始。

《尚书》里记录盘庚的有三篇文章，这三篇文章也都是说盘庚迁都的，第一篇是盘庚劝说群臣同意迁都；第二篇是盘庚以"敬明乃罚"的手段来劝说百姓同意迁都，而这第三篇，则是在盘庚迁都之后，盘庚对群臣说的话。

《尚书·盘庚》记："盘庚既迁，奠厥攸居，乃正厥位，绥爰有众。曰：'无戏怠'，懋建大命！今予其敷心腹肾肠，历告尔百姓于朕志。罔罪尔众，尔无共怒，协比谗言予一人。"说盘庚迁都后，选定王宫宗庙的位置，就把群臣集到一起，然后开始发表谈话。盘庚警戒诸臣"无戏怠"不要贪图享乐，也不能心怀不满从而诽谤我。总之，就是不要乱搞事情。

之后，盘庚以商汤为例，说道："古我先王，将多于前功，适于山。用降我凶，德嘉绩于朕邦。"以商汤搬迁说话，来言明自己所做一切都是因为"今我民用荡析离居，罔有定极。"百姓流离失所，没有地方住。"我"迁都是因为"恭承民命，用永地于新邑"是顺应民心，并且自己将会起带头作用，永远在新都生活。除了言此，盘庚还解释自己迁都是"非敢违卜，用宏兹贲"占卜出来的结果，我不能轻易改变。商朝人重视祭祀与占卜，后世也有"商

人灭国不绝祀"的说法。

盘庚阐述自己的理由后，便开始打感情牌，说话也委婉许多。"呜呼！邦伯师长百执事之人，尚皆隐哉！"大家都考虑下自己的责任，并说自己会时刻监督臣子，且表明心迹。"予其懋简相尔，念敬我众。朕不肩好货，敢恭生生。"盘庚表示自己不会用贪恋货物的人，只用那些体恤人民的人。并论功行赏"鞠人谋人之保居，叙钦"，多次告诫臣子不要贪财，要为民着想后，提出"式敷民德，永屑一心"的说法。

"式敷民德，永屑一心"是说要把美好品德给予人民，永远与臣民一心。

《盘庚》第三篇里，盘庚对群臣训的话，颇有点治国意味。他告诫群臣不要聚财，要体恤民情，清白从政，建立新家园。其中多次强调对人民的体恤，能看出盘庚对人民的看重。

君与民的关系，一直是讨论最多的话题。早在春秋，荀子就提出"庶人安政，然后君子安位"的思想，并在《王制》说道："君者，舟也；庶人，水也；水则载舟，水则覆舟。"后来这句话就被魏征引用，便是用来劝谏唐太宗要行仁政的"水能载舟，亦能覆舟"。

"水能载舟，亦能覆舟"这个道理理解起来并不难。可一旦把君当作舟，民当作水，君民如同水与舟的关系，要推行起来实在太难。因为古代中国是封建社会，封建社会自有的尊卑等级之分，就让君民的关系有道天然的鸿沟。有鸿沟，并不代表两者关系处于水深火热之中，如何调和两个对立阶级之间的矛盾，那就是在"水能载舟，亦能覆舟"思想下实施的行政法令，在古代中国，"水能载舟亦能覆舟"只是一种用来调和阶级矛盾的手段，其实质还是为了维护贵族利益。

盘庚迁都，要群臣不要贪图享受，要懂得体恤人民，因为只有爱护人民，得到人心，这个王朝才会继续下去，这也是维护自身利益的一种手段。在此背景下，"爱民"就显得极为珍贵，尤其是在奴隶社会体制下，"式敷民德，永屑一心"有它的积极意义，为人民着想，改善人民的生活，这就使人民形成感恩心理。君主对百姓好，百姓就会觉得君主是他的衣食父母，君主所有的小恩赐，在百姓眼里都是巨大的荣幸。

笼络民心，得到民心，这无非是种手段。接受现代教育的我们，自然了解这种统治者行政的意图，但对于生活在古代社会的人民，却不会这么想。

但盘庚之"爱民"，比暴虐无道的夏桀、商纣之流相比，还是要好太多。

从《盘庚》三篇，我们也能体会到，盘庚出于黄河洪水的忧患，作出迁都的决定。其目的除了自身利益外，也有为民考虑的仁政因素。如果没有爱民之心，他大可直接用刑罚威逼民众迁都，毕竟是天子之命，谁敢不从？从盘庚选择先与民众协商好，并训诫群臣的做法来看，他确实是有爱民之心的。

9. 关于秩序：五行、五事、八政、五纪

秩，常也。秩序，常度也。秩序指人或事所在位置，有条理、有先后的行为准则。秩侧重于条理性，而序侧重于先后，秩序含有整齐规则之意，譬如"不以规矩，不成方圆"，因适用对象不同，秩序分为自然秩序与社会秩序。自然秩序被自然规律所支配，比如春夏秋冬四时变化，太阳与月亮的阴阳交替。而社会秩序则是由人建立起来的社会体系所支配，指在社会交往中的稳定关系模式。

原作于商朝的《洪范》，曾记载周武王姬发向箕子问政的故事，而箕子所答便是吸取商朝灭亡的经验之谈，箕子以"鲧"治水不得，惹怒尧生气，而不赐予洪范九畴为事例，阐述自然秩序之道，为政之道。当时黄河大水，鲧采取堵塞之法，帝生气遂不传授于治国九法，鲧失败后，鲧的儿子大禹去治水，他采取的是疏解之法，在治水后，帝就把治国九法传给大禹，这九法也就是后世总结为"洪范九畴"，也是夏朝治国之道。"洪范九畴"里

提出的观点，有关五行之法，四时之道，还有政治之说。其被后世奉为治理国家之法则。

在自然中，《洪范九畴》是这么写的："一曰水，二曰火，三曰木，四曰金，五曰土。水曰润下，火曰炎上，木曰曲直，金曰从革，土爰稼穑。润下作咸，炎上作苦，曲直作酸，从革作辛，稼穑作甘。"世界万物有五行之法，即金木水火土。水向下流，火往上燃烧，树木可曲可直，金属能改变形状，土地能滋养粮食。而水向下会有咸味，食物会产生甜味。这是自然界的秩序，是既定的事实。

关于社会秩序，《洪范九畴》分别从个人自身、君主问政、历法方面写。

一是从自身方面。"一曰貌，二曰言，三曰视，四曰听，五曰思。貌曰恭，言曰从，视曰明，听曰聪，思曰睿。"分别是相貌、说的、看到的、听到的以及思考的。此所谓"五事"。即要求我们要相貌端正，言语得当，观察明白，听觉灵敏，理性思考。如此便能"恭作肃，从作乂，明作晢，聪作谋，睿作圣。"

二是君主在问政方面。"一曰食，二曰货，三曰祀，四曰司空，五曰司徒，六曰司寇，七曰宾，八曰师。"其确立国家施政的八个方面，即"食、货、祀、司空、司徒、司寇、宾、师。"民食、货物、祭祀、居民、教育、刑事、行政、军事的方面。

三是历法方面。"一曰岁，二曰月，三曰日，四曰星辰，五曰历数。"一为年，二为月，三是日，四是星辰，五是历法。

此所谓"五行、五事、八政、五纪"。这都是自然或社会秩序，是既定的道理。

家有家规，国有国法。每个意识形态社会都有相对应的规则，而这个规则便是需要我们去遵守的，古代极为重视规矩，所以生活习俗都有约束作用，而谈起社会秩序，必然会有约束自我与社会的"三纲五常"道德伦理。

在古代社会，"三纲五常"是最基本的规矩。阅览春秋战国，有尊礼的名士，亦有罔顾道德伦理的人存在。比如文姜，她是齐僖公的女儿，是以才华出名，所以才会称作文姜。但历史记住她的并非才华，而是她与其兄齐襄公乱伦引发鲁国易君的事情。文姜在未出阁之前便与齐襄公私通，嫁给鲁桓公后仍与齐襄公保持关系，两人的关系让鲁桓公很是怀疑。鲁桓公来齐国时，齐襄公酒醉后就杀了鲁桓公，为防止鲁国发难，就把自己兄弟公子彭生杀了，以此谢罪。之后，鲁庄公继位，后来文姜再回到鲁国，仍然与齐襄公相会。

齐国也是个奇怪的国家，在齐僖公时期，皇室关系似乎糟乱成一团。文姜私通于兄，而文姜的姐姐宣姜则私通于舅，历史记载这两姐妹都是倾国倾城的美人，所以垂涎其美色者甚多，可就算是美人，是王室贵女，社会最起码的道德底线也是不能逾越的。

文姜与齐襄公这种扰乱社会秩序的行为，结局可想而知，文姜被困襟地，齐襄公最后被齐国大夫连称所杀。何谓秩序？它是既定事理，无论是社会与自然秩序，都应该敬畏，而不是踏越底线。

孟子谈自然秩序时说"不违农时，谷不可胜食也；数罟不入海池，鱼鳖不可胜食也；斧斤以时人山林，林木不可胜用也"来强调遵守自然秩序的作用。

自然秩序如此，更何况是社会秩序呢？

10. 谈法则：皇极，是建其有极

公元前221年，秦始皇一统六国，结束长达数百年之久的春秋战国时期，废除分封制而设立郡县制，并废除世袭制。在创立皇权制度与三公九卿制为代表的中央官制基础之上，统一法律、度量衡、货币和文字，加强中央皇权力量，建立中国历史上第一个大一统王朝，也是我国第一个封建王朝，从此，中国步入封建社会。由此，封建社会最典型的"中央集权""皇权至上"就此开始。

皇权，即代表皇帝至高无上的权力。皇帝，是古代封建社会的最高领导者，而皇帝这个名称是由秦始皇发明出来的，他认为自己"德兼三皇，功盖五帝"，所以取"皇"与"帝"二字，来彰显自己的品德与功劳，皇帝二字也是从秦朝后才被用上。秦之前的春秋五国，国君称为"王"，诸侯尊周天下为"天王"。商朝统治者称为"帝"，商前面的夏朝统治者称为"后"。

后，发号者，君后也。在上古时代指君主。而"帝者，生物之主，兴益之宗。"帝是万物之主。无论是"后""帝""王""皇帝"，它代表的都是社会的最高统治者。在中央集权制的背景下，皇权是至高无上的，它可以管理行政、司法、军事、文教方面的大小事。

中国皇权制度始于秦，虽然秦朝仅有三世，但它创立的制度很多被沿袭下来，其中就包括皇权制度与中央集权制。不过那时的皇权与中央集权制度还未完善成系统，汉朝刚成立时，由于楚汉之争造成的民生哀苦，汉高祖在位期间提倡休养生息，顺其自然。直到汉武帝时期，董仲舒提倡以儒家思想治理国家，并提出"天人合一"的学说思想，其著作《天人三策》《春秋繁露》才逐渐把皇权规范化，并自成一个维护皇权制度的系统。

《天人三策》是董仲舒糅合春秋战国的诸家思想，选取有利于皇权制度的认知，又吸取春秋阴阳家的学说，写成的儒家典籍。《春秋繁露》是董仲舒运用阴阳学说来解读《春秋》总结的思想，在《春秋繁露》里，董仲舒强调天子的地位。董仲舒认为天是"万物之祖"，是"百神之君也"。《周易》记："乾为天，坤为地"，万物离不开天；"为人者天也，人之为人本于天，天亦人之曾祖父也。"而天与人是相通的；在阐述天与人关系后，董仲舒提出天子感应说："唯天子受命于天，天下受命于天子。"

《礼记》载："君天下，曰天子。"君临天下的人才会被称为天子。董仲舒更是在《春秋繁露》中写道："尊者取尊号，卑者取卑号。故德侔天地者，皇天佑而子之，号称天子。"身份高贵的人会取高贵的名号，低贱的人会取低贱的名号。被皇天所庇佑的人，则称天子。

董仲舒说"天子受命于天"，并构建"天人感应，君权神授"学说。尤其是"君权神授"的思想，直接把皇权给神化了，让皇权神化的结果，就是教化人民，与皇权作对，与皇帝作对，就是与天作对，与神作对。古代人封建迷信，信奉鬼神之说，更敬畏着天地，所以人民对皇权只有敬之，远之，便没了异端思想，这也加强了当时的皇权制度。

在当时社会，皇帝就是天，因此，皇帝说的话，做的事，都是百姓要去遵循的准则。

《尚书·洪范》记载，周武王灭商后曾去访问箕子如何治国，箕子是这么回答的："初一曰五行，次二曰敬用五事，次三曰农用八政，次四曰协用五纪，次五曰建用皇极，次六曰乂用三德，次七曰明用稽疑，次八曰念用庶征，次九曰向用五福，威用六极。"在论述如何治国时，箕子提到了"建用皇权"，这四字可解释为"皇建其有极"，极，有中庸之意，大意是天子的训导可以作为百姓的行为准则，作为百姓准则，便要求皇帝做事不偏不倚。

不偏不倚，即当初尧禅让帝位于舜时，所传的四字"允执厥中"。

皇帝能做到这四字，做到行事不偏不倚，公正。那么百姓也会向皇帝学习这种行事风格，"皇建其有极"既是肯定天子的地位，同时又约束天子的行为。

11. 何谓刚柔：沈潜刚克，高明柔克

柔，弱也。刚，强也。在《诗经·烝民》曾提过柔与刚之间的概念。即："人亦有言，柔则茹之，刚则吐之。维仲山甫，柔亦不茹，刚亦不吐。不侮矜寡，不畏强御。"柔软之物是吃下的，刚硬之物往外吐，只有仲山甫他不吃软，偏偏吃刚硬之物，不欺负鳏寡孤独病疾者，碰到流氓恶霸就打

击。当然，这里所说的"柔软之物""刚硬之物"并不单单是字面上的意思，它还有延伸的柔与刚，强与弱的关系。

这首《诗经·烝民》相传是西周太师尹吉甫所作，烝民就是百姓的意思。尹吉甫曾辅佐周宣王复兴周朝，《诗经·烝民》里的仲山甫也是同时期人物，他是周太王古公亶父的后裔，在周宣王时期任职太宰之位。这首《诗经·烝民》就是尹吉甫赞美仲山甫不畏强暴，也不欺软怕硬的高尚品德。

《尚书·洪范》中说三德的时候，提道："三德：一曰正直，二曰刚克，三曰柔克。平康，正直；强弗友，刚克；燮友，柔克。"除了前面所说的平康正直，此处还提出柔与刚的概念关系。《尚书》记载三种品德：一是正直，二是过于刚强，三是过于柔弱。中正和平，就是正直；刚强而不可亲就是刚克；柔顺可亲就是柔克。对待"刚克"与"柔克"，也提出建议："沈潜刚克；高明柔克。"应当默默远离刚强而不可亲近的人，靠近那些和顺可亲的人。但我们都知道，《尚书》是一本维护皇权的书籍，所以后面它又说："惟辟作福，惟辟作威，惟辟玉食。臣无有作福、作威、玉食。臣之有作福、作威、玉食，其害于而家，凶于而国。人用侧颇僻，民用僭忒。"作为国家最高统治者的君主，只有他能作威作福，享用美食。而臣子呢，不许有作福作威之行为，也不能享用美食。如果臣子违反这个规矩，就会"害于而家，凶于而国。"祸害家国，百官有意见，百姓有疑惑。这里强调王权的至高无上。

关于刚柔关系，比较出名的一句话就是"百炼钢化为绕指柔"，其出自刘琨的诗作《重赠卢谌》其中的"何意百炼钢，化为绕指柔"就说自己堂堂男子汉却被打压到令人宰割的地步。而其中的"百炼钢""绕指柔"都是名剑，"百炼钢"以刚硬出名，而"绕指柔"则以柔出名，两者像是两个极端。古人所云的"以柔克刚"便由此而来，意思当然不是拿强去欺弱，而是有"以智取巧"的含义。

而从力量角度谈，刚代表力量大，柔代表力量小；从待人接物角度看，刚代表态度强硬，柔代表态度柔和。正好是一强一弱，按理说是刚胜柔的，可老子却在《道德经》以水为例子，讲述柔与刚、强与弱之间的关系。在《道德经》第八章中提道："上善若水。水善利万物而不争，处众人之所恶，故几于道。"水有利于万物，但是不争不抢，关于"水"的争抢，王安石曾说过："水之性至柔至弱，故曰不争。"水是柔弱的。而在《道德经》提水的柔弱时，老子却道"天下莫柔弱于水，而攻坚强者莫之能胜，以其无以易之。"天下最柔弱的是水，但是却没有什么东西可以打败它，改变它。这里不争不强的"水"能胜万物，也体现老子的"无欲则刚"的思想观点，即不争不抢，无所欲望，就会变得刚强。

在刚与柔、强与弱的关系上，老子又论述："弱之胜强，柔之胜刚，天下莫不知，莫能行。"弱胜过强，柔胜过刚，也就是所谓的"以柔克刚"。譬如"滴水穿石"中的水，它最为柔弱，石头最为刚硬，但柔弱的水通过努力还是可以穿透坚硬的岩石，这便是弱可以胜强、柔可以胜刚。

12. 谈自然时序：五者来备，各以其叙

中国古代以农业生产为主，百姓丰收则国库充盈，百姓不收则国库匮乏，所以古代多信奉农神，经常通过祭祀典礼来求丰收，有时君主也会举行秋祭，来向上天祈求粮食丰收。在先秦时期，人们根据以往经验编订出了可以指导农事的历法《二十四节气》。顾名思义，二十四节气指中国农历中表示节气变化的节令，它为人民提供农事指导，使得人民做好农事准备。

二十四节气从夏商开始，在秦朝迅速发展，经历数十年后，最终在汉朝正式被确立起来。二十四节气的概念亦在西汉《淮南子·天文训》初次出现，司马迁在《史记》里谈到阴阳家学说的概念时，曾提过阴阳、四时、八位、十二度、二十四节气等概念。在西周时期，虽然人民对二十四节气没有十分具体的文字描述，但对于季节、气候、节气之间还是有隐约的概

念的。

《尚书·洪范》记载:"庶徵:曰雨,曰暘,曰燠、曰寒、曰风。曰时,五者来备,各以其敍。"气候分为:雨天与晴天,热天与冷天,起风天。五种不同的天气,都是有各自的顺序。其中"雨,暘,燠,寒,风"被称为五时。因为《洪范》为箕子所撰,而孔子对箕子评价颇高:"微子去之,箕子为之奴,比干谏而死。孔子曰'殷有三仁焉'",所以对于《洪范》一书,孔子是奉若经典,其儒家思想认为五时即"雨以润物,暘以乾物,燠以长物,寒以成物,风以动物,五者各以其时,所以为众验。"下雨可以滋润万物,晴天可以晒物,温暖天气适合万物生长,寒冷天气适合养育万物,风可以改变万物。故而《尚书正义》道:"五者各以其时,所以为众验。"

五时与五行亦有关系。《五行传》言:"雨属木,暘属金,燠属火,寒属水,风属土。"郑云:"雨,木气也,春始施生,故木气为雨。暘,金气也,秋物成而坚,故金气为暘。燠,火气也。寒,水气也。风,土气也。凡气非风不行,犹金木水火非土不处,故土气为风。"将五时比作金木水火土五行因素,说明其都是有内在联系的。以五行变化推四季,便是"寒往则暑来,暑往则寒来,寒暑相推而岁成焉。"即寒暑往来,四季交替亘古不变的道理。

天有五时,人亦有八政。《尚书·洪范》:"八政:一曰食,二曰货,三曰祀,四曰司空,五曰司徒,六曰司寇,七曰宾,八曰师。"也就是所谓的八政,包括国家实施政法的八个方面。荀子曾在《天论》一篇提到,天与人之间的关系是"天行有常,不为尧存,不为桀亡。应之以治则吉,应之以乱则凶。"天地运行有一定规律,不会因为尧舜的仁政而存在,不会因为夏桀的暴政而消失。顺应自然就会吉祥,违背自然规律就会凶险。在论述天人关系后,荀子提出自然是有规律可循的:"受时与治世同,而殃祸与治世异,不可以怨天,其道然也。"灾祸不能怨天怨地,这一切都是人造成的。

在《天论》中,荀子还提到星辰阴阳的变化,春夏秋冬的四时有序,风雨沾施。"万物各得其和以生,各得其养以成。"万物因调和而生长,因滋养而成熟。正所谓:"天有其时,地有其财,人有其治。"正如人有治理的方法，地有地利，而天亦有天时。《孟子·公孙丑下》所说的"天时不如地利，地利不如人和"中的"天时"，便是指此。

因为古代的"天人感应"说，所以有时天时会象征着君主政绩。在古代人眼里，天祸表示君主失德，是祸国的开始。《天论》记："星坠木鸣，国人皆恐。"流星坠落，木林怪鸣，百姓都十分恐惧，不知道什么原因。而荀子则说："无何也，是天地之变，阴阳之化，物之罕至者也。"星坠木鸣没有什么，这不过是天地变动，阴阳变化，是很少见的现象而已。觉得奇怪可以，觉得畏惧就不可以了，因为："夫日月之有蚀，风雨之不时，怪星之党见，是无世而不常有之。"这都是自然现象，与政治无关。

13. 谈幸与不幸：五福与六极

《尚书》是我国儒家典籍之一，它是由上古历史文献与古代史事汇编而成，其中谈到人生有五福六极的看法，这里的"极"是指与福气相反的不幸。其中记道："五福：一曰寿，二曰富，三曰康宁，四曰攸好德，五曰考终命。六极：一曰凶、短、折。二曰疾，三曰忧，四曰贫，五曰恶，六曰弱。"五福包括长寿、富贵、健康安宁、修善美德、长寿而终。六不幸包括短命夭折、疾病、忧愁、贫穷、丑恶、懦弱。

关于人生之不幸，佛家也提出八苦之说："人有八苦，生苦，老苦，病苦，死苦，怨憎会苦，爱别离苦，求不得苦，五蕴炽盛苦。"佛家认为，人生有八苦，分别是生老病死，相互憎恨的人相见，爱却不得不分别，求不得，以及受到负面情绪的"五蕴炽盛"之苦。

关于幸与不幸这种辩论式的问题，古代先贤也探讨过此类问题，比如最出名的"塞翁失马，焉知非福"讲的就是在汉朝靠近胡人的地方，有个精通术数的老者，他家的马跑到胡人那边去了，大家都来安慰他。老者却说："你怎么就知道不是件好事呢？"果然，没过多久，这马自己又跑回来了，而且还带着胡人的高大骏马回来。这一下子，邻居都来恭贺他得此良马，老者就说了："你怎么知道这就是一件好事呢？"果然没多久，老者的儿子骑马摔断腿了，邻居又来安慰他，老者就又说："你怎么就知道不是件好事呢？"再过一年，胡人入侵，青壮年男丁都要去参战，战争残酷，能存活下来的人不多，但是因为老者的儿子摔断了腿，所以就不能去打仗，这样就保全了性命。

老者的"此何遽不能为祸乎？"你怎么知道这不是坏事？"此何遽不为福乎？"你怎么知道这不是好事？这两句就说明老人对祸福的概念认知。《老子》关于祸福关系也提过一种观念，与"塞翁失马焉知非福"的道理大致相同，即"祸兮福之所倚，福兮祸之所伏。孰知其极？"祸与福相互转换，祸倚靠着福气，而福又依存着祸，两者相互依存，相互矛盾，在一定条件下可以相互转换，这里的祸福之间关系有点辩证的意味。《周易》中"否极泰来"也有这个意思。否，泰是两个卦名。否是不顺利，泰是顺利，当不顺利到达极点，逆境就会转换为顺境。与此相呼应的有《淮南子》里"乐极生悲"的故事。

春秋战国时期，齐国君王齐威王喜欢饮酒，在楚讨伐齐国时，淳于髡凭口才请来赵国救兵解围，解围后，齐威王摆宴为淳于髡庆功，而淳于髡也趁机给他讲乐极生悲的道理，齐王不解，淳于髡便以饮酒为例子，说"酒极则乱，乐极则悲，万事尽然，言不可极。"喝酒到了极点就会酒醉而失礼，人如果快乐到极点，就要发生悲伤之事，世间万物，皆是如此。

关于祸福之间微妙的关系，有美国二十世纪福克斯电影公司出品的影片《倒霉爱神》。电影讲述都市女孩阿什莉是个自小就被身边的人公认为最幸运的人。幸运到什么程度呢？出门忘记带伞的话，天空会自动变成晴天。所有公司同事都喜欢她，对别人来说的倒霉事在她手里都能翻盘。直到有一天化装舞会，阿什莉偶遇了一个堪称世上最倒霉的年轻陌生男子。这个男子多倒霉呢？房子无缘无故漏水，钱包会无缘无故消失，是那种喝口水都能噎到的倒霉人。于是，转机出现了。一个不经意的轻吻将两人的好运与霉运完全替换。阿什莉的不幸接踵而来，房子漏水，丢钱包，升职的机会忽然消失。相应的，年轻男子的生活却大为顺利，自己带的乐队开始火起来，自己也成为出名的人。这部电影用比较夸张的手法，告诉我们，幸与不幸的区别，以及"否极泰来"的道理。

当然了，像电影那种的"幸运超能力"在现实中并不存在，可也如电影表达的主旨一样，人的一生不可能永远幸运或是永远不幸，幸福与否，是自己的感受，想要获得幸福，就必须时刻努力，如此，才能得到所谓的"幸运超能力"。

14. 关于人心：民情大可见

纣王无道，周地姬昌之子姬发率诸侯伐纣。当时，商朝十六万士兵，姬发率兵四万，战于牧野。《史记》载："甲子日，纣兵败。纣走，入登鹿台，衣其宝玉衣，赴火而死。"纣王兵败，登鹿台自焚而亡。商纣王死后，周武王姬发又砍下商纣王的头，并杀了妲己。"遂斩纣头，县之白旗。杀妲己。"并释放被纣王囚禁的叔父箕子等人。

箕子，他与微子、比干并称"三仁"。比干，我们都知道，是商纣时的忠臣，最后因劝谏冒犯商纣王被剖心而死。微子，是商纣王的王长兄，在商灭后，非但没有被杀，反而受封于商丘（今河南商丘）。箕子曾对微子说过："商其沦丧，我罔为臣仆。"如果商朝灭亡，我不会做新王的臣子。所以箕子并未做周朝臣子，在商灭亡后，选择归隐。箕子的行事，让周武王很是敬重，在建周初期，周武王就问过箕子如何顺应天命而治理国家，箕子给出建议，提议完善先祖留下来的宗法制与分封制，武王从之，才有当时的宗法与分封结合的制度。

从箕子与微子的处境，我们可以知道，当纣王兵败后，周武王并没有对商朝遗民大开杀戒，相反，他对商朝皇室还很优待。《史记》有载："周武王释箕子之囚，封比干之墓，表商容之闾。封纣子武庚禄父，以续殷祀，令修行盘庚之政。"释放箕子，给比干修葺墓碑，对贤臣商容很是尊重，并封纣王的儿子武庚为禄父，封在殷朝故地。从史书典籍可以了解到，周武王对商朝的态度很是温和，只杀了有罪的纣王与妲己，对于商朝子民并没有像项羽攻进咸阳后大举掠夺，也没有像李自成一样攻进紫禁城后杀掠。可以说，周武王是仁至义尽了。

可武庚毕竟是纣王之子，周武王安排自己的弟弟管叔、蔡叔、霍叔驻守在殷都附近的卫、鄘、邶三国，监督武庚以防其造反，史称"三监"。也许是讨伐商朝确是难事，在建立周朝的第二年，武王因疾病逝。

君主死了，那谁来继位呢？按照周武王建立的宗法制，该由周武王的儿子姬诵即位，可当时姬诵年幼，祖制又有"兄终弟及"的典例，本该由管叔继位的，但周武王的遗诏却写传位于姬诵，再加上为了防诸侯作乱，周公，也就是周武王的弟弟，曾两次辅佐周武王讨伐商朝，在周朝名声很响。在周武王死后不久，就代为摄政治理周朝。这就引起管叔、蔡叔的怀疑，毕竟周公扶持幼帝登位，自己摄政，可轻易取代成王的位置。再加上周武王没有传位于自己，管叔就起了背叛周朝的心思，于是联合蔡叔、霍叔准备造反。《尚书》记："管叔及其群弟乃流言于国曰：'公将不利于孺子。'"可造反也得有个名号吧？打什么名号好呢？正巧当时武庚亦纠结殷商遗民准备造反，于是两股势力，一拍两合，就联合在一起反动叛乱了。

周公一看这哪行？立马率兵东征，写《大诰》，顺利平定管叔、蔡叔、霍叔的叛乱，历史称那次叛乱为"三监之乱"。并以此为教训，封康叔于卫国，封微子为宋国国君，让他主持殷商的祭祀典礼。商朝被灭后，周武王基于商人有"灭国不绝祀"的说法，所以让武庚主持殷商之地，这也是"三监"能联合武庚的原因。以此为经验，周公自然不能再让此事发生，所以封"殷商三仁"之一的微子为宋国国君，让他继续祭祀典礼。

因为跟随周公平定叛乱有功，康叔被封到殷都朝歌，建立卫国，成为卫国的第一任国君。而周公在封康叔为卫国国君时，写了对康叔治国的要求。《尚书·康诰》记载："呜呼！小子封，恫瘝乃身，敬哉！天畏棐忱；民情大可见，小人难保。往尽乃心，无康好逸，乃其乂民。我闻曰：'怨不在大，亦不在小；惠不惠，懋不懋'"这里，周公是以长辈语气告诫封，也就是康叔。他要康叔重视民间疾苦。并提出："民情大可见，小人难保"，民情很容易看到，在卫国初建时，让康叔志于安民而非享乐。并说怨恨不论大小都是恨，只有爱大了，才会是爱，让康叔好好治理卫国。

周公是西周著名贤人，他写给康叔的《康诰》中，大多都是治理国家的道理，比如此章说的"民情大可见"。民情是可以看得到，只要统治阶级愿意去看。

15. 谈刑罚：敬明乃罚

西周曰礼，春秋说仁政。在不同朝代或时期，统治者为了维护自己的利益，总会利用各种手段，思想上的教化是一种，身体上的奴役也是一种。而不论是"以礼治国"还是"仁政治国"，这些温和手段里必然配合着暴力手段，即"刑罚"。

刑，对犯罪的人进行处罚。罚，以金钱手段赎罪。二字合在一起，便有今日的意思，指法律对违法者的处分，这种处分依照人触犯法律的程度为基准。罪行有大有小，相应的，刑罚也有大有小。而刑罚作为强制性管制的手段，在古代帝王统治里，必不可少。

最能反映刑罚的便是律，一国之律。在古代等级尊卑的严格制度下，君主诸侯的利益至上，违反利益即为违法，要受处罚。在夏商西周奴隶制社会，处罚也颇为艰难，要不然沦为奴隶伺候人，要不然就处以死刑，而到后世，为了能够处罚犯人达到杀鸡儆猴的作用，刑罚的种类越来越多，有死刑、监禁、奴役、流放等种类，而这些种类又可以细分。

古代刑罚，是有衡量标准的。一般涉及国家机密或皇室安危的，都会有抄家之罪。"瓜蔓抄""诛九族"就是其中代表；再有就是重大刑事案件，轻则流放监禁危及身家性命，重则抄家，抄家后的财产充公，男充兵，女沦为官妓；而针对男女之别，针对男人的刑罚有宫刑，针对女人也有妇刑。古代的刑罚，一般是由事发之地的掌官量刑，如果事情大了，则会逐级向上禀告，最高级的审案就是天子审案，寻常老百姓要想让天子审案，必须得去告御状。

因为古代有尊卑之分，所以刑罚也是依据尊卑与地位高低来判定的。如果身份高贵，则所犯之事受到的刑罚则会减少，甚至没有。有些皇亲国戚甚至可以免除刑罚。有的人权势过大，其手下人的地位也会增高，打人也不会受到刑罚。

而到后期，随着罪行种类越来越多，归结罪行以及刑罚标准的法律便应运而生，在古代法律界比较出名的书，有《秦律》《唐律疏议》《大明律》等。无论是法律，抑或是刑罚手段，从本质上来说，它都是统治者维护利益的工具，也是治理国家的基本。

在《尚书·康诰》里，周公写给康叔的话里，也有关于对刑罚的认知："呜呼！封，敬明乃罚。人有小罪，非眚，乃惟终自作不典；式尔，有厥罪小，乃不可不杀。乃有大罪，非终，乃惟眚灾：适尔，既道极厥辜，时乃不可杀。"周公告诫康叔，对人要"敬明乃罚"，先施仁后罚，通俗理解就是先说好话，说好话不听就用刑罚。之后，周公又提到"人有小罪"，人犯了能改的小错时，先让他改掉。再犯时，就处罚他；人犯了大错时，不改就是灾难，应当在错误还未萌芽时，就加大力度处罚。这里周公的思想可分为"量刑""严罚"两种。如果是小错误，不危害他人的，先让他改掉；如果是大错误，一旦犯了就会危及国家兴亡，这种错误就应该在刚犯时就处罚他，让他不敢再犯。

"敬明乃罚"不仅有刑罚的观点，也道出仁政与刑罚结合的好处，先仁后罚，就相当于先礼后兵。犯错误先以理说之，不听从的就采用刑罚，这也是统治者利用仁政与刑罚结合来治理的手段。而在周公未说此话之前，远在商朝，就有人亲身实践这个观点了，就是前面提到的盘庚迁都，迁都之前，已有五次迁都，所以百姓不乐意，盘庚说群臣倒是可以说个透彻，毕竟这些群臣都是靠商朝发家的，而对于百姓呢？君王与百姓之间，该如何说这件事？

　　"呜呼！今予告汝：不易！永敬大恤，无胥绝远！汝分猷念以相从，各设中于乃心。乃有不吉不迪，颠越不恭，暂遇奸宄，我乃劓殄灭之，无遗育，无俾易种于兹新邑。"

　　盘庚用的就是"敬明乃罚"的话术。对于迁都这个想法，盘庚很明确地表示自己的观点是不可改变的，就是要迁都。但话不能说得太满，这样会引起百姓反感。所以后面说了"汝分猷念以相从，各设中于乃心。"大家要团结起来迁都，这样才不会都受累，一起快乐地迁都多好。但是呢，为防有个别人捣乱，盘庚又说："乃有不吉不迪，颠越不恭，暂遇奸宄，我乃劓殄灭之，无遗育，无俾易种于兹新邑。"你们如果有违法的地方，不恭敬的地方，我就把你们杀了，让你们没有后代，也不能居住在新都城。这里的"不吉不迪，颠越不恭，暂遇奸宄"其实并不是真的说你怎样怎样，潜台词就是你不答应迁都，我就灭你子孙。这种先仁后刑的说法，果然奏效。

　　盘庚终于迁都成功，而由此看来，这种"敬明乃罚"的刑罚，无疑是封建统治的利器。

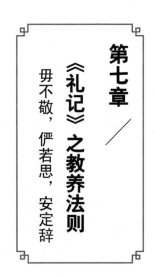

第七章

《礼记》之教养法则

毋不敬，俨若思，安定辞

　　《礼记》讲的是礼仪，也是教养。一个人的言谈举止、精神风貌体现了他是否有教养。《礼记》开篇的九个字"毋不敬，俨若思，安定辞"，为我们描述了一个有教养的人的状态与举止：待人谦恭有礼，态度稳重端庄，言语温和沉静。

　　教养显露于外，修养蕴含于内。修养显露出来，就是举手投足之间的教养；举手投足之间追求教养，熏陶的正是自己的修养。《礼记》开篇九个字，为教养树立了一个大方向，应该追求生活中每一个细节上的教养。

1. 谈教养：毋不敬，俨若思，安定辞

众所周知，《礼记》是儒家经典学说之一。当初春秋礼乐崩坏时，孔子就倡导遵循礼仪以修身，可见礼的重要性。正如《关雎》在《诗经》里开篇的重要性，《礼记》的开篇《曲礼》在全书也是十分重要，而《曲礼》的开篇便说："毋不敬，俨若思，安定辞，安民哉！"

一个有教养的人，要做到不能不"敬"。这种"敬"不仅是尊敬长辈，而是世间万物，对天子尊敬，对长辈尊敬，对自己敬重，敬重自己，并以此修养心性。除了"敬"，思考问题时要庄重严肃地周全考虑，无论小事抑或大事。除了"敬"与"思"，还有谈论事情时要稳重淡定，此所谓"安定辞"。"毋不敬""俨若思""安定辞"单从三者来看，都是容易办到的事，只要能淡定，对人敬重，认真思考不就行了吗？可把三者结合在一起，这三者又恰是君子标准，而且需要始终保持。开端容易，结束也容易，放弃更容易，但坚持下来却是很难，往往半途而废者，更多。

春秋有吴国夫差，为父报仇打算灭亡越国。哪知却半途而废，放走越王勾践，又沉迷于美色之中，以致越王勾践东山再起，最后被灭国；诸葛亮的第四次北伐因刘禅的圣旨无疾而终，诸葛亮死，蜀国亡。这都告诉我们坚持的重要性，而《曲礼》所说的"毋不敬，俨若思，安定辞。"坚持却有难度，但当一切都形成习惯，坚持下来便会容易很多。

教养不仅是知识水平的问题，还体现了个人的思想品德。"斯文败类"就是这么来的，我们现在大多说教养，多是指一个人的礼貌。故而忽视许多隐藏于礼貌中的许多因素，其实这是不对的，也是一种狭隘的看法。

"毋不敬，俨若思，安定辞"是君子的标准，也是体现我们的修养与教

养所在。教养与修养不同，修养是指一个人的知识文化水平或待人接物的处理态度。而教养则更多地表现在一个人的综合素质上，这种综合素质体现在家庭教育与学校教育之中，在我们日常生活中，经常听人家骂"你这个没教养的！""哪来的没教养的……"诸如此类的话，都是在说人的综合素质低劣。骂人从来都说"没教养"，哪里听见骂人说"没修养的"？这就是教养与修养的区别，这样说可能会把人代入教养等于礼貌的怪圈，其实教养不等于礼貌，或者说包含但不仅限于。

如果只有礼貌而无品德，那叫斯文败类，甚至人渣。如果既有礼貌，又有品德等，那才是真正有教养之人。

2. 关于贤者：狎而敬之，畏而爱之

在很多历史书籍中，夸赞一个君王，可以用如《诗经》中朴实的语言"瞻彼淇奥，绿竹猗猗。有匪君子，如切如磋，如琢如磨。"写王的容貌与品德，也可用辞藻华丽的司马相如《上林赋》中"……天子校猎。乘镂象，六玉虬，拖蜺旌，靡云旗，前皮轩，后道游。"写天子出狩时的华丽景象来赞美君王的功德。但于君王来说，夸赞的字词太多，不如一个"贤"字。贤是指有才德的人，这对于君王来说，无疑是最好的赞美。

不仅是君王，臣子想要"贤"成为"贤臣"，后宫嫔妃想要"贤"成为"贤妃"。"贤"字，可以说是对人最高的夸奖。就拿诸葛亮与司马懿两人来说，两人都属于三国人物。经历大致相同，比如诸葛亮辅佐刘备，司马懿辅佐曹丕，也就是后来的魏文帝。两人都是军师智囊角色，到后三国时代，也面临相似问题。刘备白帝城托孤，诸葛亮辅佐刘禅上位。刘禅愚钝且听信谗言，要不然诸葛亮第一次北伐中原就不会写下《出师表》，《出师表》文中也不会再三提到"亲贤臣，远小人"的概念。同样的，曹丕死后，明

帝托孤，曹叡继位，司马懿独揽朝政。同样是强臣弱君，司马懿和诸葛亮走的不是一样的路线，他架空魏皇室力量，逼迫楚王曹彪自尽，最后司马家族的地位犹如当初曹操在汉王室一般，司马炎推翻曹魏建立晋。同样是军师角色，同样的先帝托孤，同样的强臣弱君，两者的历史评价却不一样，几乎提到两者，都会认为诸葛亮是忠贤之臣，司马懿是奸佞之辈。

贤者，是有才德的人。不仅有才，还需要有品德。

而"贤者"的概念，早在奴隶社会就已然出现。我们所熟知的尧舜、周文王，以及《尚书大传》所提的"文王四友"，再往后数春秋战国时期，儒家的孔孟，道家的老子，墨家的墨子，以及后来我们在书本上学到的"先贤"，无不是贤者。

贤者到底是什么呢？

《礼记·曲礼》记载："狎而敬之，畏而爱之。"意思是，贤者知道亲近之人也要保持恭敬，对敬畏之人要心有善意。当然，这条标准只是其中之一。

在当今社会，虽然要完全做到"贤"难度不小，但至少也要去尝试，并懂得"狎而敬之，畏而爱之"这个道理。

3. 所谓善行：修身，践行

善，吉也。单从词语来看，"善"就是指心地淳厚，但将善放到宽泛的中华文化之中，"善"又有很多意义，善可以是善良、善行、善意等不同词语。中国也有许多言"善"的词句。孟子论述行善对自己好处的"与人为善于己为善"；教导人淡泊名利，颇具哲学思想的"上善若水，水善利万物而不争"，这些都是"善"在中华文化时常提到的概念。

"善"文化很重要，对人的教育很重要。所以，在一些小学教材之中，总会以一些寓言或成语故事告诉小孩子什么是善，什么是恶。虽然故事简单直白，但表达的故事主旨是很明确的善恶。比如河神的金银斧头故事，老实的樵夫掉了把斧头到河里，河神拿金斧头、银斧头考验樵夫，最后樵夫赢得金银斧头。有因善而得利，也有因善良丧命的故事，再比如为了救一条冻僵的蛇而反遭咬死的农夫。两者都怀有善心，结局不同。

《左传》记录两则故事，一个发生在晋国。说晋国魏武子将死时，要把小妾给自己陪葬，魏武子的儿子魏颗在魏武子死后放走小妾，小妾还嫁了人，在后来的秦桓公讨伐晋国时，魏颗与秦国大将杜回交手时，魏颗见到一个老人用草编的绳子套住杜回，晋国因此战胜。后来做梦时，老人才道："余，而所嫁妇人之父也。尔用先人之治命，余是以报。"原来这个老人就是之前那位小妾的亡父，特以此报恩的。后用"结草衔环"来表达报恩。

另一个故事发生在春秋时期的宋国。宋国大将华元在与郑国打仗前，宰杀牛羊给将士们吃，但却不给为他赶车的马夫吃，马夫因此记恨。《左传》载："及战，曰：'畴昔之羊，子为政，今日之事，我为政。'与人郑师，故败。"在对战时，马夫坑了华元一把，致使华元被擒。两则故事对比，魏颗出于善心，让小妾活，所以有"结草"报恩。华元对自己的马夫"不善"，因此在宋郑两国对阵的战场上，才会出现那么意外的事情。

重回话题。提到善，我们都知道是指为人端正。一个人有了善心，自然会做善事，那么怎么才算是"善行"呢？《礼》书给出答案："修身，践行。"注意，这里提到两个要求，修身与践行。说明善行不仅要"修身"更要"践行"，否则就是光说不做，就没有什么用处。

修身，是指修养身心。可这个词却是儒家学派最常提及的词语。"修身、齐家、治国、平天下""修身养性"等，就连《礼记·大学》开篇就说："大学之道，在明明德，在亲民，在止于至善。"这里强调大学的重要性，以及引导人向善的作用。儒家提修身，其实质是想让人通过修养身心来达到内心一种纯粹的境，俗语说"无欲则刚"，说人没了欲望才能达到"刚"的状态，而通过"修身"摒除内心杂质，来呈现出更好的状态。

至于"践行"，意思更为简单，一个字"做"，两个字"去做"，三个字"会去做"。"做"要求我们在修身养性后，把自己的善良落实到实际生活中，才是"善行"，否则只有"修身"而无"践行"，只能称为善，而非"善行"。

"穷则独善其身，达则兼济天下。"现在的我们，如果有能力可以尽可能地去帮助别人。如果能力不够，可以从小事做起，日行一善，积善成德。

4. 谈求学：礼闻来学，不闻往教

在古代，要想学习圣贤之道，只能在一定年纪后，进到私塾才能学到系统知识。家庭稍富裕点的会请私塾老师，一般的就去上私塾，家庭贫穷者更是没有机会去学习。贫寒子弟要想出人头地摆脱贫穷必须走科举道路，可天下寒门士子一大堆，每年朝廷所能录用的人才毕竟也是有限的，士子之间争斗激烈，所以对学习更是不能懈怠。

士子上京赶考期间，更是苦难连连，孤独困苦怎么办？在古代那个没有多少娱乐设施的年代，大家不约而同地提笔写诗，有的写自己思乡之感，有的写自己形单影只的可怜。当然也有人写求学之苦，当这些人写诗的时候，也有人因家穷而没有书读，甚至没有蜡烛来挑灯夜读，比如"凿壁偷光"的匡衡。

《西京杂记》记载："匡衡勤学而无烛，邻舍有烛而不逮，衡乃穿壁引其光，以书映光而读之。"匡衡这个人勤奋好学，但是因家里穷没有蜡烛去读书，而邻居家有蜡烛，所以匡衡就在自己与邻居家的墙壁凿个洞，借着微光读书。而不止凿壁偷光，《西京杂记》还记载一个趣事："邑人大姓文不识，家富多书，衡乃与其佣作而不求偿。主人怪，问衡，衡曰：'愿得主人书遍读之。'主人感叹，资给以书，遂成大学。"说匡衡住的城里，有个人不认识多少字，家里却有财富，藏书甚多。匡衡就去给人家帮佣，提到报酬时，匡衡说不要钱，只要读书。富人听了，就很感叹，然后就把书借给匡衡读。匡衡确实家里穷，可是很好学。

与"凿壁偷光"类似的还有个"囊萤映雪"的故事。"囊萤"是指东晋大臣车胤家里穷，没钱买蜡烛，只能夏天的时候捕捉萤火虫来照明读书。"映雪"是指东晋御史大夫孙康因为家里穷，冬天的时候就用白雪折返的光来读书。同样，两个人家里都穷，可都有一颗好学的心，可以说是求学若渴了。当然，两人最后都通过自己的努力，走上仕途之路。但也因两人最后都当了大官，"囊萤映雪"是否是事实也不得而知，毕竟"囊萤""映雪"这种极具魔幻现实主义的故事，对现在来说有点难以想象，但，至少得知两人是好学的。

刚刚讲的凿壁偷光也好，囊萤映雪也罢，都只是个成语故事。以下所讲，个人觉得，可以说是求学文章最为出名的一篇，即明代宋濂所写，相赠予同乡青年的《送东阳马生序》。宋濂，是明代人，在朱元璋年代做官，曾被誉为"开国四大文臣"。东阳，即宋濂故乡东阳县，现浙江金华市下辖地东阳市，马生，就是宋濂写此文赠送的那位同乡青年马君则。

《送东阳马生序》是宋濂写给马生的，自是要带劝导与教育之言。但撇开这些词，我们从此文章也能看出宋濂当时求学时的艰难。"余幼时即嗜学。家贫，无从致书以观，每假借于藏书之家，手自笔录，计日以还。"家里穷又喜欢读书，没书看就去借别人的书抄写，到了日子就要还回去。历史记载宋濂有多位老师，其中包括当初的大家闻人梦吉、吴莱、柳贯、黄溍等。还讲述拜师的经历。"尝趋百外，从乡之先达执经叩问。"经常徒步百里外，就是去学习。"余立侍左右，援疑质理，俯身倾耳以请；或遇其叱咄，色愈恭，礼愈至，不敢出一言以复；俟其欣悦，则又请焉。故余虽愚，卒获有所闻。"更是在提出疑问时，尊敬老师。

在此次求学中，更是"负箧曳屣，行深山巨谷中，穷冬烈风，大雪深数尺，足肤皲裂而不知。"求学之艰辛，让宋濂明白不容易，所以才写此文给马生，更是告诫马生，要更加努力学习，不要与富贵太学生多做比较。

关于求学，《礼记·曲礼》也说："礼闻来学，不闻往教。"大致意思为，以往人们都是自己主动学习礼的，可没有听说过，礼仪还得老师亲自去教。一是自己主动学礼，强调的是自身对礼仪的渴求。二是老师亲自去教，突出的是老师去教。这也侧面批判了那些"不闻往教"的学生，以及强调尊师重道的重要性。

现今社会，一些传统美德也被逐渐淡漠，尊师重道就是其中之一。再加上现在的学校教育，老师不能体罚学生，不敢言语激烈，生怕惹怒了学生，与古代相比，倒像是反了过来。

我们现在普及九年义务教育，但不能去否认社会上有类似"家贫""无从致书以观"的情况，在我们看不到的地方也有很多渴望知识而学不到知识的人。而当我们脱离学校，真正成为社会人时，每天都会为了生活而工作，为了工作不得不改变自己的初心。社会又是复杂的，不可能像学校一样，有着纯粹的学习环境，等踏入社会后，学习变得更加遥远。

所以，有学习机会，那就要珍惜，去学习，去不断提升自我，这样的人生，才会充实。

5. 何谓圣人：为礼以教人，使人以有礼

圣人与先贤二字常常一起出现，上面说先贤的例子，我们举了贤臣贤君的事例。而"圣人"一词，要比先贤来的更高层次。圣者，通也。左传的"人有通圣者，有不能者。"周礼提到的"智仁圣义忠和。"还有《礼记》提到的"是故圣人作，为礼以教人，使人以有礼，知自别于禽兽。"所说都是圣人，就连一些通俗的修真小说对圣人的定义都是"无不能者"的至真境界，我们可以理解为完美的存在。

孔孟在儒家学派里是完美的存在，正如老子在道派，墨子在墨家，韩

非子在法家人眼里一样。在后代眼里，他们提出各自派别的学说，自然是担负其派别的圣人之名。那问题来了，什么是圣人？前面《礼记》提道："是故圣人作，为礼以教人，使人以有礼，知自别于禽兽。"圣人制定法度，以礼教人，让人遵守礼仪，知道自己有别于禽兽牲畜，这就是圣人。

"一千个读者，就有一千个哈姆雷特。"同样的，如果尊孔子为圣人，那么法学门派可能说孔孟是伪君子之道，如果尊法学家为圣人，那同样会有其他派别的人抗议，在中华上下五年前历史中，说来说去，也唯有神农伏羲能让所有人信服。

"神农尝百草"的传说，我们小时候就知晓。只是大多人不知晓神农就是炎帝，就是我们经常听到的"三皇五帝"的三皇之一，关于他的诞生更是带有浓重的传奇色彩。《帝王世纪》记载他："母曰任姒，游华山之阳，有神龙首，感女登于常羊，生炎帝。"《宋书》记载："有神龙首感女登于常羊山，生炎帝神农。"

伏羲被称为人皇，与女娲结为夫妻。作为《史记》记载的三皇五帝之一的伏羲，其作出的贡献对后世有深远影响。伏羲改革婚姻习俗，由血缘婚改为氏族外的婚姻。伏羲还发明了乐器，把礼乐带到人间。而当领土扩大时，他便将自己的几个儿子分散到其他领土分区统治，这或许就是分封制的雏形。

同样的，女娲在远古神话中也是类似伏羲的存在，被称为创世女神。我们所知道的"女娲造人""女娲补天"都是以女娲为主人公的神话故事。

除了神话故事里的圣人，历史上也记录不少的圣人先贤。伟大的思想家孔子，被称为孔圣人；以写《茶经》闻名的茶圣陆羽；以《伤寒杂病论》出名的医圣张仲景；开创"兰叶描"的画圣吴道子，这些都被后世各自门派认作为圣人。

"是故圣人作，为礼以教人，使人以有礼，知自别于禽兽。"这句话的"礼"与"圣人"的意思，更倾向于造万物教导礼仪的伏羲女娲等人物，历史典籍记录他们做的事，都是开先河之事，也更接近"圣人"形象，这里的"圣人"形象，更接近于老师的形象，起到教化作用。

要做到圣人的境界，对现今的我们来说，很难。毕竟眼前有各种事情，各种需要解决的问题，不能做圣人的话，我们也可以学习如何成为一位君子啊。

6. 谈礼：有礼则安，无礼则危

礼，体也。我们可以理解为言语恰当，行事得体。它包括一个人的言谈举止，而一个人的礼貌也可从他日常的言谈举止中看出来。当然，"礼"这个贯穿中国上下五千年的名词，关于它的内容，我们所熟知的，就有君臣之礼、父子之礼、夫妻之礼等，还有风俗人情之礼、媒妁文化、嫁娶礼仪等，其包含的内容很是广泛。

中国人讲礼节，中国礼节也分很多种，有酒桌礼仪，聚会礼仪，甚至家庭吃饭礼仪。有的衍生出文化，这种文化因为区域的不同，甚至有各种表达方式，而这些都可以从日常生活中看出来。比如评价好坏参半的酒桌礼仪，我们敬酒，主动敬酒的人势必要把酒杯放低些表示尊重，酒桌礼仪的入座也是讲究，排位也是讲究主次，甚至敬酒的顺序都要遵循此规矩。

因为"礼"之重要，所以有很多关于礼的古句，集大成者便是今日的《礼记》。《礼记》一篇，以《曲礼》开端，《丧服四制》结尾，此书对中国古代的礼仪的描述很详细，有礼节条文，有阐释礼的重要性，以及"君君臣臣""父父子子"之间的关系，在风俗上又具体表现在嫁娶、祭祀、丧事等，而其中又分国君与百姓的区别，君臣区别，具体的嫁娶丧事中又都表现在所用的礼器以及礼乐之中。

我们为什么要学礼知礼呢？《礼记·曲礼》道："是故圣人作，为礼以教人，使人以有礼，知自别于禽兽。"圣人教人礼仪，让人有礼貌，从而知道自己与飞禽野兽的区别。《晏子春秋·内篇谏上二》也记载："凡人之所以贵于禽兽者，以有礼也。"此两章都阐述礼法是区别人与禽兽的标准，没有礼法，则人与禽兽无异，借此说明礼的重要性。礼在日常生活中的作用又是："子、兄弟，非礼不定；宦学事师，非礼不亲；班朝治军，莅官行法，非礼威严不行。"长兄与幼弟，祭祀与治国治军都离不了礼的约束。当然，也并不只《礼法》记载礼法的重要性。《诗经·相鼠》记："相鼠有体，人而无礼；人而无礼，胡不遄死？"相鼠都有张皮，人却没有礼。人没有礼，怎么还不去死呢？所以后世有人评:《相鼠》，刺无礼也。

礼不仅是区分人与禽兽的区别，《礼》记："夫礼者，所以定亲疏、决嫌疑、别同异、明是非也。"礼，是用来确定人与人关系亲疏的，可以明辨是非。当然礼的作用还并不仅限于此，把"礼"扩大化说，礼有自我约束的功能，有道德约束的作用。

古代把礼看得很重，所以尊礼法。而又因礼法分很多种类，每种类别都包含各种的"礼"精神，所以在诸多事例中也大多与礼相关。比如《三字经》里的"融四岁，能让梨。"也就是"孔融让梨"的故事。体现孔融的谦让精神，同时也表示出他的"礼让"精神。

儒家学派，对"礼"很是看重。孔子说"不学礼，无以立"。突出了礼的教化作用。试问，如果没有礼，人人见面不论老少都以兄弟相称，岂不是乱了套了吗？而礼，更是一个人素养的体现，能够展现一个人的道德风貌。如果礼没有了，象征着道德约束的东西没有了，那么社会上的每个人都会陷入不安的状态。人而无礼，则与禽兽何异也？

故而，《礼记》曰："人有礼则安，无礼则危，故曰：礼者不可不学也。"人有礼，遵守礼的规定，社会安定；不遵守礼的规定，社会动荡。所以说，不可以不学礼。

我国自古以来就是礼仪之邦，礼更是重中之重。"以礼待人""彬彬有礼""礼尚往来"等成语也时刻强调"礼"的重要性，我们从小时候就被教育要当个有礼貌的孩子，用意便是如此，社会变化快，但最基本的礼仪、礼貌却不能丢。

用以记录"礼"的《礼记》虽然繁复，但很值得一看。

7. 何谓孝道：冬温而夏清，昏定而晨省

孝德，是中国传统美德之一。礼有《礼记》，孝有《孝经》《二十四孝》。《孝经》阐述孝与不孝以及孝道在社会教化的重要作用；《二十四孝》以故事性为主，主要讲述从炎黄帝远古时期到明朝崇祯帝历史上以"孝"出名的人物故事，类似今日的寓言性故事读物。《孝经》篇开端便阐述："夫孝，德之本也。"孝是德行之本。关于"孝"的词句，从古代流传到现今的也有许多，比如"百善孝为先"。孝是儒家教习的重点内容，因此儒家典籍说"孝"的地方也很多，对于儒家学派的孔孟荀三者，对"孝"的解读有共性，同时也有差别。

首先是孔子。孔子谈"礼"，主要是在《论语·为政》上面，《论语·为政》分别记录他与四位弟子的谈话。四位弟子问的都是有关孝道，孔子给予的答案也不尽相同。首先是懿子问孝。子曰："无违。"不要违反父母。樊迟问具体怎么做，孔子回答："生，事之以礼；死，葬之以礼，祭之以礼。"父母生前，以礼仪相待，父母死后，安葬以礼相待，祭祀以礼相待。再者是孟武伯问孝。孔子说："父母唯其疾之忧。"要时刻问候父母的疾病，表达关心。再者，子游问孝。孔子说："今之孝者，是谓能养。至于犬马，皆能有养；不敬，何以别乎？"孔子以犬马赡养为例，表示孝顺父母不应该仅限于物质。这点在子夏问孝也体现出来。子夏问孝。孔子说："色难。有事，弟子服其劳；有酒食，先生馔，曾是以为孝乎？"提出儿女对父母不仅要在物质上赡养，更是要对父母和颜悦色，然而孔子也说了，"色难"做到时刻对父母和颜悦色很难。除了上述四位弟子谈孝后，有子也曾谈过孝。《论

语·学而》道："其为人也孝弟，而好犯上者，鲜矣；不好犯上，而好作乱者，未之有也。君子务本，本立而道生。孝弟也者，其为人之本与？"这里的孝，是与君子立本相关，孝顺父母的人不会冒犯长辈，就此也衍生出一个成语"犯上作乱"。

孔子认为的孝，体现在各个方面，不仅是物质，还有精神方面的赡养，也体现了当时的宗法制度。

孟子谈孝道，在吸收孔子思想基础上，提出了"五不孝"的概念。《孟子》记："世俗所谓不孝者五：惰其四支，不顾父母之养，一不孝也；博弈好饮酒，不顾父母之养，二不孝也；好货财，私妻子，不顾父母之养，三不孝也；从耳目之欲，以为父母戮，四不孝也；好勇斗狠，以危父母，五不孝也。"孟子认为懒惰、赌博饮酒、自私自利、纵欲、好勇斗狠这五类人是不孝的人。孟子谈的"五不孝"一定程度上与荀子的"三不从"相似。荀子的"三不从"说的是："孝子所以不从命有三：从命则亲危、不从命则亲安、孝子不从命乃哀；从命则亲危、不从命则亲荣、孝子不从命乃义；从命则禽兽、不从命则修饰、孝子不从命乃敬。"这里荀子提出可以不服从父母命令的三种情况，不服从命令，父母就安全，父母就不会受到屈辱，父母的品行就会端正。服从与不服从，与父母有关。

儒家学说是封建统治阶级的思想武器。在原本的儒学阐述中，君臣、父子是让人遵礼，但后来，统治者把这种君君臣臣、父父子子的思想固化，于是孝顺，很大程度上就变成了愚孝。"孝"也逐渐成为父母管制儿女的依据，禁锢人的思想，尤其是明清时期的儒家思想，愚孝之道、女子的贞洁观等，逐渐成为扼杀生命的凶手，是个"吃人的馒头"。

尊老爱幼是美德，孝顺是美德，因为有父母儿女的存在，所以才有了孝德，以此约束儿女对父母的不孝行为，甚至法律规定子女有赡养父母的义务。但真正的孝顺，也正如孔子所说："今之孝者，是谓能养。至于犬马，皆能有养；不敬，何以别乎？"不仅有物质基础，更要在精神上去赡养。

《礼记》有曰："凡为人子之礼，冬温而夏清，昏定而晨省。"我们做儿女的，即便不能给父母富贵的生活，也要让他们冬天过得温暖，夏天过得凉爽，晚上铺床，早上问安，虽说现在社会节奏快，做不了如此繁复的礼仪，但可以做到最基本的孝顺。

尊敬父母，是我们必须要去做到的。但尊敬父母并非一味服从，该有自己的想法，要有自己的方法，该独立时要独立，不能一味地按照父母的话做，如果自身都没有想法，只是听从父母，那就是愚孝，并不是我们现代社会所提倡的孝顺。

8. 谈进食礼节：食居人之左，羹居人之右

中华文化，源远流长。有句俗话说"民以食为天"，在中国古代，吃饭是件大事，也是件比较讲究的事情。但在那个时期，食物种类不多，烹饪手法比较单一，物资匮乏的年代，如何烹饪出美味食物也是比较注重的问题。而由于地域文化不同，一种食物在不同地域有不同的烹饪方法，也就形成不同地域的饮食文化，也就是我们现在能看到的徽菜、川菜、苏菜、浙菜等八大菜系的存在。我国自古以来都是礼仪之邦，自然的，在饮食文化中也有饮食礼仪的存在，尽管地域不同，但在饮食礼仪上却大同小异。

同时，饮食礼仪也具有礼仪的共性，即"自我约束"。《论语》曾记载孔子与其弟子颜渊关于"仁"与"礼"的对话。颜渊问什么是仁？孔子回答："克己复礼为仁。一日克己复礼，天下归仁焉！为仁由己，而由人乎哉？"孔子回答说约束自己，使自己的行为能够符合礼的要求，能做到克己复礼，那么天下将会仁和，当然这一切都是需要自己努力完成的。颜渊又问："请问其目"。具体要求是什么？孔子回答道："非礼勿视，非礼勿听，非礼勿言，非礼勿动。"

这样说，可能有些大而空泛，但实际当礼落实到现实生活中，就会具

体表现在日常行为上。饮食礼仪的"礼"同样也体现在用餐进食的过程中。因为孔子提倡"克己复礼",所以在《论语》一书中,提到"礼"的言语很多。《论语·乡党》就曾说:"食不言,寝不语。"吃饭的时候不要说话,睡觉的时候不要说话。"食不言"表现的就是吃饭时候最基本的礼仪。

古人进食,亦是以礼为先。因为封建的尊卑顺序,所以饮食礼仪也颇具等级色彩。《礼记·礼器》记载:"礼有以多为贵者,天子之豆二十有六,诸公十有六,诸侯十有二,上大夫八,下大夫六。"礼器多少表现人的地位高低,天子是二十六,往下数诸公、诸侯、士大夫等,都有明确规定的礼器数目,不能擅用,这也是表现天子与诸侯之间的区别。而不仅是进食礼仪,还有乘坐的马匹数量都有规定。就算不是皇室王族,平民百姓之间,也有饮食礼仪。平民百姓的饮食礼仪则是"六十者三豆,七十者四豆,八十者五豆,九十者六豆"。百姓聚会喝酒也是有规定,最年长得到的尊敬越多,也体现对老人的尊敬。到周朝末期,诸侯割据,用以约束天子与诸侯关系的礼也就逐渐崩坏。

饮食的座位顺序有规定,而关于食物的摆放位置也颇是讲究。《礼记·曲礼》记载:"凡进食之礼,左肴右胾,食居人之左,羹居人之右。"在吃饭的时候,饭要放在人的左手边,汤要放在人的右手边。就连什么菜该放什么位置都有规定。"脍炙处外,疏酱处内,葱片处右,酒浆处右。以脯俗置者,左朐右末。"

《礼记·曲礼》载:"共食不饱,共饭不择手,毋抟饭,毋放饭,毋流歠,毋咤食,毋啮骨。"不要狼吞虎咽,吃饭时不能说话,不能发出声响,要文雅礼貌地吃饭。

虽然说《礼记》一书,记录的是古代的礼仪,所阐述的进食礼仪也都是古代人所要遵循的。洋洋洒洒写了一大堆关于吃饭的礼仪,确实很烦琐。毕竟在当代,谁吃饭还能有闲工夫做这种繁复礼仪,虽说如此,但《礼记》所记礼仪有部分还是符合现在的价值观。比如:"侍饮于长者,酒进则起。拜受于尊所,长者辞,少者反席而饮,长者举未釂,少者不敢饮。长者赐,少者贱者不敢辞。"在陪伴长辈喝酒时，看到长辈敬酒就赶紧站起来，等到长辈说不必客气时才可以回到座位，长辈没举杯喝酒，辈分小的不能开始喝酒。

现在社会生活节奏快，我们不能要求完全按礼仪去做，但礼仪的基本要求，还是要遵守的。

9. 谈吊唁：知生者吊，知生者伤

吊唁。吊，是古代钱币单位，一吊钱的吊就是这个字。唁，由口与言组成，表示对祭奠逝者家人的安慰。吊唁，合在一起，就是祭奠逝者慰问家属，有时吊唁会带财物，有时只是一句问候。

关于吊唁，《礼记·曲礼》也有记载："知生者吊，知死者伤，知生而不知死，吊而不伤，知死而不知生，伤而不吊。"与死者家属有交情的就去慰问，和死者有关系的去哀悼死者。和死者没关系但是和死者家属有关系的，只需要慰问而不必哀悼；和死者有关系但和死者家属没关系的，只需要哀悼而不须慰问。《礼记》把"吊"与"唁"的区别说得很清楚。而在吊唁过程中，也有一些礼节需要注意。"吊丧弗能赙，不问其所费。问疾弗能遗，不问其所欲。见人弗能馆，不问其所舍。赐人者不曰来取，与人者不问其所欲。"去慰问家属，如果不能给予财物帮助就不要问别人花了多少钱，探视病人不能给钱，就不要问别人需要什么，如果不能留宿，就不要问行人他住在什么地方，馈赠礼物要派人送去而不是等别人来拿，送人东西不要问别人想不想要。

这几句话，很简单明了告诉我们在吊唁时该注意到的事情，要遵守吊唁礼仪去行事。

历史上吊唁，最出名的莫过于阮籍对待嵇康、嵇喜二兄弟的"青白眼"。

阮籍是魏晋时期"建安七子"之一，文采斐然。可魏晋时期并不太平，尤其是曹魏政权与晋政权交替之时，一旦站错队伍，将会惹来杀身之祸。有人乐仕，有人厌仕，阮籍是厌仕之人，又藐视礼法，不愿意出仕，所以对于那些假惺惺的仕人只有厌恶。因兴趣相投，阮籍与"竹林七贤"的嵇康交情甚好，提到嵇康，就不得不提他所弹奏的《广陵散》，以及那句话："吾靳固不与，《广陵散》于今绝矣！"

嵇康是曹魏宗室的女婿，娶曹氏宗族曹林之女长乐亭主，因此做了曹魏政权的官。那时候曹丕早就作古，司马家族掌握大权，对于再做不做司马氏的官，嵇康的选择是拒绝，当时"竹林七贤"的山涛逃城而走，山涛把嵇康推荐给司马昭时，嵇康写了一篇《与山巨源绝交书》拒绝出任，惹怒司马昭。之后嵇康被杀时，三千太学生跪求挽留，也未能制止嵇康之死，那首《广陵散》到底还是没流传后世，后来，也就有"嵇康死，则广陵止息"的说法，这一事件又称为"广陵绝响"。

其实嵇康与阮籍两人，都崇尚老庄的无为自然，都拒绝出任官职，所以两人的感情自然是好的。阮籍母亲去世，他服丧期间去见司马昭，酒席上大口吃肉，按照丧礼，司马昭身边的人怼他不知丧礼，阮籍没说话，司马昭倒是怼下人："嗣宗毁顿如此，君不能共忧之，何谓？且有疾而饮酒食肉，固丧礼也！"嗣宗伤心劳累成这个样子，你和我都不能替他分忧，还说什么呢？更何况，因为有病而喝酒吃肉，这符合丧礼啊！与《礼记》的"有疾则饮酒食肉，疾止复初。"相对应，有病吃酒吃肉，是符合礼法的。

刚才我们也说了，"知生者吊，知死者伤，知生而不知死，吊而不伤，知死而不知生，伤而不吊。"嵇康与阮籍有交情，与嵇康是兄弟关系的嵇喜与阮籍也是有关系的，所以嵇喜去吊唁阮籍母亲是情理之中，可这阮籍倒好，《晋书·阮籍传》记载："籍又能为青白眼。见礼俗之士，以白眼对之。常言'礼岂为我设耶？'"阮籍能做青白眼，见到俗人就会以白眼看之，又说礼法难道是为我设立的吗？又记："时有丧母，嵇喜来吊，阮作白眼，喜不怿而去；喜弟康闻之，乃备酒挟琴造焉，阮大悦，遂见青眼。"阮籍丧母，嵇喜来吊唁，阮籍就翻白眼，嵇康来吊唁，阮籍就以青眼相待。后来人们就用"青睐有加"来形容对人喜爱或赏识。

吊唁礼仪，是古代丧事之礼，现今社会也有，不过都简化很多，大多演化成吃饭的流水席了，当然了，也与时代有关。

10. 关于仪态：君子戒慎，不失色于人

"礼、乐、射、御、书、数"是君子六艺，可以说春秋战国君子必备六艺。

其中礼就是我们所认为的"礼"，包括礼仪，礼数等。这里单说仪态礼仪。仪态，指人的动作、姿势。仪态往往能看出来一个人的精神气。"君子戒慎，不失色于人"说的就是，君子的仪态更要谨慎，不能一天到晚大惊失色，如果一天到晚大惊失色，咋咋呼呼的，在不恰当的场合说不恰当的话，表现出不恰当的动作，比如喜事上哭丧，丧事上嬉笑，这又成何体统？对于该做什么，不该做什么。《礼记》都有所交代。"适墓不登垄，助葬必执绋，临丧不笑，揖人必违其位。望柩不歌，入临不翔，当食不叹。邻有丧，舂不相，里有殡，不巷歌。适墓不歌，哭日不歌。送丧不由径，送葬不辟涂潦，临丧则必有哀色。执绋不笑，临乐不叹，介胄则有不可犯之色。"去墓地哀悼，不能越界踩到人家的坟头上去。参加葬礼必须扶助灵柩以示尊重。参加追悼会，不能与人嬉笑打闹。与旁人见面，作揖时要离开原位。远远看到安葬队伍，不能唱歌。进到死者家里，不能作"翔"之态，"翔"，通祥，是吉利的意思。吃饭不能唉声叹气。邻居家死人，也不能唱歌；邻居家殡敛时不能在巷口唱歌，墓地与吊唁之日，不能唱歌。帮别人送丧时，不能怕脏了自己的衣裳而不按照别人的路子走，参加追悼会要悲伤，送丧不能笑，听丧乐不能哀声叹气。

丧礼在中国古代，是与婚礼同地位的礼仪。丧礼，是让死去的人安心

离开，让活着的人得到安宁，在丧葬过程中，因为生者与死者之间的血缘关系，其也就结成联系。经过几千年的发展，出现了念祖怀亲的情结。我们的清明节，让晚辈去给死去的长辈扫墓，也是这种情结的体现，丧葬礼仪在一个人的一生，更是重中之重。

所以丧礼，是被人很重视的礼节，任何人都不能在丧葬礼上乱来，否则就是"不敬"。不敬，有不敬鬼神，不敬先祖，不敬礼节之含义。

有句俗话说得好。"死者为大"，在人死办丧事的时候，死人是最尊贵的，所以要尊重，一是生命无常，二是古代封建，人民敬畏神灵。为死人办事时，更是要尊重，对于君子来说，他的仪态得当不仅限于丧事，刚刚所举例子都是关于丧事的，但对于君子来说，无论丧事或喜事，都要仪态得当，所以说君子难为。礼仪本就是庄重之事，《礼记》中的说礼处处可看。

"夫礼者所以定亲疏，决嫌疑，别同异，明是非也。"说礼的重要性，能明是非。对于君子更是提出要求"君子恭敬撙节退让以明礼"，君子行礼时，要"恭敬撙节退让"，相比寻常人，君子要守的礼更多。还是《礼记》："博闻强识而让，敦善行而不怠，谓之君子。君子不尽人之欢，不竭人之忠，以全交也。"君子不仅要用"恭敬撙节退让"来表现礼，还需要博闻强识，懂得谦虚退让，以助人为乐而不懈怠，能长久坚持下去。

总结一句，就是"故君子戒慎，不失色于人"。君子小心谨慎，知道什么场合该有什么表情，不该做什么表情；该做什么，不该做什么。

杨修，是曹魏政权时期有名的才子，也是曹操臣子。他的才能完全在曹操给群臣出的"阔""合"字谜中体现了出来，但他有高智商，却没有高情商，他恃才自傲，过高的才能让他招来曹操猜忌，再加上他是臣子，该做分内之事，可那时曹丕与曹植争夺皇位，杨修犯了身为臣子的大忌，在曹丕曹植的夺嫡战争之中，站在曹植一边，且自作聪明。犯了很多为臣者的忌讳，还惹怒了曹操，导致其落得身死下场，让人唏嘘不已。

为臣者，做臣事，也不会招惹那般祸端。

所以仍是要"不失色于人"。什么场合做什么事，说什么话。

11. 关于祭祀：外事以刚日，内事以柔日

　　中国的祭祀文化，最早可追溯到远古时期。祭，是生者对死者表示哀悼的仪式，祀，祭无已也。祭祀，是对死者或神灵的一种尊敬仪式。

　　在中国古代，人不了解科学，所以把肉眼能看到却无法用知识去阐述解释的现象归结为鬼神之力，人们潜意识认为自己的福祸是由神灵赋予的，所以为了祈求平安幸福，平民百姓会祭祀传说中的神灵，祭祀物品多是瓜果或一些象征美好寓意的东西，百姓希望以此来打动神灵，祈求神灵帮助。祭祀仪式的描述在甲骨文出现过，同时也曾记录在《诗经》里。

　　诗经分风、雅、颂。颂分为鲁颂、周颂、商颂。周颂代表周王室的祭祀诗，作为统一诸侯国的周王朝，除了表达对神灵的敬畏之情，还有周天子向神灵祈求丰收的诗歌。顾名思义，《周颂》是祭祀诗的总集，所以我们不难找出祭祀诗。其中有一首，就很粗略地描述了祭祀仪式。《周颂·丝衣》记："丝衣其紑，载弁俅俅。自堂徂基，自羊徂牛，鼐鼎及鼒，兕觥其觩。旨酒思柔。不吴不敖，胡考之休。"祭祀丝衣"其紑"，以及用于祭祀的牛羊，还有我们现在叫不出名字的鼐、鼎、兕、觥等祭祀器具，后面再说宴会后的娱乐活动。这首《丝衣》是祭祀神灵的诗歌。

　　《周颂》还有"济济多士，秉文之德"的《清庙》，它是周王祭祀周文王的诗歌；"我其夙夜，畏天之威，于时保之"的《我将》，它是周王祭祀神灵的礼乐；"为酒为醴，烝畀祖妣。以洽百礼，降福孔皆"的《丰年》，它是周王祭祀神灵以求"丰年多黍多稌"的乐歌。

　　不仅是《周颂》，在雅分类的《小雅》《大雅》里也都有祭祀诗的存在。比如《小雅·甫田》的祭祀土地神、四方神、农神的"以我齐明，与我牺羊，

以社以方。我田既臧，农夫之庆。琴瑟击鼓，以御田祖。以祈甘雨，以介我稷黍，以谷我士女"；《大雅·云汉》中祈祷神灵的"瞻昂昊天，有嘒其星。大夫君子，昭假无赢。大命近止，无弃尔成。何求为我。以戾庶正。瞻昂昊天，曷惠其宁？"诗经里能找到的祭祀实在太多，这也说明，在那个时候，人们对神灵是崇拜而敬畏的，也难怪《礼记》在提夏商时说道："殷人尊神，率民以事神，先鬼而后礼表记。"说明商朝对鬼神之说颇为相信，所以才会有祭祀仪式。

而在后世，人民对神灵的敬畏亦是如此，同样的，我们也能够通过祭祀看出来。

《礼记·祭统》："凡祭有四时：春祭曰礿，夏祭曰禘，秋祭曰尝，冬祭曰丞。"祭祀对百姓的意义重大，同样对皇帝也很重要。

就如上文所说，天子祭祀，一是祭祀天地，祭祀人神。还有一种隐藏的权势，在古代，一般祭祀天地这种事都是由天子负责，如果天子不想去或者没时间去了，就会派太子去祭祀，因此有天子祭天，太子代祭之说。当然，这种代祭更多意味着天子的态度。因为祭祀还涉及祖庙之说，祭祀还有承认身份之说，就比如武则天，自登上后位后，她一直想要李治与她一起封禅泰山，李治拗不过她，便在麟德三年，去泰山封禅。唐朝的封禅就是所说的祭祀天地，天子朝天地汇报伟业，同时则表示天子是天命所为，对那时的武则天来说，她迫切想要证明自己登上后位是天命所使，所以封禅意义巨大，只是后来武则天登基后，便不在泰山封禅是否有别的缘由，这些都值得探究。

而对于祭祀的日子，也颇为讲究。礼记载："外事以刚日，内事以柔日。"刚，为单数。柔，为双数日。意为祭祀家外之神要用单数日，祭祀家内之神要用双数日。

《礼记》也道："凡治人之道，莫急于礼；礼有五经，莫重于祭。"治国的方法中，最紧急的莫过于礼，礼有五种，最重要的莫过于祭祀。这句话也就间接说明，礼仪在治国中的重要性，以及祭祀在礼仪的重要性。

第八章

《易经》之人生法则

天行健，君子以自强不息

倘若要高度概括中华文化，非"道德"二字不可。所谓"元亨利贞"，包含的正是大道至德的意思。元、亨、利、贞指的是人生成功的四个阶段——始于善，就是最好的开始；蕴含美，道路就亨通顺畅；讲究义，就能收获利；保持这些品德，最终能稳固事业。

《易经》以乾坤两卦作为基础和终极，而乾卦是开端。开篇"元亨利贞"四个字足以说明其中的分量。

1. 谈大道至德：元亨利贞

中华文化源远流长，在其历史发展过程中，出现了各种分支。《周易》算是其中的一朵奇葩。提到《周易》，人们对其的印象就是算命、占卜。而实际上，《周易》不仅包括算命，占卜，还包含许多玄学道理，用比较科学的话说，它是建立在阴阳家学说基础上对世界万物发展的规律进行论证认知的哲学书籍，它记录天象的观测，把世界万物进行分类，并建立起以天干地支等十干十二地支的纪日系统，甚至有时能通过规律提前预测出天地异象，有的可以精确到人的气运，也就是我们所说的"算命"。

《周易》包括两个方面：《经》和《传》。《经》包括六十四卦和三百八十四爻，又分别有卦辞、爻辞，专门为占卜所用。这里要提一下，古代科学不发达，对于自然现象里的异常，人们不知道出现的原理，便将其归纳为"天"的作为。而古代又是农业社会，国家靠农业发展，而农业发展的好坏又取决于天气的好与坏，尤其是远古时代的奴隶制国家，基本上就是靠农业吃饭。在那时，为了支持农业发展，就会有人记录天象，来推测出天气如何，通过天气来预测农业收成，由此可以调整国家政策，达到安民的目的。久而久之，这便形成了《经》。

二是《传》，因为《经》的卦辞、爻辞很是晦涩难懂，所以对卦辞、爻辞的注释就是《传》，《周易》的第一卦便是乾卦。

乾卦："元亨利贞。"

乾卦是《周易》里的第一卦，与坤卦相对。乾代表天，坤则代表地。而乾卦在《周易》中原文就是："元亨利贞"。关于"元亨利贞"四字意思的解释有很多，最出名的就是《子夏传》里所记载的："元为原始之意；亨为开通之意；利为和谐之意；贞为贞固之意。"元就是原始，源头的意思。而"亨"则表达顺利通畅，"利"就是有利于，"贞"则是坚持的意思。这句话的总体意思就是，事情很顺利，有利于坚持下去。

不仅如此，"元、亨、利、贞"这四字还与五行论有所关联，因为我国古代是农业社会，所以其"元、亨、利、贞"具体对应为自然界的生长过程。程颐就提到过："元亨利贞，谓之四德。元者，万物之始；亨者，万物之长；利者，万物之遂；贞者，万物之成。"元亨利贞是四德，元是万物开始，亨是万物生长，利是万物成熟，贞是万物收藏。也就是"秋收冬藏"。这四德也分别对应着四季，元是春天，是万物复苏的季节；亨是夏季，是万物成长的季节；利是秋季，是万物成熟的季节；贞是冬季，是万物过冬的季节。春夏秋冬的轮回，元亨利贞的周而复始，正是《周易》里的阴阳和谐统一观点。

元亨利贞这四字，也包含无限的思想。它不仅仅是易经四德，也是包含社会的四德。乾卦是吉祥之卦，从社会道德方面说，它提倡修身得德，也就是所谓的"大道至德"。

而换作我们现代来说，《周易》的乾卦并没有科学依据，在科技不发达的古代社会，《周易》阐述世界万物的运行规律，思想上已然是先进许多，但并不意味着要去否认它的作为。

《象》曰："天行健，君子以自强不息。"《尔雅·释宫》解释为："行，道也。天行即天道。健，刚强劲健，不可抗拒。以，依据、效法（天道）。"整句话的意思是：天道运行周而复始，永无止息，谁也不能阻挡，君子应效法天道，自立自强，不停地奋斗下去。

古代哲人对此有过不少阐述。《老子·三十三章》说："自胜者强。"孔子在《论语·卫灵公》中谈道："君子求诸己，小人求诸人。"说的是，君子向自己寻求帮助，小人则向别人寻求帮助。《商君书·画策》说："自恃者，得天下。得天下者，先自得也。"这话说得很明白，只有自强不息、坚持自己信念的人，才能得天下。

自强不息是中华民族顽强进取、蓬勃向上的精神体现。它与《周易》第二卦的坤卦有所对应。坤卦："地势坤，君子以厚德载物。"正好对应"天行健，君子以自强不息。"而这两句话也经常被人拿来当人生座右铭，而其中此句里的"自强不息""厚德载物"经常被用作高校校训，以此来教导当代大学生，要做到自强，厚德。

2. 谈物极必反：亢龙有悔

《周易·乾卦》第六爻曰："亢龙有悔。"所谓"亢龙"，意即飞得太高的龙。这句话的意思是，龙飞到了太高的地方，必然会后悔。《象》曰："'亢龙有悔'，盈不可久也。"龙飞到了太高的地方，必然会后悔。这是因为事物发展到了尽头，就会走向反面，也就是物极必反。

成语"物极必反"出自《吕氏春秋·博志》，"全则必缺，极则必反"说的正是事物发展到了极点，就会转化为相反的方向。《易经》中"亢龙有悔"这简简单单四个字却道尽了人生在世要把握的第一要义，那就是"度"。盛极必衰是自然更迭的规律，是人生兴衰的章法，世界上诸事诸物皆是如此，大至国家，小至个人，都要拿捏恰当的"度"。一旦超过了"度"的界限，事情就会发生变化，甚至会变质。

《三国演义》中，刘备是个平头老百姓，救了董卓反而遭受他的白眼；接着，他是讨卓盟军中的些微角色，只能站在公孙瓒身后充当小跟班；最终，他以仁义诚信感召天下，终于成了三足鼎立的当世豪杰之一。那时，他一无地盘，二无兵马，却凭借举世无双的仁义诚信让世人刮目相看。然而，他后来虽然身为三分天下的三雄之一，却始终处于下风，苟安一隅。他左揽孔明、庞统等英明谋臣，右拥关、张、赵、马、黄等英勇武将，却始终未能雄极一时。他未能北进与曹魏争雄，也未能东进与孙吴抗衡，诚然，其中败因诸多，但究其根源，也是因为他以仁义诚信取得人心，造就了感情用事、偏激行事，进而影响了政策，贻误了时机，终成千古恨。

刘玄德以仁义取信于人，却也偏偏为仁义所害。其中一个例子就是攻取荆州。刘表病笃，孔明建议他取荆州，以拒曹操。他以"公言甚善"作为回应，转身又说："备受景升之恩，安忍图之。"孔明再三警告不可错失良机："今若不取，后悔何及！"然而，他那股子仁义劲儿冲了上来，罔顾其他，终成妇人之仁。"吾宁死，不忍作负义之事。"随后，刘琮把荆州拱手献给曹操。孔明和伊藉苦口婆心，再三规劝，"以吊丧为名，前赴襄阳，诱刘琮出迎，就便擒下，诛其党羽，则荆州属使君矣"。刘备还是那套言辞："吾兄临危托孤于我，今若执其子而夺其地，异日死于九泉之下，何面目复见吾兄乎？"于是，原本唾手可得的荆州，最终成了曹操的荆州，然后，又变成了道义层面上孙权的荆州。而刘备呢？归根结底，也不过是暂时栖身于荆州罢了。

最初满嘴的仁义道德，最终却大动干戈，这究竟是伪善，还是愚执呢？失之荆州，究其原因，在于刘备坚而不决的态度。他不是不想拿下这座城，但是，他又如此爱惜羽翼，想在无损于他高举着的"仁义诚信"的招牌的情况下要到这两座城，这无异于白日做梦、痴人说梦。刘备手中原本握着一把好牌，最终却打得稀烂，这是因为他所执着的仁义道德超过了"度"，成了他成就帝王伟业道路上的一块绊脚石。

古往今来，如《易经》所揭示的"亢龙有悔"的例子数不胜数。纵观历史，商鞅在秦国推行变法，一度让秦国成为一个极端尚武的战争机器，虽然兼并六国，却不以德服人，以暴力治国最终得天下却"二世而亡"。

再如书法的发展，经汉代隶书和北魏碑刻的积淀，唐朝迎来了书法史上的巅峰时刻，加之李世民近乎痴狂地迷恋书法，一时之间，唐朝书法登峰造极。后人学习书法，纷纷效仿唐人，一开始就被圈定在了"先颜后欧，写上二十年唐楷也不多"的框架里。然则，亢龙有悔，盛极必衰。唐朝书法法度森严，却扼杀了书法追求"自然顺达""字如其人"的初衷，自唐朝以后的许多年，书法都呈现出千人一面、创新寥寥的局面。直至宋朝年间，更多的灵气与创意才被倾注于书法中，也滋养了书法的新生。

正所谓"亢龙有悔，盈不可久也。"做人亦是如此，凡事不可求满，满了就难以长久。因此，做一切事情都要留点遗憾、留点缺陷，倘若连这点缺口也没有留下，就离彻底结束不远了。中国的政治哲学讲究"忧患兴邦"：一个国家遇到艰难险阻，往往是兴起的时代，是最好的开始；一路高歌，一路兴盛，就像唐朝，像欧洲的罗马，到了鼎盛的时候戛然而止，悄无声息地结束。

《易经》的"亢龙有悔"，所谓"亢龙"就是高亢之龙。因此，学了《易经》，做人做事都不要过头，过了头就是亢；众生皆平等，只知道进不知道退，只知道得不知道舍，只知道存不知道亡，就是亢。学《易经》，领悟其中的奥义，就是让我们懂得"进退、存亡、得失"这六个字的人生箴言，否则不幸如《易经》所言，亢龙有悔，悔之晚矣。

3. 何谓德行：君子以厚德载物

"君子以厚德载物。"出自《易经》六十四卦之第二卦。卦辞为"元亨利贞"。卦曰："元亨，利牝马之贞。君子有攸往，先迷后得主，利；西南得朋，东北丧朋，安贞吉。"与乾卦类似，主方和客方都是坤，是坤卦。而坤是地，呈阴。"元亨"就是通顺，"牝马"是雌马，"贞"就是坚持，"迷"是满足。大概意思是，这是个很顺利的卦象，如果像雌马那样忠贞和柔顺，则是吉利的。君子外出。开始时迷路，后来遇上招待客人的房东。往西南走有利，可以获得财物；往东北走不利，会丧失财物。如果保持现状，也是吉利的。

《象》曰："地势，坤，君子以厚德载物。""坤"，顺也，象征大地。土地的地势厚重，可以承载万物，天地间有形的东西，没有比大地更厚重的了，也没有不是承载在大地上的。这句话的意思是："坤象征大地，君子应效法大地，胸怀宽广，包容万物。"也就是说，《易经》要求君子处世要效法"坤"的意义，应增厚美德，容载万物，即不断积累道德，包容万物，方可承担大事。

《象》对坤卦解释得更为详细："至哉坤元，万物资生，乃顺承天。坤厚载物，德合无疆。含弘光大，品物咸亨。"天地万物的生长是顺从天意，大地厚重到可承载万物，德行与万物共享德行，大地是没有疆界的，德行也没有疆界。大地蕴含着光明，远大，弘德，这些使得万物生长。而无论是动物的"牝马地类，行地无疆，柔顺利贞"；君子的"君子攸行，先迷失道，后顺得常。"；还是"西南得朋，乃与类行；东北丧朋，乃终有庆"。都是因为符合自然和社会规律的行为，所以都是吉祥的，而这些也都符合大地的柔顺之德。即"安贞之吉，应地无疆。"

德，是贯穿儒家学派的思想，也是历代封建王朝所推崇的主流思想。"德高望重""德才兼备""以德服人"都是德衍生出来的成语，而当德的对象是人时，就表示这个人有修养，是个有品德的人。周易所说的"君子以厚德载物"中的"厚德载物"也多用于人自身的修养，现在很多大学里的校训也多用此四字，作为教书育人的标准，也是当代大学生修身养性，立身处世的基本原则。

儒派始祖是孔子，孔子的思想很大程度也受箕子的影响。相传孔子的祖先是箕子。而"德"最先也出于《尚书·尧典》，与其有直接关系的便是五行之德。而在《尚书》里，"德"的解释，现在看来仍是晦涩难懂。"允恭克让，光被四表，格于上下。克明俊德，以亲九族。九族既睦，平章百姓。百姓昭明，协和万邦。黎民于变时雍。"这句话是夸赞唐尧的，几乎儒家先贤都夸过唐尧。大致意思是，唐尧有德，能做到"允恭克让"，也正是因为其克明俊德，所以才能九族和睦，百姓和乐。"黎民于变时雍"，全天下的人都能和气。古代是封建社会，想要天下太平，统治者的德行很重要，所以才有这种"王"德。

而"德"又不仅仅只说"王"德。《说文解字》曾这么解释"德"："德，外得于人，内得于己也。"德，是得也。以善德施于别人，别人会因此受益，善德存在心底，人的身心都会受益。以此表示"德"不仅为自己带来益，还能使得众生获益。《说文解字》是许慎所著，约成书于汉朝。它是一本考究汉字字形与渊源的字书，也就是类似今日的字典。中国的字从奴隶社会的甲骨文开始，一直发展到现在。中国历史上下五千年，字词文化一直在不断发展，而由于时代风气不同，一个字的含义都会随之改变。就像我们的现代汉语与古代词语的意思不同，在许慎的那个年代，他认知的字词意思与先秦字词意思，必有不同，所以才会有《说文解字》的出现。而《说文解字》解释的"德"是分为两部分的，一是外，一是内。

这"内"与"外"，落实到儒家思想里，便又是"修身、齐家、治国、平天下"。内在"修身"，外在"齐家、治国、平天下"。内外兼修，才能提升个人素质，使得社会安定。这也是为什么从古至今，社会都在宣扬"君子以厚德载物"。

人源于天地，是天地的派生物，天地之道就是人生之道。孔子自述"发愤忘食，乐而忘忧，不知老之将至"，在人生之道上，追求无境，但只要以一颗平静的心去不断完善自我，不断拓展胸怀，像《易经》中说的那样"以厚德载物"，那么，我们就会成为一个不平凡的人。

4. 谈付出：小贞吉，大贞凶

"小贞吉，大贞凶"出自《易经》六十四卦之第三卦。卦辞为"元亨，利贞，勿用有攸往。利建侯。"。卦曰："震上坎下"，主方是震卦，震为雷；客方是坎，坎为水。屯卦表示客方日益衰落的状态是主方兴起的良机，同时显示主方有很大的困难。客方力量仍然强大，主方的积极行动不一定取得好结果，主方应当耐心地囤聚力量。"元"是开始，第一。"亨"是畅通，顺利。"贞"是坚持。《象》曰："云雷，屯；君子以经纶。"《彖》曰："屯，刚柔始交而难生，动乎险中，大亨贞。雷雨之动满盈，天造草昧，宜建侯而不宁。"把这句话放到西周来说就是坚持现在的状态，不要再往外扩张，好好管理诸侯国，调节周朝内部体系组织，即是屯卦。

九五，小贞吉，大贞凶。这里的"小贞吉，大贞凶"原句是"屯其膏，小贞吉，大贞凶。"膏，脂油，这里指春雨。贞，就是坚持。整合起来，意思就是囤聚油脂，短期坚持吉利，长期坚持有凶险。油脂是春雨，属坤卦，是客方。得益于客方固然很好，但客终究会走，所以是小贞吉，大贞凶。《象》曰："屯其膏，施未光也。"

在投资术语中，有个名词叫止损，也叫"割肉"。即当某一投资出现的亏损达到预定数额时，及时出仓，以避免形成更大的亏损。常用于股市之中，而对于止损，经济学人士经常用鳄鱼法则来解释。鳄鱼法则是假如鳄鱼咬住你的脚，你用手去帮脚挣脱鳄鱼的口，鳄鱼就会咬住你的手脚。越挣扎，就被咬住得越多，失去的也多。所以，如果鳄鱼咬住你的脚，你要当机立断的牺牲一只脚。在投资市场里，鳄鱼法则就是：当你发现自己的投资超出了你心底的损失预定数额，必须要马上止损，不得有任何延误，不得存有任何侥幸。遇到这种情况，就不能再死心眼地坚持下去了，否则，吃亏的还是自己。

这种止损还适用于恋爱和婚姻。当婚姻即将走到尽头，努力也不能改变现状，挽回只会给自己带来损失。那此时及时止损是对双方最好的选择，尤其是女性。把止损的概念再延伸些，我们可以把它适用在生活中，熬夜与酗酒是最伤身体的因素，为了使身体健康，我们在意识到这个问题的危害后，要及时改正，把不利于自己身体健康的因素去除，这是为自己以后考虑，也是止损的一种体现。止损，就是在事情没变得更加糟糕前，及时抽身而出，以挽回自己将要失去的东西，降低最小损失值，它更多是一种经济学范畴。

"是金子总会发光"说的是坚持，"水滴石穿"说的是坚持，"只要功夫深，铁杵磨成针"说的也是坚持。中国古代关于坚持的励志名言和事例很多，孟子说过"锲而舍之，朽木不折；锲而不舍，金石可镂"。许多著名先贤也都坚持着自己的理念而等待其开花结果的那天。坚持很重要，但朝着正确方向坚持，更为重要。这就好比一个人努力，如果努力方向是相反的，则越是努力，离自己的目标越远。这时候能做的，就是停下脚步思考。

由此可见，坚持不一定就有回报。愚公移山还有神仙相助，我们又不是神仙，寿命还短，在坚持某件事之前，要看是否是正确方向，朝着正确方向前进，如果不是正确方向，要及时停下脚步，调整战略，以及时止损。

5. 谈深谋远虑：君子以作事谋始

"君子以作事谋始"出自《周易》第六卦："讼天水讼乾上坎下。"原句是"讼：有孚，窒。惕中吉。终凶。利见大人，不利涉大川。"《象》曰："讼，上刚下险，险而健讼。讼有孚窒，惕中吉，刚来而得中也。终凶；讼不可成也。利见大人；尚中正也。不利涉大川；入于渊也。""乾上坎下"上为乾阳，下为坎险，两者相遇就必有矛盾争吵，因此会出现"讼"，讼就是诉讼的意思，表示打官司。"大象：天与水违行，讼；君子以作事谋始。"因为天与水相违，所以告诫人要"君子以作事谋始"。在开始的时候就要全面考虑，考虑如何做好又如何结束，其本质是要人理顺关系，从而养成深谋远虑的习惯。

深谋远虑，是指计划周密，想得长远。虽说仅有四字，但做起来却不是那么容易。春秋战国时期，晋国处于长达七十多年的内乱之中，曲沃的小宗与晋都翼城的大宗出了内乱，后来是晋国的小宗公族曲沃武公攻破晋都翼城，打败晋侯缗并取代成为晋国君主，这起小宗篡夺大宗的内乱给晋国带来很多混乱，是周朝礼乐崩坏的开始，史称为"曲沃代晋"或"曲沃代翼"。

小宗与大宗的对抗，其背后各自都有支持者。有支持曲沃武公的，也有支持晋侯缗的，晋国上下也分为小宗势力与大宗势力，反正都是内乱，大家打得你死我活。"曲沃代翼"的内乱结束后，曲沃武公成为新主人，那该清的账也得清了。公元前658年，即晋献公十九年，晋献公想要攻打虢国，因为当初晋国内乱，虢国支持的是大宗翼城。可去攻打虢国，就得经过虞国，一个国家要经过另一个国家，要得到允许，不然就不"假道"。为了名正言顺，晋献公想要在虞国借道，以伐虢。

晋国借道，虞国宫之奇并不同意，他劝谏道："虢，虞之表也。虢亡，虞必从之。晋不可启，寇不可玩。一之谓甚，其可再乎？谚所谓'辅车相依，唇亡齿寒'者，其虞、虢之谓也。"宫之奇清楚看到晋国借道表象下的野心，也看出虢虞两国之间的依存关系，虢国亡，虞国也亡。但虞国公早就被"屈产之乘""垂棘之璧"冲昏了头脑，说道："晋，吾宗也，岂害我哉？"晋国是我的大宗，能害我吗？宫之奇就拿之前曲沃代翼来劝说道："大伯、虞仲，大王之昭也。大伯不从，是以不嗣。虢仲、虢叔，王季之穆也；为文王卿士，勋在王室，藏于盟府，将虢是灭，何爱于虞、且虞能亲于桓、庄乎，其爱之也？桓、庄之族何罪，而以为戮，不唯幅乎？亲以宠幅，犹尚害之，况以国乎？"晋国连自己的大宗都能灭，何况是虞国。虞国公还替自己辩解："吾享祀丰絜，神必据我。"祭祀那么多，神灵会保佑自己的。宫之奇又说："鬼神非人实亲，惟德是依。"但说烂嘴，虞国公就是不听，"许晋使"。宫之奇觉得无药可救，预言说道："虞不腊矣。在此行也，晋不更举矣"就走了。《左传》记载："晋灭虢。虢公丑奔京师。师还，馆于虞，遂袭虞，灭之。"虞国被灭。

不过值得注意的是，除了宫之奇，当时晋国谋士荀息也是一个例子。在第一次假借于虞国时，晋国谋士荀息提议道："以屈产之乘与垂棘之璧，假道于虞以伐虢"。拿晋国的"屈产之乘""垂棘之璧"这些好马美玉诱惑去贿赂虞国。从晋献公所说的"是吾宝也"可以知道这些东西在晋国是宝物，更别说国土小的虞国。晋献公忧虑说："宫之奇存焉。"宫之奇还在虞国。但荀息又说了"宫之奇之为人也，懦而不能强谏，且少长于君，君昵之，虽谏，将不听。"荀息就分析说，宫之奇这个人当不了晋国的家，没有强硬的态度。而且和虞国公一起长大，宫之奇和君主关系好，就算是劝谏了，虞国公也不听。而事实证明，荀息说的话是正确的，虞国公并没有听从宫之奇的话。

宫之奇的谋略还体现在其用人上，大家都知道"百里奚举于市"的故事，虞国灭亡后，被宫之奇推荐的百里奚被晋国俘虏，晋献公将百里奚作为陪嫁臣送秦，百里奚觉得受不了，就逃回故乡，以牧牛为生。秦穆公知奚贤，最后便用五张黑公羊皮从集市上把百里奚买回来，拜为大夫，所以百里奚又号"五羖大夫"。在秦国的七年，百里奚帮助秦国成就霸业。死后相传是"秦国男女流涕，童子不歌谣，舂者不相杵"。

宫之奇是臣，虢国公是君。在面对晋国假借道之事上，两人持有不同见解。作为君主，虢国公只看到眼前小利，未思借道的后患。而宫之奇虽为臣子，但有远见，透过晋国的动作就看出晋国想做什么。他有远谋，可怎奈虢国公"肉食者鄙"，虢国被灭，也是意料之中。

6. 关于法则：师出以律，否臧凶

"师左次，无咎。"出自《易经》六十四卦之第七卦。卦辞为"贞，丈人吉，无咎。"卦曰："坎上坤下。"主卦为坎，坎是水，客卦为坤，坤是地。主方与客方都是阴，可以运用恰当时机，采取主动行动和强硬态度，摆脱自己造成的困境。"贞"表示坚持下去，"丈人"指老人，原意是坚持下去，老人是吉利的，不会有灾难。这里的老人可以解释为有经验的人，反之就是，如果没有经验指导，就不一定顺利了，强调经验的重要性，主要用于军事上。

初六，师出以律，否臧凶。律，就是纪律。臧，隐藏。凶，凶险。意思是军队出师之前，一定要强调纪律，否则就会有凶险。出自《孟子·离娄章句上》之"不以规矩，不能成方圆"。规和矩是校正圆形和方形的衡量工具，没有这两种工具，方与圆就画不出来。《荀子·礼论》也说："规矩诚设矣，则不可欺以方圆。"也是强调规矩、纪律的重要性。就像国有国法，家有家法，军队也有自己的纪律。

军律就是军队的纪律，是约束士兵的律法，军律的建立有利于打造一个遵纪守法的军队，能够凝聚士兵的向心力，从而团结，抵御外敌。军律也是衡量一个军队战斗力的标准，一个遵守军律的军队和一个不遵守军律的军队的作风势必不同，其战斗力也是不同。古代打仗之前，将军总要说些豪言壮志来振奋军心，军心不散，那打仗的时候，大家都会朝一个"力"去战斗，自然而然的，军队战斗力就会提高。可以说，在作战期间，军心凝聚力是其战斗力的表现，而军心凝聚力则主要决定于军纪的施行。军队之中，无论地位高低，只要犯错会有惩罚，立功会有奖励，如此赏罚分明的政策一来，会让每个人都遵守，士兵的向心力就会凝聚在一起。如此一来，何愁军队战斗力低下呢？军心凝，则战斗力强；军心散，则战斗力弱，在中国军事史上，这是个亘古不变的道理。

譬如明朝明英宗时的土木堡之变。明英宗朱祁镇去攻打瓦剌时，跟随明英宗的都是京师精锐，又有兵部尚书、户部尚书等诸多大臣跟随，而当时明朝国力昌盛，瓦剌对其来说，不过是小国。但为什么这本该是胜利的战役，却在土木堡发生转折，以至英宗被俘，国本动荡呢？

据《天顺日录》记载："明日于土木驻营。宣府报至，遣成国公率五万兵迎之。"明明是打仗期间，英宗却遣成国公率五万兵迎接。不仅如此，更是"勇而无谋，冒入鹞儿岭，胡寇于山两翼邀阻夹攻，杀之殆尽，遂乘胜至土木。"没有作战经验的英宗，跑到了鹞儿岭，又被瓦剌大军追杀。英宗之所以到土木堡完全是被瓦剌大军逼进去的。而军队在土木堡驻扎的时候，士兵过得很困难，英宗也没有什么办法。

"八月十五日也，将午，人马一二日不饮水，渴极，掘井至二丈，深无泉。寇见不行，退围。"被围困在土木堡时，作战士兵没水喝，于是瓦剌退兵。

兵法有句话叫"兵不厌诈"，意思是用兵作战不排斥运用诡诈欺骗的策略或手段克敌制胜。也是用巧妙的手段骗人。而见到瓦剌退兵，英宗不去想是不是什么阴谋，也不觉得奇怪，就"速传令台营南行就水"，结果当然中计"行未三四里，寇复围，四面击之。"比较奇怪的是，瓦剌打过来了，士兵却没了战斗之心，史记为："竟无一人与斗，俱解甲去衣以待死，或奔营中，积叠如山。"打仗的士兵跑了，而结果就是"二十余万人中伤居半，死者三之一，骡马亦二十余万，衣甲兵器尽为胡人所得，满载而还。"士兵死了一半，骡马衣甲兵器都被掳走。土木堡之变给当时的明朝以沉重打击。

行军打仗，要求最严格的就是自律、军纪，没了这两样，战争没开始，就注定败局。

7. 谈交友：比之匪人

"比之匪人"出自《易经》六十四卦之第八卦。卦辞为"吉。原筮，元永贞，无咎。不宁方来。后夫凶。"比，表示和，亲。筮，筮辞，是卦辞和爻辞总称。咎，灾难。意思是：比卦是吉祥的卦。从开始就坚守正道，不会有灾难。表示从不安宁的状态走出来，刚刚安宁。《彖》曰：比，吉也，比，辅也，下顺从也。原筮，元永贞，无咎，以刚中也。不宁方来，上下应也。后夫凶。其道穷也。

《象》曰："地上有水，比。先王以建万国，亲诸侯。"比卦是吉祥之卦，有顺从辅佐的意思。这一卦主要反映西周建立时，周武王与各诸侯国的关系。诸侯国如果能得到周天子的亲密，就会顺利吉祥，如果不顺从，就得不到，就会有祸端。

六三，比之匪人。匪，就是品行不端的人、强盗。这句话就是与强盗结交。《象》曰："比之匪人，不亦伤乎。"与强盗结交，怎能不受到伤害呢？

而六四，外比之，贞吉。结交外面的朋友，守道而吉祥。《象》曰："外比于贤，以从上也。"结交外面贤明的人，是为了辅佐君王。由六三、六四的对比可以看出，人在与人交往方面，要谨慎。

魏忠贤，字完吾，北直隶肃宁人，明朝末期宦官。深受明熹宗朱由校的喜爱，被赐名为魏忠贤，权势巅峰时期被称为"九千九百岁"，这个称号在平常人眼里是一种跋扈，更是一种至高无上的荣耀，更别说是侍候人的宦官，他的"九千九百岁"就比皇帝"万岁"少了一百岁。《酌中志》记载其："贤少孤贫，好色，赌博能饮啖嬉笑，喜鲜衣驰马，右手执弓，左手彀弦，射多奇中。不识文字，人多以傻子称之。亦担当能断，顾猜很自用，喜事尚谀，是其短也。"年少时家穷却好色赌博，脸皮无耻到能"饮啖嬉笑"，啖就是痰。喜欢射箭但箭术不佳，不认识多少字，却利用朱由校给予的权力来排除异己，专断国政。便有类似"只知有忠贤，而不知有皇上"这样的话流传下来。

关于他的历史评价，清一色都是负面。梁启超曾说"其下者，则巧言令色，献媚人主，窃弄国柄，荼毒生民，如秦之赵高……明之刘瑾、魏忠贤，穿窬斗筲，无足比数。"

同时期，与魏忠贤齐名的是客氏。客氏原名客印月，河北定兴人。因是明熹宗朱由校的乳母，被封为"奉圣夫人"，历史记载其"素私侍朝，所谓对食者也。及忠贤入，又通焉。客氏遂薄朝而爱忠贤，两人深相结。"客氏与魏忠贤是对食夫妻。对食是古代宫廷常见的现象，可分宫女与宫女对食，宦官与宫女对食，后来就是说宫女和太监结成挂名夫妻。客氏得到的荣誉，历史也有记载的："天启元年诏赐客氏香火田，叙忠贤治皇祖陵功。"给一个乳娘建香火，这于礼不符，但朱由校还是这么做了。但客氏却没收敛，反而"忌王安持正，谋杀之，尽斥安名下诸阉。"用计杀了正直的宦官王安。

说起朱由校，他的一生也颇具戏剧性。朱由校是明朝第十五位皇帝，十六岁继位，在位七年。期间因过于宠幸魏忠贤与客氏，使得明朝末期出现了"乙丑诏狱""丙寅诏狱"的冤狱，残害东林党人。身为皇帝，却日常沉迷于木匠活。明朝三大疑案的梃击案、红丸案、移宫案，就有两起发生在朱由校执政期间。他年少登基，对客氏、魏忠贤十分宠爱。"帝深信任此两人，两人势益张。"朱由校对两人好，但客氏、魏忠贤又为朱由校做了什么呢？

《明史》记载："忠贤乃劝帝选武阉、炼火器为内操，密结大学士沈纮为援。又日引帝为倡优声伎，狗马射猎。"魏忠贤结党营私，陷害忠臣，让皇帝失去人心，还引导朱由校沉沦美色，射猎等娱乐活动。

朱由校，死于天启七年（1628年）八月十一日，也与两人脱不了干系初因落水生病，又迷信道教仙药，服药而亡，终年二十三岁，葬于明十三陵之德陵。而把一切看到眼里的朱由检，在朱由校死后，立马抄了魏忠贤的家，魏忠贤自杀，客氏被打死。但此时，明朝的寿命已然走到尽头。

《明史》记载："明自世宗而后，纲纪日以陵夷，神宗末年，废坏极矣。虽有刚明英武之君，已难复振。而重以帝之庸懦，妇寺窃柄，滥赏淫刑，忠良惨祸，亿兆离心，虽欲不亡，何可得哉。"明朝自世宗之后，朝纲逐渐崩坏，到了明神宗末期，朝纲乱纪，已是明朝末日。到了朱由校这里，又宠幸宦官，赏罚随意，忠良死于非命，众心已离，虽然明朝暂时未灭亡，但离灭亡之日不远了。

8. 谈谨慎：履虎尾，愬愬，终吉

"履虎尾，愬愬，终吉。"出自《易经》六十四卦之第十卦。卦辞为"履虎尾，不咥人，亨。"卦曰："兑上乾下。"主方是兑，为泽。客方是乾，为天。上卦是乾，乾是刚健。下卦是泽，泽是恩泽。卦象直白翻译便是：踩到老虎的尾巴，老虎是猛兽，但老虎却不咬人，这表明一切顺利。《象》曰："履，柔履刚也。说而应乎乾，是以履虎尾，不咥人，亨。刚中正，履帝位而不疚，光明也。"与人相处，做事中正不偏不倚，登上帝位也坦荡荡，所以前途光明。《象》曰："上天下泽，履；君子以辩上下，定民志。"履卦是上天下泽，君子能辨正，可以定民治。大致意思为，君子在与人相处中做到守中，就可以让老虎被踩也不咬人，是将坏事变好事，恶事变为善事。

四阳，履虎尾，愬愬，终吉。"愬愬"，是恐惧的形容词。意思就是踩到老虎尾巴很恐惧，但只要妥善处理关系，最终就会化凶为吉。拿踩老虎尾巴做例子的还有三阴，其卦辞曰："眇能视，跛能履，履虎尾咥人，凶；武人为于大君。"眇，是指眼睛瞎。跛，是腿有残疾。意思是瞎眼仍能看到东西，腿残疾仍然可以行走；踩到老虎尾巴，老虎咬人，这是有凶险的预兆；也是武官对君主的做法。这是在告诫人：遇此凶险之境，要小心谨慎。

"履虎尾"就是踩到老虎的尾巴。与此类似的话，我想到我们民间所说的歇后语。"老虎嘴上拔毛。"这比踩老虎尾巴还要惹"老虎"生气，所以是"找死"。歇后语是我国语言史上比较短小而风趣的形式，很多道理都隐喻在这些歇后语之中。

《周易》说"履虎尾，愬愬，终吉。"踩到"老虎"的尾巴，为什么会"终吉"？这并非无缘无故，而是有"因"。因为之前妥当处理关系，所以会"终吉"。而三阴里的"眇能视，跛能履，履虎尾咥人，凶；武人为于大君。"同样踩到老虎的尾巴，却是凶兆。这与我们自身也有原因。三阴与四阳的"因"是相同的，但"果"不同。

有句俗话说，伴君如伴虎。《易经》的这句话，也可以对照着这句话解释，君就像老虎，与君相处，为人臣子自是小心再小心，行事谨慎。而无论是做官，还是做人，谨慎行事总没有坏处。

9. 关于吉凶：无平不陂，无往不复

"无平不陂，无往不复。"出自《易经》六十四卦之第十一卦《泰卦》，泰就是通畅的意思。卦曰："无平不陂，无往不复；艰贞无咎，勿悔恤其孚，于食有福。"所谓"陂"，即陡坡；"复"，即回来；"贞"即坚守正道的意思；"孚"，即诚信。这句话的意思是，没有平地不变为陡坡的，没有只出去不回来的，处在艰难困苦的环境中坚守正道就没有危险，不要担心不能取信于人，要用食物获得福分。

这一卦位于下卦的上爻，正处在进退两难的境地。这时又是天地交际，与人接触的时候，不免反反复复，行了又不行，所以吉和凶在这里会互相转化。从这一卦可以看出，万事万物都是对立并可以转化的，盛极必衰，衰而转盛，所以应时而变者就会泰，即通畅。

关于吉凶转化的道理老子领悟得很深，众人皆知的"祸兮福之所倚，福兮祸之所伏"就出自老子。东汉班固的《通幽赋》中有一句"北叟颇知其倚伏"，这句话成功地揭示了它的寓意。

"北叟"是一个住在与胡人相邻的边塞地区的老翁，这个老翁生性达观，来来往往的过客都尊称他为"塞翁"。有一天，塞翁家的马突然丢失了，邻居们听说后，连忙来到塞翁家里表示惋惜，并对塞翁加以安慰。可出乎意料的是，塞翁丢了马却不以为意，反而释怀地劝慰邻居们，他说丢马当然是件坏事，可坏事情也有可能带来好的结果。邻居见他如此豁达，也就放心地回家了。

可让人想不到的是，没过几个月，塞翁的马竟然又从塞外跑了回来，并且还带回了一匹胡人骑的骏马。邻居们听说了，无不欢快不已，一齐来

向塞翁道贺。可塞翁却一反常态，忧心忡忡地对大家说，也许这匹马会给我带来灾祸啊！邻居们听了不以为意，以为这老人家太多心了。可谁知，没过多久，灾祸果真就降临到塞翁家里了。

原来，塞翁的儿子十分喜欢这匹胡人的骏马，天天骑着这匹马去兜风。有一天，塞翁的儿子太过大意，竟从飞驰的马背上掉了下来，摔断了一条腿。善良的邻居们听说后，又纷纷来安慰塞翁，塞翁仍旧不以为意，认为这也有可能带来好的结果。邻居们听了，怏怏地走了。

塞翁的好结果很快就来了，他们父子因为儿子摔断腿避免了一场生离死别的灾难。原来，第二年胡人大举入侵中原，边塞形势紧张，身强力壮的青年都被征去当兵，十有八九战死疆场。唯独塞翁的儿子跛腿，可以免除兵役。塞翁最终因祸而得福。

这个塞翁的故事流传十分广泛，也就是人们所熟知的"塞翁失马，焉知祸福"的典故。它说明人世间的好事与坏事都不是绝对的，坏事可以引出好的结果，好事也可能会引出坏的结果。《易经·泰卦》这一卦的"无平不陂""无往不复"告诉人们的也是这个道理，福可以转化为祸，祸也可变化成福，这种变化深不可测，谁也难以预料。

不过，利害转化、安危相易是有一定条件的，即危困、灾害一定有它发生的原因，也有一定的变化过程。《庄子》中有一个"皮之为灾"的寓言，讲述的是"斗孤文豹"被围猎的故事。"斗孤文豹"发现自己总处在危险中，东躲西藏，可是它一直不知道自己犯了什么过错。原来，它之所以被围猎，就是因为它们的皮毛十分漂亮，可以拿来卖个大价钱。这和人陷于险境也是一个道理，这个世上只有不知道起因的灾难事故，却从不会有无因而起的灾祸。

面对这样的结果，《易经》又告诉人们，只要能够做到"艰贞无咎""勿悔恤其孚"，就会出现吉相，渡过难关。这一卦中"于食有福"中的"食"，也并不专指食物，它可以指代广泛的利益。正所谓民以食为天，所以，在危难时期能够给予他人的利益，一定不能吝啬，这样让对方接受自己，也可以算作吉凶转化的条件之一。

同时，陷入险境时，一定要保持一份豁达的情怀，保持一种积极向上的人生态度，只有这样，才能迎来人生否极泰来的时刻。

10. 何谓坚持：先否后喜

"先否后喜"出自《易经》六十四卦之第十二卦。卦辞曰："否之匪人，不利君子贞；大往小来。"匪，行为不端。匪人，便是指行为不端的人，大致意思是被行为不端的人否定，不利于君子继续坚持下去，付出大而收获小。

上九，倾否，先否后喜。倾，是仄也，从人从顷。因否卦是小人道长，君子道消之态，所以要求君子不利君子贞，但因为内卦为先，坤为闭为否，外卦为后，兑为喜悦，故为先否后喜。否闭结束，那就是通泰开始，《杂卦传》："否泰反其类也。"否与泰就是一对相互依存相互转化的矛盾，所以才有"否极泰来"的说法，所以要求君子"贞"，也就是坚持的意思。

西汉时期的孝元皇后王政君，她是魏郡元城人，阳平侯王禁次女，汉元帝刘奭皇后，汉成帝刘骜生母，是中国历史上寿命最长的皇后之一。稳居后位长达六十一年。而就是这么被载进史册的皇后，她的一生，可谓是跌宕起伏的一生。虽为阳平侯所出，但因是次女，并不受宠。其母李氏因王禁酗酒曾改嫁他人，在后来王政君入宫，阴差阳错之下成为当时还是太子的刘奭之妃，但因其性格不讨刘奭喜欢，也不受宠。再加上刘奭即位后，后宫美人无数，他对这个"无味"的皇后更是冷淡。

但王政君能忍啊，皇帝不宠爱没关系，那时的王政君因生下刘骜而母凭子贵，后宫没人动摇其后位。忍到宣帝驾崩，刘奭登基，是为汉元帝。然而汉元帝与王政君的关系并不好，再加上汉元帝后来宠幸赵氏姐妹，母子关系可以说是冰点。就这么个丈夫不爱，儿子不亲的女人，却历经汉元帝，汉成帝，汉哀帝，汉平帝四朝，最后就算是王莽篡汉，她也能安享晚年，最后与汉元帝合葬，她也算得上是比较成功的"媳妇熬成婆"的典型例子。

除了王政君，西汉还有个司马迁，我们都知道他是西汉伟大的史学家、文学家、思想家。曾任太史令，后因替李陵败降辩解而受宫刑，太史令就是史官，掌管起草文书，记载史事，编写史书，兼管国家典籍、天文历法、祭祀等。宫刑是古代封建王朝的产物，对人的身心伤害极大。司马迁受宫刑后，并没有因此放弃自己太史令的职责，反而发奋继续完成所著史籍，写成我们现在所知道的《史记》，被后世尊称为史迁、太史公、历史之父。

王政君与司马迁虽然并非同类人，一个在后宫，一个在朝廷。但都面临抉择，王政君的一生，前期的后宫生活钩心斗角，个人又优柔寡断，产生很多问题，而且后宫生活无聊，谁能像她一样熬得住那么多年？而司马迁是男子，受宫刑对其来说是侮辱，但就像韩信忍受胯下之辱，司马迁也忍了下来，并坚持把自己的事情做完，两者虽不同，却也相同。都被后世记住，取得成就也全靠自己咬牙坚持下去。

古今中外，关于坚持的励志名言实在太多。譬如荀子在《劝学篇》里写道："积土成山，风雨兴焉；积水成渊，蛟龙生焉；积善成德，而神明自得，圣心备焉。"土慢慢积累会变成山，才有风雨；水慢慢积累会变成渊，才能生蛟龙。积累善行就是德行，神明会知道，自己也具备圣心。所以"故不积跬步，无以至千里；不积小流，无以成江海。骐骥一跃，不能十步；驽马十驾，功在不舍。"跬步无以至千里，小流无以成江海。都是不能"积累"。而骐骥不能跃十步，驽马却能十驾，是因为"功在不舍"。倘若不能做到坚持，朽木都不能折断。做到坚持，金石都能雕出花。

除了《劝学篇》外，还有诸如"有志者事竟成""精诚所至，金石为开"等名言警句。这里面所讲的道理，都说的是坚持的重要。而坚持对我们日常生活中，更有其积极意义。人就像爬山，旅途之中有很多困难，就看能不能坚持下去，知道坚持，就不会轻言放弃。不轻言放弃，总会爬到山顶。

毕竟，来日方长。

11. 谈感情投资：同人于郊，无悔

"同人于郊，无悔"，出自《易经》第十三卦。卦曰："同人于野，亨，利涉大川，利君子贞。"又曰同人卦，在同人卦之中，主卦是离卦，离卦是火，客卦是乾卦，乾卦是天。火总是向上的，所以冲天。然而，因为太冲，需要乾卦帮助，所以"同人于野""同人于门""同人与宗"。意思是与他人在野外会同，是顺利之态，有利于跨越河川克服困难，有利于君子的坚持。这卦也称为同人卦，主要涉及与人会同方面。

六阳，同人于野，无悔。野就是野外，悔就是后悔。这句话的意思是与人在郊野会同，没有后悔。阳，表示客方态度强硬或粗暴，主方亦是。但为了自身利益，需要对他人宽容，并与客方联合在一起，没有悔恨。与人相处要学会见机行事，学会打感情牌。

中国历史上传下来的美丽传说很多，有记载爱情轰轰烈烈的梁祝，有记载虚实相绕的庄周梦蝶，还有得遇知己的高山流水的故事，也有记载友情的典故。譬如《列子·力命》里记载的"生我者父母，知我者鲍子也。"的管鲍善交也，后世称之为管鲍之交，现今用来形容两个人之间的关系亲密且彼此信任。"管"指的是管仲，"鲍"则指鲍叔牙，都是春秋战国时期活跃于齐国政治舞台上的人。

鲍叔牙，姒姓，鲍氏。齐襄公在世时，因其醉杀鲁桓公，与齐襄公同父异母的两兄弟公子小白与公子纠分别逃出齐国，而齐襄公被公孙无知杀掉后，公孙无知自立为君又被杀掉后，齐国无君。而听闻消息，公子小白与公子纠都同时赶往齐国，当时公子纠有鲁国靠山，可以说不是特别看好公子小白。而鲍叔牙在公子小白逃亡之前就跟在其身边，协助其夺得国君之位。公子小白继位后，成为齐桓公。齐桓公想要让鲍叔牙当齐国相国，可鲍叔牙却推荐曾与公子小白对立差点杀掉齐桓公的管仲。

管仲是谁呢？其姬姓，管氏，是和鲍叔牙同乡之人。姬姓是周王朝的王室氏姓，管仲的祖上曾是姬姓的后台，与周王室同宗。西周实行分封制与嫡长子继承制，在经历多少年的分封后，到管仲时期早就与周王室打不到八竿子关系，管氏到管仲这一代已然是家道中落，为了维持生计，管仲只好与人合伙做自己认为最卑贱的商人，当时商人的社会地位低下，商人给人的印象就是重利而轻义。而当时与管仲合伙做生意的，正是鲍叔牙。

《史记》载："管仲夷吾者，颍上人也。少时常与鲍叔牙游，鲍叔知其贤。管仲贫困，常欺鲍叔，鲍叔终善遇之，不以为言"管仲是颍上人，年少一起与鲍叔牙游历，鲍叔牙知道他是贤能之才。管仲家穷，经常欺负鲍叔牙，鲍叔牙总是不计前嫌，厚待管仲。这点管仲自己也证实过。"吾始困时，尝与鲍叔贾，分财利多自与，鲍叔不以我为贪，知我贫也。吾尝为鲍叔谋事而更穷困，鲍叔不以我为愚，知时有利不利也。吾尝三仕三见逐于君，鲍叔不以我为不肖，知我不遭时也。"管仲年轻与鲍叔牙做生意的时候，自己经常把赚来的钱多分给自己，鲍叔牙却不说我有贪念，是因为知道我家穷。因为和鲍叔牙一起做事，鲍叔牙不认为我愚钝，知道我时机还未到。我几次做官都被拒绝，鲍叔牙不认为我不能胜任，他知道我生不逢时。而一起当兵时，我曾多次在战场上逃跑，鲍叔牙不认为我是胆怯之徒，他知道我还有年纪大的母亲需要赡养。当时公子小白胜利后，公子纠失败，一起谋事的召忽自杀了，我被囚禁受辱，鲍叔牙不认为我是无耻之徒，他知道我不怕丢失小节，而是羞耻自己的才能未能让天下人知晓。所以管仲感叹："生我者父母，知我者鲍子也。"

管仲与鲍叔牙的关系，一直让人赞叹。鲍叔牙对管仲的态度可谓是好到不能再好了。鲍叔牙与管仲的关系，大抵也就是"同人于野，无悔"的境界。如果我们把鲍叔牙对管仲的感情说成是感情投资，未免有些狭隘。

无论是鲍叔牙，抑或是管仲，其实都是两个有贤能的人。而管鲍之交，则是两个人在乱世之中相互帮衬，惺惺相惜罢了。

12. 何谓目光长远：匪其彭，无咎

"匪其彭，无咎"出自《易经》六十四卦之第十四卦。卦曰："离上乾下。"上卦是离，离，为火，为日。而下卦是乾，乾为天。离火在乾天之上，在气候上就是风和日丽，人事上蒸蒸日上。《彖》曰："大有，柔得尊位，大中而上下应之，曰大有。其德刚健而文明，应乎天而时行，是以元亨。"《象》曰："火在天上，大有；君子以遏恶扬善，顺天休命。"这个卦又称为"大有卦"，是气运充沛的意象，有顺天依时之意，属上上卦。

九四，匪其彭，无咎。这里的"匪其彭，无咎"，可解释为用太阳晒男巫以求雨，没有灾祸。是吉卦，而《象》曰："匪其彭无咎，明辨晢也。"彭，是盛气凌人。明辨晢也，是对"匪其彭无咎"的释义，大致是达到明智解析问题。

老子所著的《道德经》曾记录这么个故事："昔孟母，择邻处；子不学，断机杼"。这说的就是孟母三迁的故事。其实这个故事，大家都不陌生。故事讲的就是孟轲的母亲为了让自己儿子拥有好的教育环境，曾多次搬家，最后搬到学宫旁边。在西汉·刘向所著的《列女传·卷一·母仪》中记载："孟子生有淑质，幼被慈母三迁之教。"为了教育孟子，孟母先是"近于墓"孟子学为丧葬，躄踊痛哭之事。母曰："此非所以处子也。"又近于市，孟子又嬉为贾人炫卖之事，母曰："此又非所以处子也。"再近于屠，学为买卖屠杀之事。母又曰："是亦非所以处子矣。"最后到学宫之旁，每月朔望，官员入文庙，行礼跪拜，揖让进退，孟子一一习记。孟母曰："此真可以处子也。"遂居于此。孟母三迁现在多用来表示父母用心良苦，还有家庭环境对孩子的重要性。但反过来从孟母这个角度考虑，孟母三迁的目的不是让孟子"学为丧葬，躄踊痛哭""嬉为贾人炫卖""学为买卖屠杀"，而是知礼读书，这也说明孟母绝非目光短浅之人，至少在教育孟子这件事上。

在春秋战国时期，齐襄公死后，分别逃到莒国和鲁国的公子小白和公子纠先后回国，欲争王位。公子小白先回到齐国夺得君位，不久之后，鲁国护送公子纠回到齐国，两军对战，齐国胜，鲁国败。公子纠被杀身亡后，齐桓公又借口鲁国插手齐国国事，再次发兵攻打鲁国，齐鲁对战于长勺，最后这场战争以齐国败、鲁国胜为结果，史称"长勺之战"，是历史上为数不多的以少胜多的战役之一。而在这场战争中，曹刿一战出名，这段故事也被写进了《左传》里。这场战役，最著名的便是他的"一鼓作气，再而衰，三而竭"的作战方法。

《左传·庄公十年》记载："十年春，齐师伐我。公将战，曹刿请见。"庄公十年的时候，齐军攻打鲁国，鲁庄公快要打仗的时候，曹刿去见。而从"公将战，曹刿请见"这么大胆的行为，曹刿乡人曰："肉食者谋之，又何间焉？"乡人觉得这等国事是当权者考虑的，而曹刿曰："肉食者鄙，未能远谋。"当政的人目光短浅。之后，曹刿入见。并问了鲁庄公："何以战？"鲁庄公说："衣食所安，弗敢专也，必以分人。"曹刿却说："小惠未遍，民弗从也。"鲁庄公又说"牺牲玉帛，弗敢加也，必以信。""小大之狱，虽不能察，必以情。"这些分别是从对民、对神、对刑罚的态度，而从"曹刿请见，乃入见"这里看，鲁庄公的作风其实挺正派的，也是能做到所说的"衣食所安，弗敢专也，必以分人""小大之狱，虽不能察，必以情"的人，所以，曹刿请求鲁庄公让他在打仗时，跟在鲁庄公身边。

而故事过程，我们也都知道。曹刿利用"一鼓作气，再而衰，三而竭。"的原理，后发制人，取得长勺之战的胜利，最后，鲁庄公问曹刿在战场上为何"三鼓而发，下视其辙"，曹刿解释道："夫战，勇气也。一鼓作气，再而衰，三而竭。彼竭我盈，故克之。夫大国，难测也，惧有伏焉。吾视其辙乱，望其旗靡，故逐之。"从曹刿论述战略上，我们可以看到曹刿的谋略，以及他自身的目光长远，深谋远虑。

13. 谈谦逊：劳谦君子，有终

"劳谦君子，有终。"出自《易经》六十四卦之第十五卦。卦曰："亨，君子有终。"上卦为坤，坤为地。下卦艮，艮为山。谦卦是艮下坤上，解释就是地下有山。山是高耸，因为在地下，所以显示不出来。谦卦用地下之山的意象来表示，谦逊君子就像是山一样，从不拔高或贬低自己，诚恳对待周遭，还能做到不张扬，是德高望重且低调的人。《象》曰："谦谦君子，用涉大川，吉。鸣谦，贞吉。劳谦。君子有终，吉。"这是谦卦。

九三，劳谦，君子有终，吉。直白的解释为劳动时谦逊，君子有好的结局，吉利。劳，是劳动；谦，是谦逊；终，是终了，结束。对于谦逊，孔子曾说过："劳而不伐，有功而不德，厚之至也。语以其功下人者也。德言盛，礼言恭；谦也者，致恭以存其位者也。"有功劳不夸耀，有功德也不自以为是，是非常敦厚。德是说他有盛明敦厚的德行，礼是说他行事恭敬，而谦就是说他懂得恭敬，这也有助于稳固自己的地位。

谦逊，是待人之礼，在与人相处过程中，要时刻抱有这种思想。"枪打出头鸟，刀砍地头蛇"以及"树大招风"都是因张扬而惹祸端的成语。三国时期，魏国文学家李康曾在《运命论》记道："故木秀于林，风必摧之；堆出于岸，流必湍之；行高于人，众必非之。"一棵树在树林里长太高会被大风摧毁；土堆越过岸边，就会被水冲走；行事高调，众人必定有非议，通过这三例，就是在教导我们，做人要谦逊低调，不能太过张扬。这种谦逊显示个人素养，有利于人际关系的发展，如果做不到低调谦逊，后果可能会很严重。

杨修，字德祖，是杨彪之子，三国魏国人。博学多记，十分聪明，由孝廉制而做官，任丞相府仓曹属主簿。因为聪慧，所以办事效率高，能知曹家内外，办的事也都让人满意。《世说新语·捷悟》曾记载几则关于杨修的事情。

　　其中一则说的是曹操杨修同行，在经过曹娥墓碑时，就看到"黄绢幼妇，外孙齑臼"八字，曹操就考杨修懂不懂，杨修说懂。但是曹操不懂，两人走了三十里路，曹操才让杨修解释意思，杨修道"黄绢，色丝也，于字为绝；幼妇，少女也，于字为妙；外孙，女子也，于字为好；齑臼，受辛也，于字为辞：所谓绝妙好辞也。"而曹操的答案与杨修一样，但不同的是，曹操是走了三十多里路才懂的。所以曹操感叹："我才不及卿，乃觉三十里。"

　　杨修当然有才。曹操虽爱才惜才，但同时也是位君主，杨修有时候做事却没考虑周全，《三国志·魏志·武帝纪》记载曹操与刘备打仗时，恰逢大雨，曹军粮草快没了。曹操想事想的入迷，士兵问令时，就随口说了鸡肋二字，杨修听到后，就让士兵收拾行李准备撤兵。这可是犯了大忌，毕竟有句话叫"不在其位，不谋其政"。除此之外，杨修插手太子立选之事也是大忌，更何况其为人恃才放旷，不懂收敛锋芒，所以后来被曹操所杀。杨修之死，也死于其张扬的性格。

　　中国古代教育家颜之推曾在《颜氏家训》提道："然而自古文人，多陷轻薄"，而其所举的事例便有"露才扬己，显暴君过"的屈原，还有恃才傲物的杨修，颜之推由此总结道："此诸人，皆其翘秀者，不能悉纪，大较如此。"这些人都是优秀人才，但都太张扬还不遵守法纪，所以开始不同，结局相同。

14. 谈变通：官有渝，出门交

"官有渝，出门交"出自《易经》六十四卦之第十七卦。卦曰："随：元，亨，利，贞，无咎。"上卦是兑，兑为悦。而下卦是震，震为雷、为动。动而悦就是"随"。以坚贞为前提，主方跟随客方，顺从依附。随：元亨利贞，无咎。天下的事物都要随时而动。《象》曰："泽中有雷，随；君子以向晦入宴息。"《彖》曰："随，刚来而下柔，动而说。随大亨，贞无咎，而天下随时，随时之义大矣哉。"随卦象征着跟随，君子主动随从于民，民众也因感应随从于阳刚君子，只有让民众高兴，才能动而悦的跟随君子，这意味着要追求正道。

一阳，官有渝，出门交。这里的"官有渝，出门交。"原句是"官有渝，贞吉；出门交有功。"可解释为上司的行动有变化，坚持变化是为吉利，出门交往就会获得功劳。阳是阳爻，表示主方可积极主动地谋取自身利益，求职或示爱。"官"指客方，是主方之外的人，"渝"，指改变，是变化的。意思是"官"有变化，自己也要跟着变化，这样或许能够取得成功。

孔子的主要学术思想是"仁政"，"仁政"在"仁"，儒家思想也是以"仁"为核心的。《论语》也多次提到过"仁"，但"仁"具体是什么，孔子并没给出唯一的标准答复。有许多弟子问仁，也有一个弟子多次问仁。孔子的回答没有一处相同。有"博爱谓仁"，也有"仁者不忧"。孔子曾说："克己复礼为仁。"克制自己，使行为符合礼，就是仁。又说："人而不仁，如礼何？人而不仁，如乐何？"一个人缺乏仁爱，礼乐对他来说，都不起作用。又说："仁者必有勇，勇者不必有仁。"仁德的人必定勇敢，有勇气的人不一定有仁德。"君子去仁，恶乎成名？君子无终食之间违仁，造次必于是，颠沛必于是。"君子违背仁德，就不是仁德君子。就连吃饭这么短暂的时间，君子也不会违背仁德。在颠沛流离的生活中，也是按照仁德去做。

其中在《论语·宪问》里，子路曾问道："桓公杀公子纠，召忽死之，管仲不死。未仁乎？"子路提出的故事典例是春秋，春秋齐国内乱，公子小白与公子纠都想争夺王位，公子小白胜，为齐桓公。胜者为王，所以齐桓公逼迫藏匿公子纠的鲁国杀掉公子纠。鲁国为自保，照做。公子纠死后，当时跟随在公子纠身边的有两个人，一个是公子纠的老师召忽，一个就是鲍叔牙的好友管仲。古代崇尚礼节清白，当时召忽为了尽人臣礼节，就跟在公子纠后面，自杀身亡了。但管仲没有。所以子路问管仲是不是仁，孔子回答道："桓公九合诸侯，不以兵车，管仲之力也。如其仁，如其仁。"孔子认为，管仲帮助齐桓公当上霸主，对天下人来说就是管仲的"仁"。

除了子路，子贡也问这件事。子贡曰："管仲非仁者与？桓公杀公子纠，不能死，又相之。"公子纠死，管仲不跟着死就算了，反而去曾经的敌对方齐桓公那里当相国。孔子却说："管仲相桓公，霸诸侯，一匡天下，民到于今受其赐。微管仲，吾其被发左衽矣。岂若匹夫匹妇之为谅也，自经于沟渎，而莫之知也？"管仲做齐桓公的相国，让齐桓公能称霸于诸侯，使天下太平，人人安居乐业。也不用受夷狄的骚扰，还能得到赏赐，如果没有管仲，中原就会成为夷狄的天下。难道要让管仲为了尽人臣礼节，在小山沟里上吊自杀，而不被人所知道吗？

孔子一直念叨礼，如果按一般人看来，管仲"不能死，又相之"的行为，是违背当时的君臣之礼的，但是孔子判断管仲仁不仁的时候并没拿一个标准去衡量，而是通过对弟子们解释管仲的"大仁"，来说明管仲的"仁"，"仁"的意思并不是刻板不变，衡量一个人是否仁也不能拿文字上的标准去判断，要学会变通，通过变通，才能更好地理解。

15. 谈忧患意识：夕惕若厉，无咎

"夕惕若厉，无咎。"出自《易经》六十四卦之第一卦。卦辞为"元亨利贞"。卦曰："乾上乾下"，主方与客方都是乾，主客势均力敌，重要的是处理主客方关系。就像坤代表地，乾用来代表天。乾为天，是阳，表示刚健中正。"元亨""利贞"都表示吉祥，元亨是大吉。利贞是大利的贞卜。乾卦以万物之道，以"元、亨、利、贞"为卦，表示只要跟随大道，就会"元、亨、利、贞"吉祥如意。

九三，夕惕若厉，无咎。这里的"夕惕若厉，无咎"原句是"君子终日乾乾，夕惕若厉，无咎。"乾乾，有"天行健，君子以自强不息"之意，是指勤奋刻苦；惕，指警惕。厉是危险。无咎，就是没有灾难。《象》曰："终日乾乾，反复道也。"君子每天都勤奋学习，坚持不懈。大致可理解为君子每天都坚持不懈的学习，就算这样，晚上还再三反省自己，虽然处境艰难，但不会有灾难。象征着君子处于既可大有作为而又充满凶险的处境之中，如能倍加勤勉戒惧，可以没有灾难。

"生于忧患，死于安乐。"原句出自《孟子·告子》，孟子以"舜发于畎亩之中，傅说举于版筑之间，胶鬲举于鱼盐之中，管夷吾举于士，孙叔敖举于海，百里奚举于市。"为例子，上述例子的主人公都是比较出名的人物。而这些人呢，都是上天为了考察他们，才会"苦其心志，劳其筋骨，饿其体肤，空乏其身，行拂乱其所为，所以动心忍性，曾益其所不能。"而通过这些人的事例，孟子认为："人恒过，然后能改；困于心，衡于虑，而后作；征于色，发于声，而后喻。入则无法家拂士，出则无敌国外患者，国恒亡。"即：一个人犯错，才知道改正；在心里困惑后，然后才能有行动；愤怒表现在脸色上，怨恨在言语迸发，才会被人知晓；人如此，国家也是如此，如果国家没有坚守法度的臣子，国外没有足以抗衡的祸患对手，那这样的国家就会慢慢丧失活力，进而走向灭亡。所以孟子说："然后知生于忧患，而死于安乐也。"国家灭亡了才知道，时常抱有忧患意识能让国家生存发展迸发活力，而安逸享乐则会走向灭亡。

春秋战国时期，是礼乐崩坏的时代。周天子大权旁落，众多诸侯国为争霸权，纷争不断。那时候的诸侯国就像现在处于创业阶段的中小型公司一样。一场春雨之后，公司接连成片的复苏，而一场秋雨之后，公司又接连成片倒下。春秋时期的诸侯国也是如此，国乱太多，小国基本上熬不过几年就要灭亡，而为了生存，这些国家就得战斗。有些国家能存活，而有些国家只能挨打，孟子就是在此背景之下，提出国家要想不被灭，就要时刻保持忧患意识。

这种"生于忧患，死于安乐"的道理，更适合解释中国历代封建王朝的兴亡原因。皇帝在创业阶段，知民生疾苦，目睹过民间事情，因为看到过，所以对人民有怜悯之心，政策也是笼络民心。建朝之后，第一位皇帝知道江山得来不易，所以勤勉政事，对未来的天子也是告诫要顺民意。第二位皇帝或许能遵守，但如果轮到第八位，第九位呢？这些皇帝自幼生长在皇城之中，吃穿住行都是精心准备的，与之一同长大的也尽是官宦子弟，都是养尊处优之辈。有的尚能知晓"守天下"的难处，没有祸害人民。但有的性格骄纵，对人民更是态度恶劣。

当朝皇帝心态发生变化，王朝体系也会变化。臣子也有原来的寒门，慢慢成为贵族。如此一来，整个王朝行政体系发生变化，经过前几位皇帝的劳作后，日渐兴盛，而兴盛之下，也有祸端。前几位皇帝不仅留下盛世，也留了很多历史问题，当朝皇帝如果没有处理这种历史问题的能力，一旦做法不妥当，就会引来内乱。被内乱引出的王朝祸端也就随之出来，逐渐崩塌王朝体系，进而灭国。

所以孟子认为，要想国家不灭亡，执政者要时刻保持忧患意识，才能让王朝保持活力。

第九章
《春秋》之历史法则
辅车相依，唇亡齿寒

　　《春秋》是中国最早的一本编年体史书，始于鲁隐公元年，记载了公元前 722 年至公元前 481 年之间长达 242 年的史事。开篇第一句："元年春王正月。"——鲁隐公元年的春天，正月——看似只是平淡无奇的编年纪事，背后却暗藏玄机，至今人们仍然众说纷纭。

　　解释《春秋》的"三传"之中只有《公羊传》解释了这句话，正是在这段解释中第一次出现了一个对中国历史很重要的概念，那就是"大一统"。

　　不妨看看中国历史长卷，历朝历代始终追求的发展趋势皆是"大一统"。《三国演义》以"天下大势，合久必分，分久必合"一句高度概括了中国历史，而最根本的动力正是"合"。

　　"大一统"是中国人骨子里不可磨灭的情结，每个炎黄子孙都向往着国家统一、家庭安宁的局面。而《春秋》开篇的六个字正是这一切的源头之所在。看似不着痕迹，实则微言大义，这就是所谓的"春秋笔法"。

1. 谈国势衰微：冬日可爱，夏日可畏

一个人，从他出生到死亡，会经历爱与恨，生死离别。佛记七苦：生，老，病，死，怨憎会，爱别离，求不得。即为求不得长生，求不得永葆青春，求不得身体健康，逃不了死亡，仇敌相对，深爱却别离，有求不得。不得不承认，人各有命，生死在天。就连孔子都说："命也夫！斯人也而有斯疾也。"面对伯牛的疾病，孔子只能说命运。命运到底是什么？有人解释说命为定数，运为运气。两者合在一切，就是命运。

命运并非一成不变，它是随着"运"而变，但这个运具体指什么？可以理解为运气，也可以指因为努力而赢来的运气，总之运是抓不到摸不到的，就像人，人也有命运，有注定的爱恨嗔痴贪恋狂。除了人有命运，一个家庭，甚至于一个国家，都会有命运。

人的命运能决定生命的深度以及长度，家庭的命运能预示兴衰盛亡，一个国家的命运，具体可表现为国势的衰微与兴盛上，再具体点，就是一个王朝的崛起，一个王朝的灭亡。

夏朝兴于启，亡于暴君桀；商伐夏，称都朝歌，灭于商纣帝辛；西周再伐商，周又灭亡；之后秦始皇一统六国，建立封建帝制的秦朝，短短不过几年，却被一场大泽乡起义给断了繁盛之路，之后楚汉称霸，刘备胜出，却在数百年后的王莽篡汉中，西汉覆灭。即使后来东汉开国皇帝光武帝刘秀夺回汉室，后来还是被曹魏夺权，可魏国也没得意多长，就被晋朝夺权，之后等等。这些历史朝代，似乎都像是经历某个轮回。以唐朝更为典型，唐朝开国皇帝唐太祖建立唐朝，是兴。后有唐太宗"贞观之治"，唐玄宗的"开元盛世"，近百年的兴盛看似前途辉煌，可好似暗处就是有一双手，控

制着时代的发展。"盛极必衰"的道理在王朝更替中更为明显，唐朝的安史之乱把盛唐带向衰唐，一发不可收拾。

当然，我们不能把王朝的兴盛与灭亡归咎为哲学里的唯心主义，从历史唯物主义来说，一个王朝的兴盛与灭亡必然有其原因，这种原因很复杂，是多种因素糅杂在一起的原因。

先说夏商西周先秦时代，因为秦始皇焚书坑儒，我们现在得到的先秦书并不多，从一些史记可知道，建立夏朝的启，是大禹的儿子，据史书记载，启与伯益禅让时，社会万民是支持启的，可以间接说明当时启的德行应该是上等之人。而沦到夏桀时，《竹书纪年》记载，其"筑倾宫、饰瑶台、作琼室、立玉门"。生活奢侈，不问国事。所以夏朝被商灭，是理所当然。而商朝覆灭的命运几乎和夏朝一样，帝辛暴虐，西周伐之。西周灭亡也是因周幽王不拿国事当事，任性害了自己，还害了西周。到了战国时代，国家的衰亡更是与国策息息相关。

《左传·文公七年》记载："酆舒问于贾季曰：'赵衰、赵盾孰贤？'对曰：'赵衰，冬日之日也。赵盾，夏日之日也。'"酆舒问贾季，晋国的赵衰、赵盾哪位贤德？贾季比喻说赵衰是冬天的太阳，而赵盾是夏天的太阳，我们都知道冬天的太阳是温暖的，夏天的太阳是炎热的。以夏冬之日来比喻赵衰、赵盾的行政法则，赵衰是帮助晋文公争霸的卿大夫，他能跟随当时还不是君王的重耳流亡十九年，途中还为晋文公挡去祸灾，并给晋文公献计护送周王，赢得民心。

赵衰行事温和，赵盾雷厉风行，两者行事不同，评价自然不同。《左传》作者是恪守礼仪之人，因后面的"赵盾弑其君"，才用"夏日之阳"比喻，可《左传》里的"夏日之阳"未免偏颇，赵盾虽弑君，但也在晋灵公暴虐无道，小小年纪就以杀人为乐，在那个不是你死就是我亡的时代，光靠"冬日之阳"也无济于事，最能护国的还是"夏日之阳"啊。

当然，特殊年代特殊对待，在和平年代，自然是"冬日之阳"为好。

2. 何谓"善政"：见可而进，知难而退

春秋时期，国多，国君也多。有齐桓公楚庄王那样的霸主，也有卫献公梁惠王之流。可通读春秋，有位国君可以说是当时争霸国君里的清流了，他是郑国国君郑襄公。不仅郑襄公，在诸国为领土厮杀，尤为是晋楚两国之间的明争暗斗中，郑国国君行政都是特殊的。

郑襄公是继承他哥哥郑灵公王位的，郑襄公这一生，比起周边诸侯王来说，可以说很是平淡，甚至可以说是无节操的墙头草，不过也正是他这种"墙头草"的行为，让郑国不至于像虞虢等国走向灭亡之路，况且这种"背楚向晋""背晋向楚"的"墙头草"行为，早就被郑襄公的父亲，也就是郑穆公用到极致。

郑穆公继承王位也不是容易的事，他未成王时称为公子兰，当时是郑文公当政。因为郑文公儿子多，怕有公子篡位，郑文公就杀了几个儿子，又放几个儿子出国，公子兰当时逃亡晋国，服侍晋文公，在郑文公死后，在晋国的支持下，公子兰成功继承王者，也使晋郑两国结好。

可后来，楚穆王征讨郑国，郑国向晋国求援，晋军没有救援，郑穆公只好与楚穆王达成协议，与楚国结盟，并帮助楚国讨伐宋国。在与楚国结盟不久，宋国公子鲍杀死宋昭公自立为君，让晋国纠兵攻打，郑兵到时，晋国与宋国已然结盟，这让郑穆公十分生气，所以就又跑去和楚国结盟，背离晋国。

到了郑襄公这里，郑国在晋楚两国之间更加难做人。因宋国华元去楚国当人质，但郑国却无故放跑华元，这让楚国十分生气，所以征伐郑国。

《左传·宣公十二年》记载："楚子围郑。旬有七日，郑人卜行成，不吉。"

楚国围攻郑国，结果"三月克之"，楚王进郑国，郑襄公"肉袒牵羊"，并朝楚王说道："孤不天，不能事君，使君怀怒以及敝邑，孤之罪也。敢不唯命是听。其俘诸江南以实海滨，亦唯命。其翦以赐诸侯，使臣妾之，亦唯命。若惠顾前好，徼福于厉、宣、桓、武，不泯其社稷，使改事君，夷于九县，君之惠也，孤之愿之，非所敢望也。敢布腹心，君实图之。"大致意思是，郑国知道楚国现在是天命所归，再反抗也没用了，所以希望楚国息怒。然后希望楚国念及往日情分，不要把郑国灭了，而是把郑国作为附属国对待，这些"君之惠也，孤之愿之"对大家都有好处。

当时楚国刚刚灭掉陈国，楚庄王再把郑国灭了，会处于舆论下风，再加上灭掉郑国就等于直接和当时的晋国宣战，楚国考虑再三，就答应郑襄公的要求。

春秋战国，郑国始终在晋楚两国之间当制衡点，这也决定了郑国的外交政策。在后来晋楚两军对垒时，臣下问该帮谁，郑襄公说谁赢了就归顺谁，于郑国来说，这是计策。

郑穆公也好，郑襄公也罢，秉承着"知难而退"的缘由不外乎："若惠顾前好，徼福于厉、宣、桓、武，不泯其社稷。"国家不被灭亡就行了。

只要国不灭，一切都还有翻盘的机会。

3. 何谓贪念：侵欲无厌，规求无度

《说文》载："贪，欲物也。"在佛教里，贪与嗔痴是三火。贪，是欲念，是不得到誓不罢休的恶之花。这里的贪并不单指财物之贪，还包含名与利，世间万物，一切可欲之物，只要产生无穷尽的占为己有的欲望，就可以说贪。在春秋时期，最能体现贪欲的便是扩张领土，战争与权势。

公元前 545 年，周灵王驾崩，周景王继承大统，立王子猛为太子，却偏爱庶子王子朝，导致朝中多有微词，毕竟依据礼法，是"立嫡不立长"的，周景王临死之际，还未扶立王子朝为太子，便撒手人寰，王子朝想做君王，遂联合朝廷贵族赶走王子猛，王子猛死后，王子朝又赶走王子猛的亲弟王子匄，后来晋国看不下去了，帮助王子匄重返周王朝，毕竟周代重礼，王子猛死后，王子匄就是嫡长子了，所以王子匄登基合情合理，可王子朝哪肯善罢甘休，他让人给各诸侯国带话，说周王室单穆公与刘狄搅乱周朝王政，带来灾难。

《左传·昭公二十年》记载："今王室乱，单旗、刘狄，剥乱天下，壹行不若。谓：'先王何常之有？唯余心所命，其谁敢请之？'帅群不吊之人，以行乱于王室。侵欲无厌，规求无度，贯渎鬼神，慢弃刑法，倍奸齐盟，傲很威仪，矫诬先王。晋为不道，是摄是赞，思肆其罔极。兹不谷震荡播越，窜在荆蛮，未有攸厎。"大致意思是，现在周王室动荡不安，全都是单穆公与刘狄作乱天下的缘故，他们想立谁为太子就立谁为太子。接着他又说单旗与刘狄"侵欲无厌，规求无度"，数落两人的罪行，同时也给自己拉票："王不立爱，公卿无私，古之制也。穆后及大子寿早夭即世，单、刘赞私立少，以间先王，亦唯伯仲叔季图之！"老祖宗的规矩就是嫡长子死了，立长者，可现在单旗、刘狄却立王子匄为王，希望各位诸侯考虑下。

这段话中，王子朝提出"侵欲无厌，规求无度"这样的概念。从国家的角度来看，过多追求领土是"贪"的体现，而在个人来说，最能体现贪念，最直观的表现就是对于富贵与财物的追求。

《礼记·里仁》曾记载道："富与贵，是人之所欲也；不以其道得之，不处也。贫与贱，是人之所恶也；不以其道得之，不去也。"大致意思是，追求富贵是人之常情，但以不正当的手段获得，不要用。贫穷低贱，是人都厌恶的，不以正当手段摆脱，那就别逃避。正所谓君子爱财，取之有道。

人生在世，注定要遇到许多事情，面对许多金钱或其他的诱惑。贫苦百姓想要富贵，富贵人家想要权势，权势高位者想要更大权势，人生就是面对诱惑的过程，人有欲望，是人之常情，但凡事皆有底线，倘若贪求无厌，会惹来许多坏事。

4. 关于明智：不以寡犯众

"不以寡犯众"出自《左传》，意思是不以少数人去冒犯多数人。完整句是"不以寡犯众谓之智，不以众犯寡谓之厚。"不以少数人去冒犯多数人是智慧，不以多数人去冒犯少数人是仁厚，简短来说，就是不能以卵击石，也不能仗势欺人。而"不以寡犯众"这句话拿到现在，与现代社会相比较，倒是符合"为人民服务"这句话。

"不以寡犯众"从小处来说，是做人要低调，做事不能以卵击石。但从大的来说，从帝王角度来说，作为帝王，在考虑事情时，要以多数人的利益为利。关于君王与民的关系，许多先秦典籍都提过。《尚书》载："天矜于民，民之所欲，天必从之和。"天听人民的意见，《左传·庄公三十二年》记："国将兴，听于民；将亡，听于神。"以迷信传说来解释国家兴亡在于民。而在《孟子·离娄上》更是说："得天下有道，得其民，斯得天下矣；得其民有道，得其心，斯得民矣；得其心有道，所欲与之聚之，所恶勿施尔也。"后世总结为"得民心者得天下，失民心者失天下。"天子与君王是"寡"，而黎民百姓是"众"。

"不以寡犯众"更像是规求君王对待臣民的态度，不能以刑罚侵犯百姓的利益。若"以寡犯众"，后果是什么？夏朝最后一代君王桀就很生动地告诉了我们后果。

桀是夏朝君王，因为先祖打来的江山，自小生活无忧让他无暇思及什么百姓疾苦，更不懂何为"民"，他暴虐无道，宠幸美人，祸害朝政。商君打算攻打夏朝时，忠臣来劝，不听；谏臣来劝，不听，最后使得伊尹出走商朝。临走时，桀对伊尹说自己是太阳，百姓是月亮，表示月未亡，则夏不亡，夏不亡，桀活。只是这句话被夏朝子民听了很是愤恨，一首怨仇诗流传出来，并写在了商讨伐夏桀的檄文《书·汤誓》中。"时日曷丧，吾及汝偕亡。"即使你是天上的太阳，我们也要和你同归于尽。从檄文可知夏朝子民的愤怒，以及这个夏王朝真的到了无可救药的地步，最后夏朝结局是被商灭亡。

纵是一国之君拥有无上权力如何？当你忘却黎民百姓，忘记"不以寡犯众"的道理，"众"会背弃所谓的"王"，民不在，国不在，又何谈为"王"？

5. 利害关系：辅车相依，唇亡齿寒

周朝遵循礼法，实行分封制与宗法制，嫡出系派能继承王位的称之为大宗，其余称之为小宗。晋国一直遵循此法，直到晋穆侯生下两个儿子，一为公子仇，一是公子成师，两者都是正妻所出，都有继承权，但因公子仇年长于公子成师，所以公子仇是晋国未来国君，可晋穆侯死时，他弟弟晋殇叔发动政变，所幸公子仇杀了晋殇叔，称为晋文侯，文侯死后，晋昭侯继位，他封曲沃给公子成师，也就是他叔父。

问题来了，公子成师是小宗，可曲沃之大却远非小宗该享有的待遇，所以当时晋人师服就说："吾闻国家之立也，本大而末小，是以能固。故天子建国，诸侯立家，卿置侧室，大夫有贰宗，士有隶子弟，庶人、工、商，各有分亲，皆有等衰。是以民服事其上而下无觊觎。今晋，甸侯也，而建国。本既弱矣，其能久乎？"本来晋国内乱，国力衰弱，再把曲沃分封给公子成师，不妥。之后的曲沃小宗反扑翼城大宗，也证实了师服的看法。

最终，以曲沃武公为代表的小宗打败以翼城姬姓正统的大宗，成为晋国新国君，曲沃武公称为晋武公，等到了晋献公时，晋国国力增盛，因为曲沃武公攻打翼城时，当初的虢国反帮着晋国来打曲沃，所以晋献公要灭了虢国。当然这也可能是攻打虢国的借口。

可虢国与晋国之间，隔着一个虞国，于是晋献公赠送给虞国国君大批金钱美玉，虞国国君见钱挺高兴的，就给晋军让路。第一次让路，没完全灭掉虢国，于是又"复假道于虞以伐虢"，虞国国君见又有钱来，就又同意，可虞国臣子宫之奇却不同意。《左传·僖公五年》有记："虢，虞之表也。虢亡，虞必从之。晋不可启，寇不可玩，一之谓甚，其可再乎？谚所谓'辅车相依，唇亡齿寒'者，其虞、虢之谓也。"这里，宫之奇提出"辅车相依，唇亡齿寒"的概念，辅，指人的脸颊骨，车，则指人的牙床。脸颊骨与牙床相连，嘴唇没有了，牙齿就会感到寒冷，用以比喻两者关系密切，缺一不可，后世化为"唇亡齿寒"颇多。

宫之奇是虞国政治家，他早在晋献公以"以垂棘之璧与屈产之乘"贿赂虞公时，就有远见道："虞之与虢也，若车之有辅也。车依辅，辅亦依车，虞虢之势是也。"他认为虢虞两国是唇亡齿寒的关系，应该联合起来抗晋，并说出自己的依据："夫虢之不亡也，恃虞；虞之不亡也，亦恃虢也。若假之道，则虢朝亡而虞夕从之矣，奈何其假道之道也！"宫之奇说出虢虞还能存活的缘由。虢国不亡，是因为晋国忌惮虞国，虞国不亡，是因为晋国忌惮虢国，如果虞国借道给晋国，虢国灭亡，那虞国还会存在吗？可是虞国国君贪图小利，他道："晋，吾宗也，岂害我哉？"晋国是我的宗族，还会害自家人吗？宫之奇无奈啊，所以带着他的族人离开虞国了，并道："虞不腊矣，在此行也，晋不更举矣。"过了这次腊祭，晋国不用再次出兵了，晋国返回时，就能把虞国顺带灭了。

而事实也如宫之奇所说，《吕氏春秋》记："荀息伐虢，克之；还，反攻虞，又克之。"

6. 谈俭侈：俭，德之共也；侈，恶之大也

自古以来，勤俭节约都被奉为中华民族的传统美德，在古代，勤俭更是被士子当作修身、齐家、治天下的必备条件。先秦经典之作，任拿来一本，都会找到各自对勤俭的理解。

周易说："君子以俭德辟难。"君子以勤俭来避免危难。尚书也载："克勤于邦，克俭于家。"强调国事要勤政，治家要节俭。《墨子·辞过》更是指出："俭节则昌，淫佚则亡。"节俭就会昌盛，享乐就会灭亡。

而在《左传·庄公二十四年》也记："俭，德之共也；侈，恶之大也。"意为节俭，是善德中的大德；奢侈，是邪恶中的大恶，再次强调勤俭的重要性。

原文如下：二十四年春，刻其桷，皆非礼也。御孙谏曰："臣闻之：'俭，德之共也；侈，恶之大也。'先君有共德而君纳诸大恶，无乃不可乎！"

鲁庄公二十四年的春天，庄公要在鲁桓公桷子头上雕刻花纹。这件事于礼不合，御孙劝谏说："臣听闻，节俭是善行之大德，奢侈是恶行之大恶。先帝桓公勤俭，是谓大德，而君王现今却想把桓公放到奢侈大恶中，恐怕不可以吧？"

这里可以看出御孙是好谏之人，在这里，他以鲁桓公勤俭之说来劝诫庄公不要多行奢侈，之后，哀姜来至鲁国，庄公就让同姓夫人持玉帛相见，在当时的规矩是"男贽大者玉帛，小者禽鸟，以章物也。女贽不过榛栗枣修，以告虔也。"男女相见要有礼，男要持玉帛，女要持瓜果鸟禽之类，可这鲁庄公一上来就让同姓夫人拿玉帛相见，也是不合礼法的。

勤俭不仅是寻常百姓所要遵守的美德，对君子而言，更是要以勤劳节

俭为行事法则。《大学》里说道："尧舜率天下以仁，而民从之；桀纣率天下以暴，而民从之。"尧舜我们都知道是贤王，两人都孝顺且勤俭节约，有记载尧："茅茨不剪，采椽不斫，粝粢之食，藜藿之羹，冬日裘，夏日葛衣。"尧即便作为君王，也很节俭，住的是未修葺的简陋房子，食粗粮，喝野菜汤，冬天披兽皮，夏天穿麻衣。《史记·殷本纪》载："而夏桀为虐政淫荒，而诸侯昆吾氏为乱。"又说商纣王帝辛："大聚乐戏于沙丘，以酒为池，县肉为林，使男女裸相逐其闲，为长夜之饮。"酒池肉林便由此而来，通过尧舜与桀纣对比，我们可以看出君王勤俭对国家的影响。

在欧阳修所著《新五代史·伶官传序》中，以后唐皇帝李存勖事迹为例，道君王政治"忧劳可以兴国，逸豫可以亡身。"意为有忧患意识且勤劳的君王可以兴盛国家，而贪图享乐的君王则会灭亡国家，后唐庄宗李存勖的一生，恰好符合这两句话。

《伶官传序》载，晋王将死时，赐庄宗三矢并告诉其："梁，吾仇也；燕王，吾所立，契丹，与吾约为兄弟，而皆背晋以归梁。此三者，吾遗恨也。与尔三矢，尔其无忘乃父之志！"晋王临终时给庄宗三支箭矢，并告诉他后梁是他的仇人，燕王，契丹，都是他一手扶持出来的，但都背叛了他。晋王死后，庄宗一直把此话牢记于心，"其后用兵，则遣从事以一少牢告庙，请其矢，盛以锦囊，负而前驱，及凯旋而纳之"。最后，庄宗复仇成功，把三支箭矢又归还到宗庙，到这里时，李存勖可以说是"忧劳"之君。

可后来呢，他耽溺于声色，尤其好宠幸伶官等奸佞之人，"远贤臣，亲小人"让他失去士心，偏偏他的后宫干政，皇后刘氏更是贪污大量金钱，有人想要做官，只要贿赂刘氏便可。横征暴敛，百姓怨声载道，民心离，民心离，则"一夫夜呼，乱者四应，未及见贼而士卒离散，君臣相顾，不知所归"，只是一个人夜里高呼，叛乱者四处响应，连贼兵都没见到，守卫的士兵都跑散了，当初以三矢雪恨的李存勖，到最后也只落得"誓天断发，泣下沾襟"的下场。

后唐庄宗，同光元年登基，同光四年身亡，在位仅三年。

在《新五代史·伶官传序》最后，欧阳修提道："满招损，谦得益。忧劳可以兴国，逸豫可以亡身，自然之理也。故方其盛也，举天下之豪杰莫能与之争；及其衰也，数十伶人困之，而身死国灭，为天下笑。"

李存勖以三矢雪恨，是忧劳之君，宠幸伶人，是逸豫之君。

再次证实，勤俭于君王来说的重要性。

7. 关于士气：一鼓作气，再而衰，三而竭

公元前686年，齐国公族公孙无知杀齐襄公，自立为君。公元前685年，公孙无知去雍林游玩，为雍廪所杀。公孙无知死后，齐国两位合法继承人公子小白与公子玖分别从莒国与鲁国前往齐国，最后这场王位之争的获胜者，是公子小白，称之为齐桓公，是春秋五霸第一人。

齐桓公即位后，重用与自己共患难的鲍叔牙，以及被鲍叔牙举荐的贤人管仲。管仲帮助齐桓公推行改革，提出"德义未明于朝者，则不可加于尊位；功力未见于国者，则不可授以重禄；临事不信于民者，则不可使任大官"的用人准则，并注重经济与农业，使得齐国日益强盛起来，于是就通过战争，开疆扩土。

前面提过，公元前694年，齐襄公派公子彭生杀害鲁桓公，鲁国国君死，又杀公子彭生推脱责任，公子小白与公子玖自觉情况不妙，便一个逃到鲁国，一个逃到莒国。齐桓公在逃跑路上经过谭国，但谭国对待齐桓公并不好，所以齐桓公在继位后的第三年，也就是公元684年出兵灭掉谭国，之后，公元前681年齐桓公又出兵鲁国。

鲁国迎战，战于长勺，史称长勺之战。

《左传·庄公十年》记载："十年春，齐师伐我。公将战。曹刿请见。……公与之乘。战于长勺。公将鼓之。刿曰：'未可。'齐人三鼓。刿曰：

'可矣。'齐师败绩。公将驰之。刿曰：'未可。'下视其辙，登轼而望之，曰：'可矣。'遂逐齐师。"鲁国与齐国交战前，先是鲁国军事家曹刿请见，在与鲁庄公的对话中他提出："何以战？"曹刿问鲁庄公凭什么迎战？鲁庄公道："衣食所安，弗敢专也，必以分人。"鲁庄公一一列举"以何战"，最后曹刿道："忠之属也。可以一战。战则请从。"曹刿要求随鲁庄公出战。

迎战时刻，两军对垒，齐军先击战鼓。周朝礼法森严，就是打仗也不例外。两军对垒时，都战前击鼓，以表"先礼后兵"之意。齐军击鼓，依照礼节，鲁国迎战之前也要击鼓，但曹刿却道："未可"。还不是时候。等齐人二鼓，鲁军这里都准备战斗了，曹刿却再道："未可"。直到齐人三鼓，曹刿才道："可矣。"

齐国国力远比鲁国雄厚，但长勺之战的结果，却是齐国战败，齐桓公不明白，鲁庄公也不明白。《左传》又记长勺之战后，曹刿是如何总结此次战役的。

"夫战，勇气也。一鼓作气，再而衰，三而竭。彼竭我盈，故克之。"出征打仗，靠的是士气，齐国军队初次击鼓能振奋士气，二次击鼓士气开始低落，等到第三次击鼓，士兵们的士气早就耗尽了，而鲁国将士的士气正旺盛，乘势出击，所以鲁国战胜了齐国。

8. 关于公心：外举不避仇，内举不避子

古代与现代较为完善的教育与选拔制度不同，古代选拔制度，可以说是一波三折。从古先贤禅让制的以德服人到奴隶社会至先秦之前的举贤制，以及封建社会里科举制度的逐渐形成。封建王朝自秦始皇建立秦朝开始，到 1840 年鸦片战争，是完全的封建社会。

秦朝成立，设三公九卿制，地方实行郡县制，又崇尚武力，所以秦朝

的选拔制度看中武力。楚汉争霸后，汉朝建立。因战乱缘由，为调养生息，便继续延续了秦朝的大概经略，随后提出"无为而治""有为而治"的制度，也设三公九卿，以察举制作为选拔制度。

察举制是汉武帝时期逐渐建立起来的一种选拔制度，它是由地方官员在管辖地随时考察，主要从家世、品德，才华等综合方面考虑，如果优秀则由地方长官推荐给中央，而与察举制同一时期的是孝廉制度，不过后者选拔的标准更多体现在孝道上，通过孝廉制选拔出来的官员多是孝道出名。两汉之后的魏晋时期，地方长官有了推荐权，导致地方腐败，于是推行九品中正制，又称九品法人制。它上乘察举制，下启隋唐科举制，在选拔人才制度上有过渡作用。隋唐之后的科举制成为封建社会选拔人才的制度与标准，到明清时期，更是到了独尊地位。

以此来看，无论是两汉还是魏晋以及之后的明清等封建王朝，从选拔人才制度的变革来看，统治者对人才，贤才是渴求的。而对于春秋战国时期，群雄割据的时代，对于人才更是需求甚多。世官制也是春秋战国的主要选官制度。

世官制，它不同于之后的察举制九品中正制或是科举制，它类似周天子分封给诸侯领土的分封制，比如周天子分封给诸侯领土，相当于君王把官职给予某个世家大族。诸侯进贡给周天子，世家大族辅佐君王治国。只要诸侯国国君全族不死完，这一家族里的合法继承者，就可以继续继承这个国家国君的位子，而官职也是，只要世家大族不灭族，任何成员都可担任重要职位，当然这样就注定世家大族的"强臣弱君"的命运，例如晋国的三桓，赵衰及其子孙在晋国的地位，以至于后来自立成为赵国。

人才很重要，所以选拔人才也重要，有句话叫求贤若渴，说的便是如此。

那人才从哪来呢？前面提到的"管鲍之交"的管仲与鲍叔牙在公子小白与公子玖之间争夺过程，管仲跟随公子玖，鲍叔牙跟随公子小白，在王位争夺中，公子小白胜出。但在两位公子争夺王位的过程中，管仲沿途埋伏，带人射杀公子小白，所幸公子小白装死才捡回一命，之后因为鲍叔牙的推荐，公子小白不计前嫌，与管仲相交，成为君臣。对于鲍叔牙推荐管仲一事，可以说是"外举不避仇"的典型例子。

关于"外举不避仇，内举不失亲"的典故，来源于《左传》，是发生在晋国，是晋文公与祁黄羊的故事。《左传》曾记载：晋平公问于祁黄羊："南阳无令，其谁可而为之？"祁黄羊曰："解狐可。"平公曰："解狐非子之仇邪？"对曰："君问可，非问臣之仇也。"平公曰："善。"遂用之，国人称善焉。居有间，平公又问祁黄羊曰："国无尉，其谁可而为之？"对曰："午可。"平公曰："午非子之子邪？"对曰："君问可，非问臣之子也。"平公曰："善。"又遂用之，国人称善焉。

两则对话，晋文公问祁黄羊两个问话，同时祁黄羊也根据所需推荐两个人。文公第一个问："南阳无令，其谁可而为之？"南阳郡守的县令，谁可以担任呢？祁黄羊说："解狐可。"解狐可以。文公奇怪："解狐非子之仇邪？"你和他不是仇人吗？祁黄羊说："君问可，非问臣之仇也。"君王只是问谁可以担任这个官职，并没有问我的仇人是谁。这就能体现出祁黄羊在此事上的公正，后来文公问："国无尉，其谁可而为之？"祁黄羊推荐自己儿子，当然理由还是文公问的是谁可以担任，并没有问我儿子是谁。

通过对仇人与儿子的推荐，我们可以知道祁黄羊在推荐人才这种大事上，是怀有公心的，所以他在与文公对话时，没有把仇人与儿子的身份看重，看中的是才能。

9. 谈仇怨：私仇不及公

人各有不同，不同的人相处必有矛盾，矛盾能解决固然很好，但就怕矛盾解不开，徒生间隙，生成怨恨。比如春秋魏国大将庞涓，嫉妒同门孙膑的才能，唯恐孙膑到魏国后自己的地位不保，遂设局断孙膑之足。孙膑被救走后，多年后的马陵之战，庞涓中孙膑之计，自刎而亡。临死还喊："遂叫竖子成名。"这是庞涓与孙膑的仇恨故事。

人有仇，就想报，这是理所当然的事情，不过当个人私仇面对国家大事，又该如何做？

《左传·哀公五年》记载一则故事。说是哀公五年的春天，晋国围攻柏人，晋卿荀寅、士吉射逃往齐国。想当初，范氏家臣王生十分讨厌张柳朔，但也是他向范昭子建议，让张柳朔做柏人地方官员，当时这范昭子就纳闷了。问道："夫非而仇乎？"这人难道不是你的仇人吗？王生回答："私仇不及公，好不废过，恶不去善，义之经也。臣敢违之？"私仇不能危害国事，厌恶他但不得不承认他很善良，这是道义规矩，我怎么能违背它呢？因国难，范氏离开柏人地时，张柳朔对自己儿子说："尔从主，勉之！我将止死，王生授我矣。吾不可以僭之。"他让儿子跟随君王走，自己则"遂死于柏人"战死柏人。

唐朝早期，太子李建成与李世民的皇位争斗中，魏征是站在太子正统这边，并多次劝诫李建成把李世民调到别处，李建成不听，最后玄武门之变，江山易主。

李世民召见魏征，问道："汝离间我兄弟，何也？"你为啥离间我们兄弟的感情，魏征也是实在人，便说："皇太子若从臣言，必无今日之祸。"太子要是听了我的话，也不会有今日的灾难。好在李世民肚量很大，惜魏征之才，就征用为詹事主簿。

魏征也尽心辅佐李世民，成为著名的谏官，魏征死后，李世民感叹道："夫以铜为镜，可以正衣冠；以古为镜，可以知兴替；以人为镜，可以明得失。魏征逝，朕亡一镜矣。"

在国家大事面前，无论我们多怨恨一个人，为了大局着想，我们需要做到私仇不及公。

10. 何谓弱国：松柏之下，其草不殖

数千年前，商纣王帝辛荒淫无道，戮杀忠臣，百姓苦不堪言。岐周姬发携军师姜尚（姜太公）起兵，在牧野之战后，攻进商朝都城朝歌，商纣王帝辛于鹿台自焚而亡，姬发建立周王朝，定都镐京，史称武王伐纣。

当时中国社会处于奴隶制国家，王朝多实行分封制，在周王朝建立后，武王姬发实行分封制度，将周朝国土分封给在讨伐纣王时的有功之臣，并立礼法，要求诸侯国对周天子朝贡，三百年来，诸侯国与天子关系融洽，和睦相处。直到公元前771年，周幽王失信身亡，诸侯推举太子姬宜臼即位，史称周平王，东周建立，迁都洛阳，周天子大权旁落，春秋时期到来。

春秋战国时期，诸侯争霸，大国吞并小国，强国侵略弱国，无论是晋国小宗灭掉晋国大宗"曲沃代翼"，还是齐桓公称霸春秋的"幽地会盟"，都预示着周天子大权旁落，甚至到东周后期，周朝的影响力连诸侯国都不如。在周景王时期，诸侯国的朝贡越来越敷衍，景王因此大骂晋国"数典忘祖"。

连周天子都遭遇如此尴尬境况，更别提其他小国了。《孟子·梁惠王下》曾记载孟子与滕文公对话。滕文公是滕国国君，他问孟子："滕，小国也，间于齐、楚。事齐乎？事楚乎？"滕国是小国，处于齐楚之间，到底是归顺齐国好呢？还是楚国好呢？孟子道："是谋非吾所能及也。"我也说不清归顺哪个好。此话听来，倒也心酸，堂堂一国国君，滕文公却问了一个比较心酸的问题，可见当时强国之强，弱国之弱。

当然，弱国的弱，有大国对小国的强弱，也有臣子对君王的强弱，譬如晋国权臣赵盾，事晋国三朝，其子赵朔战功赫赫，位居晋国六卿，赵氏

也成为晋国权贵之首，赵家在经历历史上著名的"赵氏孤儿案"后权势滔天，其后子孙还被周天子封为诸侯，建立赵国。权臣与君子的关系，也在这里初见端倪。

不止晋国有权臣，同样的，楚国也有。

襄公二十九年，四月，楚康王安葬，郏敖继位，史称楚熊王。

《左传·襄公二十九年》载："夏四月，葬楚康王。公及陈侯、郑伯、许男送葬，至于西门之外。诸侯之大夫皆至于墓。楚郏敖即位。王子围为令尹。郑行人子羽曰：'是谓不宜，必代之昌。松柏之下，其草不殖。'"安葬楚康王的时候，郏敖封王子围为令尹，王子围是郏敖季父，但郑国一个叫子羽的人说："是谓不宜。"这样是不恰当的，"松柏之下，其草不殖"松柏下面是不能长草的，以松柏与草来说郏敖与王子围的力量悬殊，并预言"必代之昌"。

子羽的话，在三年后就成真了。楚熊王昔日的季父王子围借看望楚熊王之机杀了他，并把楚熊王的儿子都杀了，王位的合法继承人死了，所以王子围自立为王。

权臣与皇帝的关系，自古就是个千古难题，君王重用贤才，是为国，必定会给予权势，臣子用权势来帮助皇帝治国，可一旦权势过多，又会出现权倾朝野的现象，皇帝猜忌，臣子终日不安。